Freundlichkeit bewegt

Roland Gebert

Freundlichkeit bewegt

Soziale Stärke durch ein wohlwollendes Miteinander

Roland Gebert
Halle (Saale), Deutschland

ISBN 978-3-658-48976-2   ISBN 978-3-658-48977-9 (eBook)
https://doi.org/10.1007/978-3-658-48977-9

Die Deutsche Nationalbibliothek verzeichnet diese Publikation in der Deutschen Nationalbibliografie; detaillierte bibliografische Daten sind im Internet über https://portal.dnb.de abrufbar.

© Der/die Herausgeber bzw. der/die Autor(en), exklusiv lizenziert an Springer Fachmedien Wiesbaden GmbH, ein Teil von Springer Nature 2025

Das Werk einschließlich aller seiner Teile ist urheberrechtlich geschützt. Jede Verwertung, die nicht ausdrücklich vom Urheberrechtsgesetz zugelassen ist, bedarf der vorherigen Zustimmung des Verlags. Das gilt insbesondere für Vervielfältigungen, Bearbeitungen, Übersetzungen, Mikroverfilmungen und die Einspeicherung und Verarbeitung in elektronischen Systemen.
Die Wiedergabe von allgemein beschreibenden Bezeichnungen, Marken, Unternehmensnamen etc. in diesem Werk bedeutet nicht, dass diese frei durch jede Person benutzt werden dürfen. Die Berechtigung zur Benutzung unterliegt, auch ohne gesonderten Hinweis hierzu, den Regeln des Markenrechts. Die Rechte des/der jeweiligen Zeicheninhaber*in sind zu beachten.
Der Verlag, die Autor*innen und die Herausgeber*innen gehen davon aus, dass die Angaben und Informationen in diesem Werk zum Zeitpunkt der Veröffentlichung vollständig und korrekt sind. Weder der Verlag noch die Autor*innen oder die Herausgeber*innen übernehmen, ausdrücklich oder implizit, Gewähr für den Inhalt des Werkes, etwaige Fehler oder Äußerungen. Der Verlag bleibt im Hinblick auf geografische Zuordnungen und Gebietsbezeichnungen in veröffentlichten Karten und Institutionsadressen neutral.

Planung/Lektorat: Irene Buttkus
Springer ist ein Imprint der eingetragenen Gesellschaft Springer Fachmedien Wiesbaden GmbH und ist ein Teil von Springer Nature.
Die Anschrift der Gesellschaft ist: Abraham-Lincoln-Str. 46, 65189 Wiesbaden, Germany

Wenn Sie dieses Produkt entsorgen, geben Sie das Papier bitte zum Recycling.

Hinweis zur Sprachverwendung
Zur besseren Lesbarkeit werden in diesem Buch männliche und weibliche Personenbezeichnungen als geschlechtsneutrale Ausdrücke verwendet. Diese sprachliche Form schließt ausdrücklich alle Geschlechter ein. Begriffe wie „Leser" oder „Mitarbeiter" beziehen sich also auf Menschen aller Geschlechtsidentitäten. Das generische Maskulinum dient hier einem flüssigen Sprachgebrauch und ist nicht als Wertung zu verstehen. Es soll niemanden ausschließen, sondern alle gleichermaßen ansprechen. Ich vertraue auf Ihr Verständnis und Ihre Fähigkeit, sich in dieser Form wiederzufinden.

Dank

Dieses Buch konnte nur in freundlicher Zusammenarbeit entstehen.

Deshalb möchte ich all den vielen namentlich hier nicht genannten Menschen Dank sagen, mit denen ich in den letzten Jahren zu tun hatte: zum Beispiel im Rahmen von Lesungen, auf meinen Reisen oder bei Zusammenkünften in Organisationen, für die ich ehrenamtlich tätig war und bin. Ich habe dabei von und mit ihnen viel für meine persönliche wie auch professionelle Entwicklung gelernt.

Besonderer Dank gilt den Interviewpartnerinnen und Interviewpartnern sowie Teilnehmern der Umfrage zur Freundlichkeit.

Für Hilfe beim Redigieren des Textes möchte ich mich bei meinem Freund und Mitdenker Ulf Zschille bedanken, der mir half, Wichtiges von Unwichtigem zu unterscheiden. Ohne seine Unterstützung wäre ich heute nicht, wo ich bin.

Für ihr wohlwollendes Feedback und für konstruktive Kritik während des Vorlektorats bedanke ich mich bei Anett Oelschlägel. Durch ihre nützlichen Hinweise wurde die Form und der Text von Mal zu Mal besser und verständlicher.

Gespräche darüber, was einem beim Konzipieren und Texten durch den Kopf geht, sind ermutigend und hilfreich. Für geduldiges Zuhören und für manchen wichtigen Hinweis bedanke ich mich herzlich bei meiner Freundin Margit Jakob.

Einen besonderen Dank richte ich an meine Lektorin Irene Buttkus. Mit ihrer freundlichen Art unterstützte sie mich bei der Bewältigung von Aufgaben, die für die Veröffentlichung eines Sachbuchs unverzichtbar sind. Vielen Dank für die hilfreichen Hinweise und die professionelle Begleitung bis zur Fertigstellung des nun vorliegenden Buches.

Doch auch Ihnen, liebe Leserinnen und Leser, sage ich „Danke" dafür, dass Sie das Buch lesen. Ich freue mich auf Ihre Anregungen und Meinungen,
Ihr Roland Gebert
Email: Info@RolandGebert.de
Homepage: RolandGebert.de

Inhaltsverzeichnis

1 **Einleitung**.................................. 1
  Literatur..................................... 3
2 **Die Bedeutung von Freundlichkeit und Höflichkeit** 5
  2.1 Unterschiede und Gemeinsamkeiten 6
      2.1.1 Begriff Freundlichkeit 7
      2.1.2 Begriff Höflichkeit.................. 11
  2.2 Begrüßungen früher und heute: Die Kunst der höflichen Begegnung 13
      2.2.1 Traditionelle Begrüßungsformen....... 14
      2.2.2 Kulturelle Vielfalt in Begrüßungen 14
  2.3 Rituale der Dankbarkeit.................... 15
  Literatur..................................... 16
3 **Der Ist-Zustand**............................. 19
  3.1 Unfreundlichkeit als sozialpolitisches Warnsignal............................... 19
  3.2 Gesellschaftliche Schubladen 20
  3.3 Im privaten Umfeld 22
  3.4 Trennende oder verbindende Kraft der Gegensätze?.............................. 23
  3.5 Wort des Jahres 24

3.6	Typische unfreundliche Verhaltensweisen		25
	3.6.1	Egoismus	26
	3.6.2	Unachtsamkeit	29
3.7	Kultur der Betroffenheit		30
	3.7.1	Die Ära der Betroffenheit: Zwischen Empathie und Egomanie	31
3.8	Erregung und Gereiztheit		32
3.9	Mangelhafte Gesprächs-Kultur		34
	3.9.1	Aktivitäten oder Handlungen, die ein Gespräch erschweren	35
	3.9.2	Polarisierung	36
3.10	Schattenseiten des Medienkonsums		36
	3.10.1	Erregungsgier des Fernsehens	37
	3.10.2	Gesprächs-Un-Kultur	38
3.11	Machen soziale Medien unfreundlich?		40
	3.11.1	Risiken und Nachteile	41
	3.11.2	Die Sucht nach Freunden	43
	3.11.3	Wahrhaftigkeit	43
	3.11.4	Schnelligkeit auf Kosten der Gelassenheit?	44
	3.11.5	Reaktionssymbole	44
	3.11.6	Soziale Medien als Werbemittel	46
3.12	Politik der zunehmenden Polarisierung		47
	3.12.1	Außenpolitik	47
	3.12.2	Innenpolitik	48
	3.12.3	Unfreundliche Debattenkultur	49
	3.12.4	Kriegerische Politik ist alles andere als freundlich	52
	3.12.5	Das Gift des Hasses und der Hasser	54
3.13	Ausgrenzung und Stigmatisierung		54
	3.13.1	Corona-Impf-Kritiker und Querdenker	55
Literatur			58
4	**Freundlichkeit von der Antike bis in die Gegenwart**		**63**
4.1	Antike		65
4.2	Mittelalter		65
4.3	Renaissance		67
4.4	Reformation		67
4.5	Barock		68

	4.6	Aufklärung	69
	4.7	Romantik	70
	4.8	Industrielle Revolution	70
	4.9	Die dunkle Zeit der beiden Weltkriege	71
	4.10	Freundlichkeit in der Nachkriegsordnung, Beispiel deutsch-deutscher Grenzverkehr	72
	Literatur		74
5	**Knigge früher und heute**		**77**
	5.1	Wer war Adolph Freiherr von Knigge	78
	5.2	„Der Knigge" – das Wichtigste in Kürze	78
	5.3	Knigge im Original – aktuell und nützlich	79
	Literatur		88
6	**Freundlichkeit in der Praxis**		**91**
	6.1	Freundliche Gedanken	92
	6.2	Freundlichkeit in der Sprache	95
		6.2.1 Die schöpferische Macht der Sprache	95
		6.2.2 Die Kraft und Macht der Worte	96
		6.2.3 Friedliche und förderliche Sprache	97
		6.2.4 Alternative Redewendungen	97
	6.3	Freundlichkeit in Beziehungen	99
		6.3.1 Beziehung zu sich selbst	100
		6.3.2 Beziehungen in Partnerschaft und Familie	102
		6.3.3 Schüler-Lehrer-Beziehungen	103
		6.3.4 Arbeitsbeziehungen	106
		6.3.5 Freizeit- und Sport-Beziehungen	109
		6.3.6 Flüchtige Beziehungen	111
		6.3.7 Interkulturelle Beziehungen	113
		6.3.8 Spiritualität in Beziehungen	121
	6.4	Falsche Freundlichkeit	124
	6.5	Übungen zur Entwicklung emotionaler Kompetenz	126
	6.6	Interviews	130
		6.6.1 Interview mit Prof. Dr. Gerald Hüther	130
		6.6.2 Interview mit Margit Jakob	133
		6.6.3 Interview mit Werner Kohake	137
		6.6.4 Interview mit Claudius Cieslak	143
		6.6.5 Interview mit Anna-Sophie Fehst	150

	6.6.6 Interview mit Frau Dr. phil. Anett C. Oelschlägel	153
	6.6.7 Interview mit Lucius Bobikiewicz	163
	6.6.8 Interview mit Ulf Zschille	168
	6.6.9 Interview mit Friedrich Wegner	172
	Literatur	183

7 Geschichten aus dem Alltag ... 185
   7.1 Vorverurteilungen und Missverständnisse ... 186
   7.2 Falsch verstandene Freundlichkeit ... 192
   7.3 Erwartungshaltungen ... 197
   7.4 Freundliches voneinander Lernen ... 199
   Literatur ... 204

8 Lösungen ... 205
   8.1 Die Kraft der Freundlichkeit in der Gegenwart ... 206
      8.1.1 Wünschenswerte freundliche Verhaltensweisen ... 206
   8.2 Destruktiven Egoismus transformieren ... 217
   8.3 Emotionale und soziale Kompetenz erlangen ... 220
   8.4 Betroffenheit transformieren ... 221
   8.5 Kultur des Wohlwollens etablieren ... 225
   8.6 Wertschätzende Gesprächskultur ... 226
   8.7 Verantwortungsvolle Mediennutzung ... 229
      8.7.1 Die aktuelle Medienwelt in Deutschland ... 230
      8.7.2 Neue Möglichkeiten im medialen Raum ... 231
      8.7.3 Strategien für einen verantwortungsvollen und zeitsparenden Medienkonsum ... 233
      8.7.4 Verantwortungsvolle Mediennutzung von Kindern und Jugendlichen ... 235
      8.7.5 Prüfender Blick auf Medien ... 240
      8.7.6 Medien Feedback geben ... 244
      8.7.7 Transformation des öffentlich-rechtlichen Rundfunks ... 247
      8.7.8 Medien-Fasten ... 251

	8.8	Neue Politik, die verbindet	253
		8.8.1 Ursprung der Demokratie	254
		8.8.2 Werte der ursprünglichen Demokratie . . .	255
		8.8.3 Notwendige Änderungen	256
		8.8.4 Konstruktive und freundliche Debattenkultur	259
		8.8.5 Unterschiede respektieren, Verbindendes entdecken	262
	8.9	Ausgrenzung und Stigmatisierung auflösen.	265
		8.9.1 Corona-Impf-Kritiker.	265
		8.9.2 Querdenker.	266
	8.10	Achtsame und freundliche Kultur des Miteinanders	269
		8.10.1 Entschleunigung.	270
		8.10.2 Würde und Respekt	271
		8.10.3 Freundliche politische Systeme im Dienst des Menschen	273
	Literatur.	274
9	**Vision für eine freundlichere Welt**.	279
	9.1	Die Kraft der Fragen: Wegweiser zu einer freundlicheren Zukunft	280
	9.2	Freundlichkeit erdenken: eine tägliche Praxis . . .	282
	9.3	Meine Reise zur inneren Freude	284
	9.4	Die Kunst der Zufriedenheit	284
	9.5	Eine Perspektive der Dankbarkeit	286
	9.6	Vision der Freundlichkeit: Ein Weg zu einer besseren Welt	287
	9.7	Die vielen Gesichter der Freundlichkeit: Kleine Gesten mit großer Wirkung	289
	Literatur.	290

Über den Autor

Roland Gebert
(Foto: Ricarda Braun)
Der freie Journalist, Autor und Projektentwickler Roland Gebert traf in seinem Leben mit sehr vielen Menschen zusammen. Er lernte seine Gesprächspartner sowohl in angespannten, hektischen und unfreundlichen Situationen als auch in ausgesprochen entspannten und freundlichen Momenten kennen.

Als Journalist produzierte er redaktionelle Beiträge und Werbespots für Rundfunksender, arbeitete u. a. als Autor für den MDR (Sendung „Einfach Genial") und konzipierte gemeinsam mit anderen Spiel- und Lernsoftware für Kinder und Jugendliche.

Ehrenamtlich engagiert er sich in mehreren Vereinen und ist Vorstand einer großen gemeinnützigen Genossenschaft. 2023 erschien – thematisch an diese Arbeit anknüpfend – das Sachbuch „Vereint mit Potential."

Der Autor widmet sich seit vielen Jahren intensiv dem Studium der Weltreligionen und der Philosophie. Seine unermüdliche Beschäftigung mit diesen Themen hat ihm einen tiefen Einblick in die Weisheiten und Lehren verschiedener Kulturen ermöglicht.

Durch seine langjährige Arbeit mit Menschen unterschiedlichster Herkunft und Sozialisation schöpft er heute aus einem reichen Erfahrungsschatz. Dabei schulte er seine Fähigkeit, empathisch zuzuhören und auch komplexe Herausforderungen von der Meta-Ebene aus zu betrachten. Nur mit Einfühlungsvermögen und Freundlichkeit gelingen Kommunikation und Problemlösungen, da ist sich der Autor sicher.

Tiefgründig und wohlwollend blickt er in diesem Buch auf das Thema Freundlichkeit, in der Geschichte sowie in unserem heutigen Alltagsverständnis, und zeigt Visionen für ein gelingendes Miteinander auf. Dabei lässt er zahlreiche eigene Beobachtungen in seine Betrachtungen einfließen und spürt Veränderungen gerade in der jüngsten Vergangenheit sorgfältig nach.

1

Einleitung

„Ein freundliches Wort findet immer guten Boden." (Albert Bizius zit. n. Forschelen 2017, S. 342)

Warum schreibe gerade ich ein Buch über Freundlichkeit? Das habe ich mich öfters gefragt. Einer, der von sich behauptet, freundlich und höflich durch die Welt zu gehen – meistens, hoffe ich doch.

Mein Interesse an Freundlichkeit wurde auch durch persönliche Erfahrungen geweckt. Ich bin oft in Gedanken versunken und habe dadurch manchmal Schwierigkeiten, Freunde und Bekannte auf der Straße rechtzeitig zu erkennen. Das führt hin und wieder zu Missverständnissen bei ihnen, die sich über meine scheinbare Unfreundlichkeit ihnen gegenüber wundern.

Diese Erfahrung hat mich besonders sensibel für die Bedeutung freundlicher Gesten und Kommunikation gemacht.

Ist also die Beschäftigung mit Freundlichkeit nur ein persönliches Bedürfnis oder ist es auch eine Reflexion meiner vielfältigen beruflichen und ehrenamtlichen Erfahrungen? Oder versuche ich zudem, die gefühlt zunehmende Unfreundlichkeit in unserer Gesellschaft zu ergründen?

Sie merken schon zu Beginn dieses Buches: es geht um verschiedene Fragen, die ich natürlich zu beantworten versuche. Einige Fragen werden offenbleiben, und ich hoffe, dass wir – Sie als Leser und ich als Autor – früher oder später Antworten darauf finden.

Dieses Buch richtet sich an alle, denen Freundlichkeit wichtig ist. Es bietet Lösungsansätze für jene, die Unfreundlichkeit in ihrem Umfeld wahrnehmen und etwas daran ändern wollen.

Ebenso wendet es sich an Menschen, die ihr eigenes Verhalten hinterfragen möchten. Auch diejenigen unter uns, die sich als freundlich betrachten und eine Bestätigung dafür suchen, finden hier Anregungen. Das Buch ist eine Einladung zur Selbstreflexion und soll u. a. zum Nachdenken über zwischenmenschliche Beziehungen anregen.

Zur Vorbereitung dieses Buches habe ich in den letzten Jahren vieles, was es zum Thema Freundlichkeit zu lesen und zu hören gab, gründlich studiert.

Beim Schreiben war es mir ein besonderes Anliegen, bei kontroversen Themen eine Meta-Ebene einzunehmen. Ich habe mich um einen neutralen Blick bemüht und die Sachverhalte aus verschiedenen Perspektiven beleuchtet. Entscheidend war für mich dabei nicht nur, Probleme zu benennen und zu beklagen, sondern auch konkrete Lösungsansätze anzubieten. So hoffe ich, einen ausgewogenen und konstruktiven Beitrag zu diesen oft schwierigen Diskussionen leisten zu können.

In acht Kapiteln werde ich mich mit verschiedenen Aspekten der Freundlichkeit auseinandersetzen. Ich beginne mit einer Begriffsdeutung von Freundlichkeit und Höflichkeit. Anschließend analysiere ich den gefühlten „Ist-Zustand" unserer Gesellschaft, betrachte unfreundliche Verhaltensweisen, die Kultur der Betroffenheit und die Auswirkungen mangelhafter Kommunikation. Ich werde die Rolle der Medien und einer spaltenden Politik beleuchten. Darüber hinaus unternehme ich einen Exkurs in die Geschichte der Freundlichkeit und Höflichkeit.

Ein besonderer Abschnitt widmet sich Adolph Freiherr von Knigge und seinen zeitlosen Einsichten in dieses Thema. Der Praxisteil bietet Interviews mit Expertinnen und Experten aus verschiedenen Bereichen sowie Alltagsgeschichten, die das Thema Freundlichkeit greifbar machen.

Das Kap. 8 ist eines der Wichtigsten im Buch. Es bietet im wahrsten Sinne des Wortes Handwerkszeug für mehr Freundlichkeit an. Abschließend entwickle ich eine Vision für eine freundlichere Zukunft und zeige Wege auf, wie jeder Einzelne zu einer positiveren Gesellschaft beitragen kann.

Nun genug der Vorrede, ich wünsche Ihnen viel Freude beim Lesen. Vielleicht entdecken Sie den einen oder anderen Aspekt der Freundlichkeit bei sich wieder.

Lassen Sie uns gemeinsam auf diese Reise gehen, um die Bedeutung und Kraft der Freundlichkeit in unserem Leben neu zu entdecken und zu würdigen.

Literatur

Bizius, Albert zit. n. Forschelen B (2017) Kompendium der Zitate für Unternehmer und Führungskräfte. Springer Gabler, Berlin, S 342

2

Die Bedeutung von Freundlichkeit und Höflichkeit

„Gutes Benehmen setzt nur Kenntnis der Umgangsformen voraus, echte Höflichkeit dagegen ein feines, zartes und gewohntes Gefühl des Wohlwollens gegenüber den Menschen." (Helvétius zit. n. Forschelen 2017, S. 335)

Freundlichkeit und Höflichkeit sind zwei grundlegende Verhaltensweisen, die in unserer Gesellschaft eine wichtige Rolle spielen. Sie prägen unsere täglichen Interaktionen und haben einen bedeutenden Einfluss auf unser Zusammenleben. Obwohl diese Begriffe oft in einem Atemzug genannt werden, gibt es sowohl Unterschiede als auch Gemeinsamkeiten zwischen ihnen. In den folgenden Abschnitten werden wir zunächst die Unterschiede und Gemeinsamkeiten von Freundlichkeit und Höflichkeit näher betrachten. Anschließend werden wir uns mit der Bedeutung und Herkunft dieser beiden Begriffe auseinandersetzen, um ein tieferes Verständnis für ihre Relevanz in unseren sozialen Gefügen zu entwickeln.

2.1 Unterschiede und Gemeinsamkeiten

Freundlichkeit und Höflichkeit sind zwei verwandte, aber distinkte Konzepte im zwischenmenschlichen Umgang. Während beide positive Verhaltensweisen darstellen, unterscheiden sie sich in ihrem Ursprung, ihrer Motivation und ihrer Anwendung.

Freundlichkeit entspringt einer inneren Haltung des Wohlwollens und der Zuneigung. Sie kommt von Herzen und ist oft spontan und situationsabhängig. Freundlichkeit zielt darauf ab, eine positive Atmosphäre zu schaffen und persönliche Verbindungen aufzubauen, zu erhalten und zu stärken. Sie ist informeller und flexibler in ihrer Ausdrucksweise und impliziert eine größere persönliche Nähe.

Höflichkeit hingegen orientiert sich stärker an gesellschaftlichen Normen und Umgangsformen. Sie ist formeller und folgt oft kulturell gesetzten Regeln und Konventionen. Höflichkeit dient primär dazu, respektvoll zu sein und soziale Normen einzuhalten. Sie kann auch gegenüber Fremden oder in formellen Situationen angewandt werden, ohne eine persönliche Beziehung aufzubauen.

In kultureller Hinsicht kann Höflichkeit stark variieren, da sie eng mit gesellschaftlichen Erwartungen verknüpft ist. Freundlichkeit wird oft als universeller wahrgenommen, obwohl auch sie kulturelle Unterschiede aufweisen kann. Auf der Beziehungsebene respektiert Höflichkeit oft bewusst Unterschiede und Hierarchien, während Freundlichkeit dazu tendiert, diese zu überbrücken.

Es ist wichtig zu betonen, dass Freundlichkeit und Höflichkeit sich nicht gegenseitig ausschließen. Vielmehr können sie sich ergänzen und gemeinsam zu einem positiven sozialen Umgang beitragen. Während Höflichkeit die Form des sozialen Umgangs betrifft, bezieht sich Freundlichkeit mehr auf die innere Einstellung und persönliche Zuwendung. In vielen Situationen des täglichen Lebens ist eine Kombination beider Aspekte ideal, um sowohl soziale Normen zu respektieren als auch echte menschliche Verbindungen zu fördern.

2.1.1 Begriff Freundlichkeit

Freundlichkeit ist eng verwandt mit Begriffen wie Wohlwollen, Liebenswürdigkeit und Hilfsbereitschaft. Sie zeigt sich in unserem zwischenmenschlichen Verhalten – sei es durch einen freundlichen Blick, einen herzlichen Gruß oder ein ermutigendes Wort. Solche Gesten sind nicht nur Zeichen der Zuwendung; sie schaffen auch eine Atmosphäre des Vertrauens und der Gemeinschaft. Sie ist eine menschliche Haltung, die unser Miteinander prägt und die wir einander verdanken.

In der Positiven Psychologie wird der Begriff Freundlichkeit als einer der 24 Charakterstärken genannt. Er beinhaltet „[...] eine positive Einstellung gegenüber anderen, sowie ein freundliches und großzügiges Verhalten." Nach dieser Definition kümmern sich Menschen mit der Stärke Freundlichkeit gerne um „[...] das Wohlergehen anderer Menschen und haben Freude daran, für andere zu sorgen und ihnen zu helfen" (Loeffner 2025).

Eine weitere Definition von Freundlichkeit findet sich im Metzler Lexikon der Philosophie: Freundlichkeit wird hier als eine Tugend erwähnt, die in den Paulusbriefen als Teil eines Tugendkatalogs aufgeführt wird. Der Tugendkatalog umfasst „Demut, Liebe, Freude, Friede, Langmut, Freundlichkeit, Güte, Treue, Sanftmut". Diese philosophische Einordnung zeigt, dass Freundlichkeit als eine wichtige ethische Eigenschaft betrachtet wird, die neben anderen positiven Charakterzügen steht. Im Kontext der

Philosophie wird Freundlichkeit also als eine erstrebenswerte Tugend angesehen, die zum guten und tugendhaften Leben beiträgt (Metzler 2025).

Aus pädagogischer Sicht schaut die Grund- & Hauptschullehrerin Dörte Westphal auf das Thema Freundlichkeit. In ihrem Webinar: „Die Kraft der achtsamen Freundlichkeit in der Pädagogik" bedeutet Freundlichkeit für sie, bewusst und liebevoll auf sich und andere zu achten. Dieser Ansatz hilft in der Pädagogik, eine wohlwollende Lernumgebung zu schaffen. Pädagogen können dadurch besser auf Kinderbedürfnisse eingehen und Emotionen verstehen. Dies fördert effektives Lernen, reduziert Stress und steigert das Wohlbefinden. Die Integration achtsamer Freundlichkeit in die pädagogische Praxis erfordert Übung und Selbstreflexion. Regelmäßiges Praktizieren kann positive Veränderungen im eigenen Leben und in der Arbeit mit anderen bewirken (Westphal 2024).

Das Praktische Lexikon der Spiritualität betont, dass Freundlichkeit eine Grundhaltung des Menschen sei, von der wir in unseren Begegnungen leben. Diese Haltung ist nicht nur wünschenswert, sondern essenziell für unser Wohlbefinden. „Genug Freundlichkeit zu bekommen, das ist für jeden Menschen zum Leben ebenso wichtig wie Sauerstoff, Schlaf und Nahrung. Niemand ist nur für sich allein freundlich" (Lederer zit. n. Schütz 1987, Randziffer 411).

Darüber hinaus ist Freundlichkeit erlernbar. Sie erfordert Offenheit, Selbstzucht und Wohlwollen. In der Geschichte der christlichen Spiritualität finden wir große Vorbilder für diese Haltung. Franz von Sales drückt es so aus:

> „Ich will keine fanatische, mürrische Frömmigkeit, sondern eine sanftmütige, freundliche Frömmigkeit, die bei Gott und den Menschen Freude und Liebe findet." (von Sales zit. n. Schütz 1981, Randziffer 412)

Diese Aufforderung erinnert uns daran, dass wahre Freundlichkeit Freude verbreitet und sowohl im Glauben als auch im Alltag eine entscheidende Rolle spielt.

Freundlichkeit ist also nicht nur ein individuelles Bedürfnis, sondern auch ein sozialer Prozess, der immer mindestens zwei Menschen involviert: denjenigen, der freundlich ist, und denjenigen, demgegenüber diese Freundlichkeit gezeigt wird.

In den soziologischen Nachschlagewerken finden sich zum Begriff „Freundlichkeit" interessanterweise keine Einträge. Dort ist lediglich etwas zum Begriff „Freundschaft" zu lesen. Zu diesem Begriff später mehr.

Für mich ist Freundlichkeit mehr als nur ein schönes Wort – sie ist eine lebenswichtige Praxis, die unsere Beziehungen stärkt und das Miteinander bereichert.

Herkunft des Begriffes
Das Wort „Freundlichkeit" hat seine Wurzeln im Mittelhochdeutschen. Es leitet sich von „vriuntlich" ab, was „herzlich-wohlwollendes Verhalten" bedeutete, und „vriuntlīcheit", was für „Anfreunden, Freundschaft schließen" stand. Der Ursprung geht noch weiter zurück auf das Althochdeutsche „friuntlīh" aus dem 11. Jahrhundert, das „herzlich, verbindlich, wohlwollend" bedeutete. Das Wort ist eine Ableitung vom Substantiv „Freund" mit dem Suffix „-lich" als Ableitungsmorphem (Pfeifer 1993a).

Der „Freund" in der Freundlichkeit – Freundschaft gestern und heute
Das Konzept der Freundschaft hat sich im Laufe der Geschichte von einer oft zweckmäßigen Verbindung zu einer tiefgründigen, wertvollen Beziehung entwickelt. Von Aristoteles' Ideal „einer Seele in zwei Körpern" bis zu Montaignes „vollkommener Freundschaft" zeigt sich die wachsende Bedeutung emotionaler Tiefe in freundschaftlichen Beziehungen.

Diese Entwicklung spiegelt sich auch im Konzept der Freundlichkeit wider, in dem das Wort „Freund" steckt. Freundlichkeit kann als eine Erweiterung des Freundschaftsgedankens auf den alltäglichen Umgang mit allen Menschen verstanden werden. Sie überträgt die Wärme, das Wohlwollen und die Achtsamkeit, die wir Freunden entgegenbringen, auf unsere Interaktionen mit der breiteren Gemeinschaft.

Indem wir freundlich sind, behandeln wir andere gewissermaßen als potenzielle Freunde. Wir zeigen ihnen gegenüber eine offene, wohlwollende Haltung, die an die Grundlagen einer Freundschaft erinnert. So wird Freundlichkeit zu einer Art „Mikro-Freundschaft" im Alltag – eine kurze, aber bedeutungsvolle Geste der Verbundenheit und des gegenseitigen Respekts, die unsere Gesellschaft menschlicher und wärmer macht (Riedel 2024).

Spielerische Wort-Neu-Schöpfungen
Eine Freundin von mir spielt gern mit Worten. Als ich ihr von meinem Buch zur Freundlichkeit erzählte, meinte sie spontan, dass in dem Begriff sowohl der „Freund" als auch das „Lich(t)" enhalten wäre.

Das brachte mich auf die Idee, mit Wort und Buchstaben spielerisch zu experimentieren. Schauen Sie, was dabei herausgekommen ist:

- Als Erstes fiel mir zu „Freund und Licht" ein, wie sehr sich der Freund – gerade in der dunklen Jahreszeit – auf das Licht freut. Es scheint also ein „Freundlichtner" zu sein.
- Auch eine „Freundlichkeitsleuchte" kam mir in den Sinn, die durch ihre Freundlichkeit andere zum Strahlen bringt.
- Und wie wäre es mit einem leisen Retter für unfreundliche Zeiten: Der sogenannte „Freundlichkeits-Flüsterer" ist jemand, der andere sanft zur Freundlichkeit ermutigt.

Abschließend noch einige weitere kreative Wort-Neuschöpfungen

- „Freundlichkeits-Funke": Ein kleiner Akt der Freundlichkeit, der sich ausbreiten kann
- „Freundlichkeits-Fitness": Das regelmäßige Üben von freundlichem Verhalten
- „Freundlichkeits-Fächer": Ein imaginäres Werkzeug, um Freundlichkeit zu verbreiten
- „Freund-Lich(t)kette": Eine Kette von freundlichen Gesten, die Menschen miteinander verbindet
- „Freund-Lich(t)-blick": Ein positiver Ausblick oder eine freundliche Perspektive

Bleibt an dieser Stelle noch „freundlichst" danke zu sagen, dass Sie bisher gelesen haben und hoffentlich noch weiterlesen.

2.1.2 Begriff Höflichkeit

Entstehung und Entwicklung
Höflichkeit bezeichnet ein rücksichtsvolles, respektvolles und freundliches Verhalten gegenüber anderen Menschen. Sie umfasst gute Umgangsformen, Zuvorkommenheit, Aufmerksamkeit und Wertschätzung im zwischenmenschlichen Umgang.

Der Begriff hat seinen Ursprung im adeligen und königlichen Hof. Im Mittelhochdeutschen entstand „hovelecheit" für „guter Umgangston", während das Adjektiv „höflich" sich aus „hovelich" (dem Hof angemessen) entwickelte. Im Spätmittelhochdeutschen formte sich „hoflichkeit" im Sinne von „dem feinen Hof entsprechend" (Pfeifer 1993b).

Mit der Zeit erweiterte sich die Bedeutung von Höflichkeit zu einer Beschreibung für besonders gutes, edles und vornehmes Verhalten, das auch in höchsten Kreisen Eindruck machte. Heute ist Höflichkeit nicht mehr auf adelige Kreise beschränkt, sondern wird als allgemeine gute Umgangsform in der Gesellschaft erwartet. Somit hat sich Höflichkeit von einem hofspezifischen Verhalten zu einem universellen Konzept für respektvollen Umgang in der gesamten Gesellschaft entwickelt.

Veränderung der Bedeutung von Höflichkeit im Laufe der Zeit
Die Bedeutung von Höflichkeit hat sich im Laufe der Geschichte stark gewandelt. Ursprünglich als exklusives höfisches Verhalten verstanden, entwickelte sich Höflichkeit zu einem gesamtgesellschaftlichen Konzept für besonders gutes und vornehmes Benehmen. Dabei etablierten sich spezifische sprachliche und verhaltensbasierte Formen, wie die Verwendung des „Sie" als Anrede.

Interessanterweise hat die alltägliche Verwendung des „Sie" als Standard-Anredeform unter Erwachsenen in den letzten Jahrhunderten zu einer Abflachung seiner ehrerbietenden Bedeutung geführt. Es entspricht heute eher einer gesellschaftlichen Norm als einem Ausdruck besonderer Höflichkeit. Auch die Interpretation von Höflichkeitsformen hat sich verändert. So galt früher das Siezen von Kindern gegenüber ihren Eltern in gehobenen Kreisen als respektvoll, während es heute als distanziert empfunden würde.

In der heutigen Zeit wird Höflichkeit als ein Gesamtbild wahrgenommen, das das gesamte Auftreten einer Person und ihr Verhalten gegenüber anderen Menschen umfasst.

Der Fokus liegt weniger auf formalen Regeln, sondern mehr auf einem respektvollen und zuvorkommenden Umgang miteinander. Dabei ist zu beachten, dass die Bedeutung und Ausprägung von Höflichkeit zwischen verschiedenen Kulturen und Sprachen variiert, was in einer globalisierten Welt zunehmend an Bedeutung gewinnt (Mai 2024).

Entwicklung der Bedeutung von Höflichkeit in verschiedenen Kulturen
Höflichkeit ist ein universelles Phänomen, das in allen Kulturen existiert, jedoch unterschiedlich ausgeprägt und interpretiert wird. Sie fungiert als eine Art gemeinsame Sprache, die soziale und kulturelle Grenzen überwindet. In der globalisierten Welt gewinnt das Verständnis für kulturelle Unterschiede in Höflichkeitsformen zunehmend an Bedeutung.

Die Funktion von Höflichkeit besteht kulturübergreifend darin, ein positives persönliches Klima zu schaffen, Befangenheit abzubauen und Unterschiede zu respektieren, während diese gleichzeitig als unerheblich für die Verständigung erklärt werden. Höflichkeit erweist sich als eine dynamische und kulturell variable Größe, die sich im Laufe der Geschichte und in verschiedenen Gesellschaften unterschiedlich entwickelt hat. Trotz dieser Variabilität spielt sie überall eine zentrale Rolle in zwischenmenschlichen Beziehungen und bleibt ein wichtiger Aspekt interkultureller Kommunikation (Berentzen 2024).

Zur Entstehung bzw. Stabilisierung der Höflichkeit trugen sicher auch Rituale w. z. B. die Begrüßung bei. Dazu mehr im nächsten Abschnitt.

2.2 Begrüßungen früher und heute: Die Kunst der höflichen Begegnung

Die Art und Weise, wie Menschen sich begrüßen, hat sich im Laufe der Zeit stark verändert und variiert je nach kulturellem Kontext. Begrüßungen sind nicht nur eine Form der Kontaktaufnahme, sondern auch ein wichtiger Ausdruck von Höflichkeit und Respekt dem anderen gegenüber. Die Wahl der angemessenen Begrüßungsform hängt oft davon ab, wie gut man die andere Person kennt und welche Beziehung man zu ihr hat.

2.2.1 Traditionelle Begrüßungsformen

In vielen westlichen Kulturen ist der Handschlag nach wie vor eine weit verbreitete und höfliche Form der Begrüßung, besonders in formellen Situationen. Diese Tradition hat ihre Wurzeln im Mittelalter, als das Ausstrecken der leeren rechten Hand als Friedenszeichen galt. In Deutschland wird ein fester Händedruck oft von einem „Guten Tag" begleitet, was als Ausdruck von Höflichkeit und Respekt gilt.

2.2.2 Kulturelle Vielfalt in Begrüßungen

Begrüßungsrituale sind ein faszinierender Spiegel kultureller Vielfalt und sozialer Normen. Sie variieren stark von Region zu Region und reflektieren oft tief verwurzelte Traditionen und Wertvorstellungen einer Gesellschaft. Diese Rituale reichen von einfachen Gesten bis hin zu komplexen Zeremonien und können sowohl verbale als auch nonverbale Elemente beinhalten.

In vielen Kulturen spielt Körperkontakt eine zentrale Rolle bei der Begrüßung. Während in einigen Ländern ein fester Händedruck üblich ist, bevorzugen andere Kulturen sanftere Berührungen oder verzichten ganz darauf. Manche Begrüßungsformen umfassen Umarmungen oder Wangenküsse, deren Anzahl und Ausführung je nach Region variieren können.

Verbeugungen sind in verschiedenen Teilen der Welt ein wichtiger Bestandteil der Begrüßung. Die Tiefe und Dauer der Verbeugung kann dabei den Grad des Respekts ausdrücken und ist oft abhängig von Faktoren wie Alter, sozialer Stellung oder der Formalität der Situation.

Einige Kulturen haben einzigartige Gesten entwickelt, die als Begrüßung dienen. Diese können von gefalteten Händen vor der Brust bis hin zu speziellen Handbewegungen oder sogar dem Reiben von Nasen reichen. Solche Gesten sind oft tief in der Geschichte und den Traditionen des jeweiligen Landes verwurzelt.

In der heutigen globalisierten Welt vermischen sich zunehmend traditionelle und moderne Begrüßungsformen. Besonders in internationalen Geschäftskreisen hat sich der Handschlag als universelle Geste etabliert, während in privaten Kontexten oft lokale Traditionen beibehalten werden.

Zusammenfassend lässt sich sagen, dass Begrüßungen, ob traditionell oder modern, ein wesentlicher Bestandteil sozialer Interaktionen sind. Sie spiegeln nicht nur kulturelle Werte wider, sondern dienen auch als Ausdruck von Höflichkeit und gegenseitigem Respekt in einer zunehmend vernetzten Welt (Sarno und Sarno 2024).

2.3 Rituale der Dankbarkeit

Nachfolgend gebe ich als Beispiel eine kurze Betrachtung zum Applaus:

> Der Applaus, eine traditionsreiche Form der Anerkennung, hat seinen Ursprung in der Antike und entwickelte sich zu einer komplexen sozialen Geste. Er dient als Dank an Künstler, markiert den Übergang zur Realität und ermöglicht dem Publikum, Anspannung abzubauen. Die Intensität variiert je nach Kontext und kulturellem Hintergrund. In der

modernen Zeit steht der Applaus vor Herausforderungen, insbesondere durch die Nutzung von Smartphones bei Veranstaltungen, da es sich mit einem Handy in der Hand schlecht applaudieren lässt. Dennoch bleibt der Beifall ein wichtiger Ausdruck der Wertschätzung und ein einzigartiges kollektives Erlebnis, das Publikum und Künstler verbindet. Als Form der Höflichkeit behauptet der Applaus weiterhin seinen Platz in der Gesellschaft, trotz sich wandelnder Ausdrucksformen im digitalen Zeitalter. (Toelle 2019)

Literatur

Berentzen C (2024) Webseite. https://www.backpackertrail.de/hoeflichkeit-in-anderen-kulturen/. Zugegriffen am 21.01.2025

Helvétius CA zit. n. Forschelen B (2017). Kompendium der Zitate für Unternehmer und Führungskräfte. Springer Gabler, Wiesbaden, S 335

Lederer J zit. n. Schütz C (1987) Von der Freundlichkeit der Menschen. Praktisches Lexikon der Spiritualität. Randziffer 411. Herder, Freiburg

Loeffner A (2025) Webseite: Psychologie des Glücks. https://psychologie-des-gluecks.de/lexikon/freundlichkeit/. Zugegriffen am 08.02.2025

Mai J (2024) Webseite. https://karrierebibel.de/hoeflichkeit/. Zugegriffen am 21.01.2025

Metzler Lexikon Philosophie (2025) Webseite: Spektrum der Wissenschaft Verlagsgesellschaft mbH. https://www.spektrum.de/lexikon/philosophie/tugendlehre/2070. Zugegriffen am 09.02.2025

Pfeifer W (1993a) Freundlichkeit. In: Etymologisches Wörterbuch des Deutschen, digitalisierte und von Wolfgang Pfeifer überarbeitete Version im Digitalen Wörterbuch der deutschen Sprache. https://www.dwds.de/wb/etymwb/Freundlichkeit. Zugegriffen am 07.05.2025

Pfeifer W (1993b) Höflichkeit. In: Etymologisches Wörterbuch des Deutschen, digitalisierte und von Wolfgang Pfeifer überarbeitete Version im Digitalen Wörterbuch der deutschen Sprache. https://www.dwds.de/wb/etymwb/H%C3%B6flichkeit. Zugegriffen am 07.05.2025

Riedel A (2024) Webseite. https://www.planet-wissen.de/gesellschaft/psychologie/freundschaft_gemeinsam_durch_dick_und_duenn/pwievomkampfgenossenzurersatzfamiliefreundschaftimwandel100.html. Zugegriffen am 22.12.2024

von Sales F zit. n. Schütz C (1981) Philothea, Einführung in das Leben aus christlichem Glauben (Eichstätt – Wien). Praktisches Lexikon der Spiritualität. Randziffer 412. 1992. Herder, Freiburg

Sarno A, Sarno M (2024) Webseite. https://www.sprachcaffe.de/magazin-artikel/knigge-regeln-in-europa-etikette-und-hoeflichkeit.htm. Zugegriffen am 21.01.2025

Toelle J (2019) Webseite rnd.de (07.01.2019). https://www.rnd.de/wissen/warum-applaudieren-wir-PYRTBCYZ6IVF2BKE65UQGASF34.html. Zugegriffen am 22.12.2024

Westphal D (2024) Webseite Achtsamkeit leben arbor online-center. https://www.arbor-online-center.de/webinare/kraft-achtsamer-freundlichkeit-mit-doerte-westphal. Zugegriffen am 09.02.2025

3

Der Ist-Zustand

„Wer lange genug in den Abgrund hineinschaut, aus dem schaut der Abgrund heraus." (Nietzsche 1886, Kap. 4, Aphorismus 146)

3.1 Unfreundlichkeit als sozialpolitisches Warnsignal

Bevor ich zu meinen persönlichen Beobachtungen, sowohl im gesellschaftlichen wie im privaten Bereich komme, möchte ich zunächst betonen, dass es die Problematik „Freundlichkeit" vs. „Unfreundlichkeit" wahrscheinlich zu allen Zeiten und in jeder Gesellschaft gab und gibt. Ebenso das Ringen um einen freundlicheren zwischenmenschlichen Umgang.

Die Ausprägung von Freundlichkeit oder Unfreundlichkeit innerhalb einer Gesellschaft zu einem bestimmten Zeitpunkt fungiert als eine Art Seismograf für deren soziales Wohlbefinden. Ein Rückgang der zwischenmenschlichen

Herzlichkeit deutet auf eine Zunahme von Problemen hin. Besonders die politischen Entscheidungsträger sollten daher wachsam auf solche Indikatoren achten und sie als Warnsignale ernst nehmen.

Betrachten wir das Geschehen in einer Fußgängerzone in Deutschland:

Beispiel Fußgängerzone

Die Menschen laufen im hohen Tempo aneinander vorbei. Dabei wirken viele in sich gekehrt, den Blick gesenkt. Manche sehen auch niedergeschlagen aus.

Die meisten von ihnen würdigen die anderen beim Vorübergehen keines Blickes. Sie schenken also einander keine Beachtung.

Wenn ich dann bewusst ihren Blick suche, schauen sie mich, wenn überhaupt, nur kurz mit ernster Miene an, um dann schnell wieder wegzusehen.

Manche zeigen anscheinend mit Ihren riesigen, einem Lärmschutz ähnelnden Kopfhörern, dass sie nicht angesprochen bzw. gestört werden wollen. Mir scheint, sie schirmen sich bewusst von der Außenwelt ab und tauchen mit Musik oder Hörbüchern in ihre emotionale Innenwelt ein.

Befinden wir uns in einem Zeitalter der extremen Unfreundlichkeit aufgrund einer auf Ängsten basierenden Distanz? Ich möchte dieses Thema nachfolgend im gesellschaftlichen und im privaten Bereich näher beleuchten.

3.2 Gesellschaftliche Schubladen

Das Einordnen von Menschen in Schubladen hat Hochkonjunktur, obwohl die Anzahl der Schubladen in den letzten Jahren anscheinend einen Rückgang fand. Waren es einmal sehr bunte und unterschiedlich große Schubladen, sind es heute nur noch zwei ganz große und wenige kleinere. Auf den großen steht „links" oder „rechts."

Diese Vereinfachung spiegelt sich in der politischen Landschaft wider, wo wir ein starkes Ausschlagen des Pendels wahrnehmen können. Ist das politische Pendel tatsächlich so weit nach links ausgeschlagen, dass es nun nach rechts drängt?

Die zunehmende Gereiztheit vieler Menschen wirft Fragen auf: Können wir nur noch in Extremen denken? Sei es in der politischen Ausrichtung, bei spezifischen Themen wie der Energiepolitik oder in grundsätzlichen Fragen wie Krieg und Frieden?

In den sozialen Medien entfachen Themen wie „Cancel Culture" heftige Debatten. Menschen mit manchmal zugegeben sehr unreflektierten Ansichten, deren Meinungen nicht akzeptiert oder gehört werden sollen, werden schnell als Schwurbler abgewertet. Kommt das (nicht) einem Rede-, Sprech- und Denkverbot gleich, wie wir es aus diktatorischen Systemen kennen? Dazu fand ich einen interessanten Beitrag, der auch die historische Bedeutung des o. g. Begriffs erläutert, auf der Webseite des Philosophie-Magazins. Die Autorin Theresa Schouwink meint, dass der Begriff weniger der inhaltlichen Kritik dient, sondern Diskussionen von vornherein verhindert, indem er die Aussagen des Gegenübers einfach als bedeutungslos oder sinnlos abtut. Für sie ist besonders bemerkenswert daran, „[…] weil sich damit eine Diskursstrategie durchsetzt, mittels der nicht gesagt wird: ‚Was du behauptest, ist falsch' (wie es etwa das Wort „fake-news" tut). Auch nicht: ‚Was du sagst, verstehe ich leider nicht'" (Schouwink 2021). Deshalb finde ich, dass wir wieder mehr echten Austausch und offene Diskussionen zulassen sollten.

Ähnlich kontrovers wird das Gendern der Sprache diskutiert, das vor allem von jungen, städtischen Akademikern befürwortet wird. Während Unterstützer darin ein Mittel zur Förderung von Gleichberechtigung und Sichtbarkeit aller Geschlechter sehen, betrachten Kritiker es als unnötige sprachliche Verkomplizierung und potenzielle Quelle weiterer gesellschaftlicher Spaltungen. Diese Diskussionen verdeutlichen die Herausforderungen, vor denen die Gesellschaft bei dem Versuch steht, inklusiver zu werden, ohne dabei neue Gräben aufzureißen.

In der aktuellen gesellschaftlichen Debatte werden derartige Begriffe oft als Schlagworte benutzt, um bestimmte Gruppen oder Denkweisen pauschal abzuwerten oder auszugrenzen. Dies kann zu einer Polarisierung der Diskussion und einer Vereinfachung komplexer Themen führen.

Diese Phänomene zeugen aber auch von einer wachsenden Sensibilität für gesellschaftliche und politische Fragen, können jedoch auch zu einer Verhärtung der Fronten zwischen verschiedenen Meinungslagern führen.

Um eine freundlichere und offenere Gesellschaft zu fördern, wäre es wichtig, den Dialog zwischen verschiedenen Gruppen zu fördern, Verständnis für unterschiedliche Perspektiven zu entwickeln und gemeinsame Lösungen für gesellschaftliche Herausforderungen zu finden.

Welche Ideen und Möglichkeiten es dazu gibt, lesen Sie in Kap. 8.

3.3　Im privaten Umfeld

Die Freundlichkeits-Stimmung im privaten Umfeld spiegelt oft die gesellschaftlichen Spannungen wider, die sich in den letzten Jahren entwickelt haben. Die Intensität und Qualität der Beziehungen innerhalb von Familien und Freundeskreisen werden zunehmend von der Übereinstimmung in Ansichten und Lebensweisen beeinflusst. Themen wie Parteizugehörigkeiten, Impfentscheidungen, Ernährungsgewohnheiten, Mobilitätsverhalten und Energiepolitik haben sich zu Prüfsteinen für zwischenmenschliche Beziehungen entwickelt. Die Frage, ob jemand vegetarisch lebt, das Fahrrad dem Auto vorzieht, ein Elektroauto oder einen Verbrenner fährt, oder wie er zur Atomkraft steht, kann entscheidend für die Aufrechterhaltung enger Kontakte sein.

Diese Polarisierung im Privaten führt oft zu einer Segregation von Gruppen mit ähnlichen Ansichten, was den gesellschaftlichen Zusammenhalt auf einer grundlegenden Ebene herausfordert. Die Fähigkeit, trotz unterschiedlicher Meinungen respektvoll und freundlich miteinander umzugehen, wird somit zu einer Schlüsselkompetenz für den Erhalt sozialer Bindungen und für eine harmonische Gesellschaft.

3.4 Trennende oder verbindende Kraft der Gegensätze?

In der Natur sind Gegensätze allgegenwärtig und essenziell: Hell und Dunkel, heiß und kalt, nass und trocken, groß und klein – diese Kontraste bilden die Grundlage für die Vielfalt und das Gleichgewicht in unserer Umwelt. Doch warum fällt es uns Menschen oft so schwer, die Bedeutung und den Wert von Unterschieden und Gegensätzen in unserer Gesellschaft zu erkennen und zu akzeptieren?

Der Philosoph Immanuel Kant hat die menschliche Ambivalenz treffend beschrieben. Er erkannte, dass der Mensch einerseits eine natürliche Neigung zur Vergesellschaftung hat, da er sich in Gemeinschaft „mehr als Mensch" fühlt und seine Anlagen besser entwickeln kann. Andererseits beobachtete Kant auch einen starken Hang zur Vereinzelung, der aus dem Wunsch resultiert, alles nach dem eigenen Sinne zu richten, verbunden mit der Erwartung von Widerstand und der eigenen Neigung, anderen zu widerstehen.

Diese von Kant beschriebene Dualität in der menschlichen Natur spiegelt sich in unseren gesellschaftlichen Herausforderungen wider (Kant zit. n. Stumpf 2024).

Statt die Gegensätze als Bedrohung wahrzunehmen, wäre es klüger, sie zu verstehen, zu akzeptieren und schließlich zu überwinden. Denn gerade in der Auseinandersetzung mit dem Anderen, dem Gegensätzlichen, liegt das Potenzial für eine positive persönliche und gesellschaftliche Entwicklung.

Die Kunst besteht darin, einen Mittelweg zu finden zwischen dem Bedürfnis nach Gemeinschaft und dem Wunsch nach Individualität. Indem wir lernen, Unterschiede nicht nur zu tolerieren, sondern als Bereicherung zu sehen, können wir eine Gesellschaft gestalten, die sowohl Vielfalt als auch Zusammenhalt fördert. Gegensätze müssen nicht trennen – sie können verbinden, indem sie uns dazu anregen, über unseren eigenen Horizont hinauszublicken und gemeinsam neue Kompromisse zu finden.

3.5 Wort des Jahres

„Krisenmodus" war Wort des Jahres 2023 – obwohl man meines Erachtens lieber vom Unwort des Jahres sprechen sollte. Diese Wahl wurde von der Gesellschaft für deutsche Sprache (GfdS) bekannt gegeben und spiegelt die aktuellen gesellschaftlichen und politischen Herausforderungen wider, die in diesem Jahr besonders im Fokus standen.

Der Begriff „Krisenmodus" beschreibt eine Situation, in der Individuen oder Gesellschaften auf eine Vielzahl von Krisen reagieren müssen, sei es in den Bereichen Gesundheit, Soziales, Wirtschaft oder Umwelt.

Die Auswahl des Wortes des Jahres erfolgt nicht nach der Häufigkeit der Verwendung, sondern nach der Bedeutung und dem Einfluss, den ein Begriff auf die öffentliche Diskussion hat. Es wurden mehr als 2000 Vorschläge eingereicht, aus denen die Jury die prägnantesten und relevantesten Wörter auswählte (Ewels 2023).

Bedenkt man die Kraft und die Weisheit der Sprache, dann ist das Wort „Krisenmodus" sehr destruktiv und nach Immanuel Kants Vorstellung, dass alle Sprache die Bezeichnung der Gedanken sei, auch sehr bedenklich (Kant zit. n. Schefter 2025).

Wie mein Vorschlag für das nächste Wort des Jahres lautet, erfahren Sie in Kap. 8.

3.6 Typische unfreundliche Verhaltensweisen

Bevor ich mich näher einigen Beispielen besonders unfreundlicher Verhaltensweisen widme, möchte ich zunächst typische Verhaltensweisen auflisten, die mir und den Teilnehmern meiner Umfrage in den letzten Jahren als unfreundlich aufgefallen sind:

- zunehmender Egoismus und mangelnde Rücksichtnahme auf andere
- respektloses und abweisendes Verhalten gegenüber anderen, besonders gegenüber Fremden
- Unhöflichkeit und fehlende Grundlagen des sozialen Umgangs, wie z. B. grüßen oder „Bitte" und „Danke" sagen
- rücksichtsloses Verhalten im Alltag, etwa beim Einkaufen oder im Straßenverkehr
- mangelnde Hilfsbereitschaft und Solidarität außerhalb des eigenen engen Umfelds
- übermäßige Selbstbezogenheit, z. B. lautes Telefonieren in der Öffentlichkeit ohne Rücksicht auf andere

- Missbrauch von Notdiensten für Bagatellfälle, was echte Notfälle gefährdet
- Zunahme der „Ellbogenmentalität" im täglichen Konkurrenzkampf
- mangelnde Empathie und fehlendes Interesse an den Perspektiven anderer
- aggressiver und polarisierender Debattenstil, besonders in sozialen Medien
- Unachtsamkeit und Unaufmerksamkeit für die Belange anderer

Die Antworten, wie aus unfreundlichen Verhaltensweisen freundliche werden können, finden Sie in Kap. 8.

3.6.1 Egoismus

Was bedeutet Egoismus in der heutigen Zeit?
Wenn von Egoismus die Rede ist, entstehen in den Köpfen der Menschen unterschiedliche Bilder. Deshalb möchte ich zu Beginn dieses Abschnittes den Versuch einer Definition unternehmen.

Definition und Grundzüge:
Egoismus bezeichnet das Streben, vorrangig die eigenen Interessen, Wünsche und Ziele zu verwirklichen, auch wenn dies auf Kosten anderer geschieht. Im Gegensatz dazu steht der Altruismus, eine Haltung, die sich selbstlos auf das Wohl anderer konzentriert. In einer Leistungsgesellschaft und freien Marktwirtschaft erscheint vielen jedoch ein ausgewogener Mittelweg zwischen Egoismus und Altruismus als vernünftige Option.

Der Egoismus wird gesellschaftlich oft als negativer Charakterzug wahrgenommen, der dem Gemeinwohl schadet. Gleichzeitig wird ein gewisses Maß an Egoismus als notwendig für den persönlichen Erfolg und die Selbstbehauptung angesehen. Aus psychologischer Perspektive betrachtet, geht man davon aus, dass alles menschliche Handeln letztlich auf Eigeninteresse zurückzuführen ist. Selbst scheinbar altruistisches Verhalten wird teilweise als verkappter Egoismus interpretiert (Nickels 2024).

Es wird zwischen gesundem Egoismus (Selbstfürsorge) und übersteigertem, schädlichem Egoismus unterschieden. Darüber hinaus findet eine Abgrenzung zur Egozentrik und zum Narzissmus statt. Denn diese stellen stärkere Ausprägungen der Ich-Bezogenheit dar.

Der Autor Piero Ferrucci des Buches „Nur die Freundlichen überleben" meint:

> „Unsere Egos sind aufgeblasen, und wir haben die Gemeinschaft ebenso vernachlässigt wie das Gefühl, Teil einer menschlichen Umgebung zu sein, die sich mit uns im Gleichklang befindet" (Ferrucci 2006a, S. 71).

Ferruci geht davon aus, dass wir unsicher zwischen zwei Extremen schwanken: zwischen der Uniformität und Anonymität der Masse einerseits und der Faszination angesichts persönlicher Originalität andererseits.

Egoismus zeigt sich oft in Form von Ellbogenmentalität, Rücksichtslosigkeit im Straßenverkehr oder mangelnder Hilfsbereitschaft im Alltagsleben. Die sozialen Medien können egozentrisches Verhalten verstärken, indem sie Selbstdarstellung und Ich-Bezogenheit fördern.

Die folgenden Zahlen sind alarmierend und lassen im Vergleich zu früheren Zeiten eine Zunahme egoistischen Verhaltens auf verschiedenen Gebieten erkennen:

1. Schwächung des gesellschaftlichen Zusammenhalts:
   - 79 % der Befragten einer Studie sehen nur wenig oder keinen Zusammenhalt in der Gesellschaft.
   - 80 % nennen zunehmenden Egoismus als Hauptgrund für den schwindenden Zusammenhalt (Wachter 2023).

2. Verstärkung von Ungerechtigkeitsempfinden:
   - Ein großer Anteil der Menschen empfindet das derzeitige wirtschaftliche System als zugunsten der Wohlhabenden und Einflussreichen verzerrt. Dies führt zu einem Gefühl der Ungerechtigkeit und Spaltung in der Gesellschaft.
3. „Solidaritätsentzug" als Reaktion:
   - Menschen, die die Gesellschaft als egoistisch wahrnehmen, fühlen sich oft selbst einsam und im Stich gelassen.
   - Als Reaktion darauf ziehen sie sich zurück und verweigern ihrerseits Solidarität.
4. Verschärfung sozialer Spaltung:
   - Der wahrgenommene Egoismus verstärkt das Gefühl einer gespaltenen Gesellschaft.
   - Dies kann zu einer sich selbst verstärkenden Spirale führen, in der Misstrauen und Eigennutz zunehmen.
5. Herausforderungen für den politischen Diskurs:
   - Appelle an Solidarität und Gemeinschaftssinn drohen ungehört zu verhallen.
   - Es wird schwieriger, Menschen für gemeinschaftliche Ziele zu mobilisieren.
6. Auswirkungen auf persönliche Beziehungen:
   - 20 % geben an, dass die Corona-Pandemie Familienmitglieder voneinander entfernt hat.
   - Dies zeigt, wie gesellschaftlicher Egoismus auch private Beziehungen beeinflussen kann (Krause 2022).

Der wahrgenommene Egoismus hat also weitreichende negative Auswirkungen auf den gesellschaftlichen Zusammenhalt, das Vertrauen in Institutionen und die Bereitschaft zur Solidarität. Dies stellt eine bedeutende Herausforderung für die soziale Kohäsion und die Bewältigung gemeinsamer Probleme dar.

Gesellschaftliche Herausforderung:
Die Balance zwischen Eigeninteresse und Gemeinwohl wird als wichtige Aufgabe für Individuen und die Gesellschaft gesehen. Es gibt Bestrebungen, Werte wie Kooperation, Empathie und soziale Verantwortung zu stärken, um übermäßigem Egoismus entgegenzuwirken.

3.6.2 Unachtsamkeit

Unachtsamkeit hat sich in unserer modernen Gesellschaft zu einem weit verbreiteten Phänomen entwickelt. Täglich begegnen wir Situationen, in denen Menschen achtlos aneinander vorbeilaufen.

Fahrer von E-Scootern, Rennrädern und eBikes machen sich den Weg mit den Fußgängern streitig. Für Menschen, die ruhigen Schrittes nebeneinander gehen wollen, wird es oft eng und hektisch. Rücksicht war gestern, heute zählt die Klingel als Bahnbrecher und Platzmacher. Falls nicht vorhanden, wird auch schon mal unfreundlich gestikuliert oder gemault, nach dem Motto: „Platz da, hier komme ich – das größte und schnellste Ego".

Ältere Menschen mit Gehproblemen oder gar mit Rollatoren stehen in öffentlichen Verkehrsmitteln oft hilflos und wacklig auf den Beinen, ohne dass ihnen wie früher von Kindern oder jüngeren Erwachsenen selbstverständlich ein Platz angeboten wird.

Unaufmerksamkeit betrifft auch unsere Umwelt: Achtlos weggeworfener Müll und verschmutzte Wiesen in Parks zeugen von einer mangelnden Wertschätzung des öffentlichen Raumes.

Der italienische Psychotherapeut Piero Ferrucci beschreibt dieses Verhalten treffend: „In Gegenwart eines anderen Menschen können wir ein Schild mit der Aufschrift „Komme gleich zurück" aufhängen und weiterhin unseren eigenen Gedanken nachhängen" (Ferrucci 2006b, S. 101). Diese Metapher verdeutlicht, wie wir uns mental von unserer Umgebung und unseren Mitmenschen abkapseln, selbst wenn wir physisch anwesend sind.

Unachtsamkeit hat weitreichende Folgen für unser soziales Gefüge und unsere persönliche Gesundheit. Sie kann zu Stress, Konflikten und einem Gefühl der Isolation führen.

Studien zeigen, dass chronische Einsamkeit, oft eine Folge von Unachtsamkeit gegenüber anderen, das Risiko für verschiedene Erkrankungen wie Herzinfarkte, Schlaganfälle und sogar Demenz erhöht (Panka 2025).

Das Gegenteil von Unachtsamkeit würde bedeuten, wach und präsent zu sein, den anderen wertzuschätzen, indem man ihm einen freundlichen Blick zuwirft oder grüßt. Es geht darum, bewusst wahrzunehmen, was um uns herum geschieht, und darum, respektvoll mit unserer Umwelt und unseren Mitmenschen umzugehen. Nur durch diese Achtsamkeit können wir echte Verbindungen aufbauen und ein gesünderes, erfüllteres Leben führen.

3.7 Kultur der Betroffenheit

Der Begriff „Betroffenheit" stellt für mich ein Gefühl dar, das durch etwas Negatives oder Trauriges ausgelöst wird und eine innere Bewegung oder Berührung verursacht. Somit ist Betroffenheit oft mit einer emotionalen Reaktion auf unerwartete oder unangenehme Ereignisse verbunden. Es kann sich dabei um eine persönliche Betroffenheit handeln, die jemanden tief im Inneren berührt, oder um eine sichtbare Reaktion, wie etwa ein betroffenes Gesicht. Diese emotionale Reaktion kann sowohl individuell als auch kollektiv erlebt werden, je nach Kontext und Situation.

Das Wort „betroffen" stammt aus dem Althochdeutschen „treffen" und bedeutete ursprünglich „ein Ziel erreichen" (Pfeifer 1993).

Dagegen beschreibt Sukadev Bretz **von** Yogawiki Betroffenheit als einen Ausdruck von Mitgefühl, Berührtheit oder Engagement. Sie kann auftreten, wenn etwas Unerwartetes geschieht, oder wenn man sich auf etwas gefreut hat, das nicht eingetreten ist. Betroffenheit wird hier als Fähigkeit dargestellt, die Menschen dazu motivieren kann, Gutes zu bewirken und sich für andere einzusetzen (Bretz 2025).

In der Psychologie wird Betroffenheit als Sammelbegriff für gefühlsbetonte Eindrücke verwendet, die beispielsweise durch Umweltzerstörung oder das Leid anderer Menschen ausgelöst werden können. Diese Form der Betroffenheit ist oft mit starken emotionalen Reaktionen verbunden.

3.7.1 Die Ära der Betroffenheit: Zwischen Empathie und Egomanie

Wenn ich den Menschen auf der Straße oder in Plenarsälen zuhöre, stellt sich mir oft die Frage: Leben wir zurzeit in einer noch nie dagewesenen Kultur der Betroffenheit?

Mein nächster Gedanke sagt mir, dass es sich anscheinend dabei „nur" um ein gesellschaftliches Phänomen handelt, bei dem emotionale Reaktionen und persönliche Betroffenheit einen großen Platz in öffentlichen Diskursen und sozialen Interaktionen eingenommen haben. Schauen wir uns dazu noch einige weitere Aspekte an:

Der mediale Aspekt:
Die Darstellung und Verbreitung von Betroffenheit in Medien und sozialen Netzwerken spielen eine wichtige Rolle.

Die Debatten wirken oft emotional aufgeladen. Gefühlsbetonte Eindrücke und subjektive Erfahrungen gewinnen anscheinend immer mehr an Bedeutung, oft auf Kosten sachlicher Argumente.

Identitätspolitik:
Persönliche Erfahrungen und Zugehörigkeiten zu bestimmten Gruppen werden als Quelle von Legitimität und Autorität in Debatten gesehen. Das Freund-Feind-Schema zeigt sich dabei deutlich.

Moralische Dimension:
Betroffenheit wird oft auch als moralische Trauer oder mitfühlende Anteilnahme verstanden und kann als Ausdruck ethischer Positionierung dienen.

Politisierung des Persönlichen:
Individuelle Erfahrungen und Gefühle werden zunehmend als politisch relevant betrachtet.

Gesellschaftliche Auswirkungen:
Eine Kultur der Betroffenheit kann sowohl zu mehr Empathie und Solidarität als auch zu Polarisierung und emotionaler Überforderung führen.

Am Ende dieses Abschnittes gestatten Sie mir noch eine kritische Betrachtung bzw. Fragestellung: Steckt hinter der Betroffenheit eine Form von Egomanie oder ein „Betroffenheitskult", der es schwer macht, rationale Diskurse zu führen? (Grau 2023).

3.8 Erregung und Gereiztheit

Das heutige Leben mit all der Hast und Hetze, dem egoistischen Gehabe und Getue erinnert an einen Text von Thomas Mann aus seinem berühmt gewordenen Roman „Der

Zauberberg". Darin beschreibt Thomas Mann im Kapitel „Die große Gereiztheit" eine Stimmung aus Verunsicherung, aus Aufgewühltheit und plötzlich hervorbrechender Wut. Es handelt sich dabei zwar um das Gesellschafts- und Gefühlspanorama aus einer anderen Zeit, schreibt der Sachbuchautor Pörksen in seinem Buch „Die große Gereiztheit". Doch Ähnlichkeiten zu heute sind unverkennbar.

In Manns Zauberberg wird die von Nervosität und plötzlichen Erregungsschüben geprägte Atmosphäre in einem Sanatorium folgendermaßen beschrieben:

„Was gab es denn? Was lag in der Luft? – Zanksucht. Kriselnde Gereiztheit. Namenlose Ungeduld. Eine allgemeine Neigung zu giftigem Wortwechsel, zum Wutausbruch, ja zum Handgemenge. Erbitterter Streit, zügelloses Hin- und Hergeschrei entsprang alle Tage zwischen Einzelnen und ganzen Gruppen […]" (Pörksen 2018a, S. 14).

Warum liegen bei einigen Menschen manchmal die Nerven blank? Warum lassen wir uns von aufregenden Nachrichten so verstören, dass wir schlecht schlafen können? Und warum müssen wir die Katastrophen, die ohnehin schon passiert sind, mit anderen wieder und wieder unter dem Motto: „Hast Du das schon gehört" durchhecheln?

Es könnte an einer weltweiten Emotions- und Erregungsindustrie liegen. Nach Einschätzung des Medienwissenschaftlers Bernhard Pörksen registriert und verstärkt diese weltweit vernetzte Industrie, was gerade bei den Menschen ankommt.

„[…] man tut hier nichts anderes, als spektakuläre Stories, kuriose Videos und mitunter auch frei erfundene Geschichten zu recyclen, frei nach dem Motto: Relevant ist, was interessiert." Die künstliche Aufregung und das Spektakel würden laut Pörksen so immer dominanter (Pörksen u. Schulz von Thun, 2020a, S. 18).

Interessant an dem Phänomen ist für mich, dass eine „Nachricht", wie es die Weisheit der Sprache ja in dem Begriff schon verrät, bereits „nach" dem Ereignis geschehen ist. Oder bezweckt die Nachricht gar, dass sich die Empfänger danach „richten", also uns von der negativen Energie anstecken oder niederdrücken lassen sollen?

3.9 Mangelhafte Gesprächs-Kultur

Befinden wir uns mitten in einem gewaltigen kommunikativen Wandel?

Die Autoren Bernhard Pörksen und Friedemann Schulz von Thun sprechen gar von einem „kommunikativen Klimawandel." Sie gehen in ihrem Buch „Die Kunst des Miteinander-Redens – Über den Dialog in Gesellschaft und Politik" der reizbaren Gesellschaft auf den Grund und fragen: „Wo liegen die Ursachen für die große Gereiztheit, für die Sofort-Eskalation öffentlicher Debatten, für den Hass und die Wut, die das Kommunikationsklima der Gegenwart zu ruinieren drohen?" (Pörksen und Schulz von Thun 2020b, S. 9).

Einer der Gründe könnte in der enormen Tempo-Zunahme liegen, wie und in welcher Form Neuigkeiten zu uns kommen. „Das Neue", damit sind vor allem Nachrichten über Krisen und Unglücke auf der Welt gemeint, steht sofort zur Verfügung. Das klassische Telefon brauchte nach seiner Erfindung noch 75 Jahre, um von 100 Mio. Menschen genutzt zu werden. Hingegen benötigte das Mobiltelefon nur 16 Jahre. Bei Facebook waren es nur 4,4 Jahre, WhatsApp und Instagram gerade einmal 2,2 Jahre. Siehe: (Yogeshwar 2017, S. 22 f. zit. n. Pörksen u. Schulz von Thun). Das Innovationstempo könnte also selbst ein Treiber des kommunikativen Klimawandels sein, meinen Pörksen und Schulz von Thun. Sie begründen es folgendermaßen:

„[…] weil sich die disruptiven Veränderungen so rasch vollziehen und die neue Medienwelt mit großer Wucht und Geschwindigkeit auf den Menschen prallt, der im Gehäuse von Tradition und Evolution unvermeidlich behäbig reagiert." Auch die Inhalte, über die wir sprechen, verändern sich. Damit auch das Wesen von Gemeinschaften, „[…] also die Arena, in denen sich Gedanken und Debatten überhaupt entfalten könnten, wird eine andere." (Pörksen u. Schulz von Thun, 2020c, S. 16 f.)

3.9.1 Aktivitäten oder Handlungen, die ein Gespräch erschweren

Am besten, ich beginne gleich einmal mit der Behauptung, dass das Handy auf dem Tisch dem Dialog die Tiefe raubt. Zugegeben, das ist eine kühne These, die hier von Bernhard Pörksen aufgestellt wird. Dennoch birgt das Hin-und-wieder-aufs-Handy-schauen während eines Gesprächs eine gewisse Ablenkung. Zum einen fühlt sich das Gegenüber dadurch nicht wertgeschätzt, weil ihm nicht die ganze Aufmerksamkeit gewidmet ist. Zum anderen kann sich der Handybenutzer nicht ganz auf das Gesagte konzentrieren.

„Das ist das Dilemma zwischen Zuwendung und Abwendung in der vernetzten Welt." Selbst ein still geschaltetes Smartphone auf dem Tisch wirkt als eine latente Unterbrechungsdrohung „[…] SCHULZ VON THUN: dies schlicht deshalb, weil diese kleine Maschine immer wieder fantastische Anregungen ausspuckt" (Pörksen u. Schulz von Thun, 2020d, S. 117).

Wie verhalten wir uns selbst in Gesprächen? Reden wir tatsächlich noch miteinander, hören dem anderen empathisch zu und wollen dadurch wirklich etwas von ihm bzw. ihr erfahren? Oder lauern wir nur auf eine Atempause, um selbst gehört zu werden, unsere eigene Ansicht, Meinung oder ein Angebot loszuwerden? Dieses Verhalten erinnert dann doch eher an einen Wettkampf unter dem Motto: Wer zuerst eine Pause macht, hat verloren.

3.9.2 Polarisierung

Die Verständigung in Gesprächen nimmt umso mehr ab, je mehr polarisiert wird. Die Kommunikation wird unproduktiv. Die Fronten verhärten sich, anstatt zur Problemlösung beizutragen. Bernhard Pörksen entdeckte hierzu offensichtlich ein Konzept, das er als eine Anleitung zur effektiven Polarisierung nennt: „Praktiziere die maximale Abwertung des anderen bei gleichzeitiger Glorifizierung der eigenen Person und Position." Er nennt dazu auch einige drastische Beispiele:

> „Ich stehe für gesunden Menschenverstand, und du bist ein Spinner!"
> „Ich bin Realist, und du bist ein verträumter Illusionist!"
> „Ich bin der rechtschaffene Vertreter der Humanität, und du bist ein moralisch minderwertiger Lump!" (Pörksen u. Schulz von Thun, 2020e, S. 44)

3.10 Schattenseiten des Medienkonsums

Der Medienkonsum hat sich in den letzten Jahrzehnten drastisch verändert, sowohl in Bezug auf die Nutzungsdauer als auch auf die Art der konsumierten Medien. Die ARD/ZDF-Medienstudie 2024 zeigt, dass die durchschnittliche tägliche Mediennutzung der deutschen Bevölkerung ab 14 Jahren bei knapp sechseinhalb Stunden liegt.

Die Studie bestätigt auch den Rückgang der Nutzung traditioneller Medien. Insbesondere das lineare Fernsehen verzeichnet einen deutlichen Rückgang, vor allem in jüngeren Altersgruppen. Bei den 14- bis 29-Jährigen schaut nur noch rund jeder Vierte (24 %) täglich lineares Fernsehen, was einen Rückgang von etwa 10 Prozentpunkten gegenüber dem Vorjahr darstellt (ARD Media 2024, Webseite).

Gleichzeitig zeigt die Studie eine Verschiebung hin zu digitalen Medienformen. Non-lineare Angebote wie Mediatheken, alternative Nachrichtenportale, Video-Streamingdienste und Plattformen wie YouTube gewinnen an Bedeutung, auch wenn ihre Nutzung nicht im gleichen Maße zunimmt, wie die lineare Nutzung abnimmt.

Liegt hier der Grund darin, dass die Fernsehsender immer mehr auf sensationelle und empörende Inhalte setzen, um damit die Zuschauer bei der Stange zu halten?

3.10.1 Erregungsgier des Fernsehens

Ich kenne in meinem Umfeld einige Menschen, die kaum noch Fernsehen schauen. Manche haben ihr TV schon vor Jahren abgeschafft und wunderten sich, wieviel Zeit sie auf einmal hatten.

Wenn ich sie nach dem Grund ihrer Fernseh-Abstinenz fragte, erhielt ich oft die Antwort, dass es unter anderem an der einseitigen Berichterstattung und der Gier nach Sensationen liegen würde. Einige empfinden auch, dass überwiegend nur vom Negativen in der Welt berichtet, das Positive hingegen kaum erwähnt wird.

Ich habe als Rundfunk- und Fernsehjournalist Anfang der 1990er-Jahre gelernt, dass über ein Ereignis sachlich neutral berichtet und nicht gerichtet wird. Auch war es für einen souveränen Journalisten wichtig, alle Seiten zu Wort kommen zu lassen, keinen Interviewteilnehmer in irgendeine politische Ecke zu drängen und somit einen ausgewogenen Beitrag zu leisten.

Der bekannte Coach und Sprecher Steffen Kirchner plädiert für einen dosierten und verantwortungsvollen Umgang mit Medien. „Früher saßen die Leute ab und zu am Radio und hörten ein- oder zweimal am Tag die Nachrichten und sahen vielleicht abends die Tagesschau. Dazwischen waren sie mit ihrer Arbeit, der Familie oder Freizeitaktivitäten beschäftigt.", meint Kirchner im Podcast Soultalk. Heute würden sie dagegen stündlich oder noch häufiger mit Nachrichten bombardiert und dadurch mit den zumeist negativen Nachrichten der ganzen Welt konfrontiert. Kirchner meint, dass es nicht die Aufgabe der Medien sei, Hetze zu betreiben und die Welt in gut und schlecht zu unterteilen und somit Massen zu manipulieren (Kirchner und Winkler 2024, Podcast).

3.10.2 Gesprächs-Un-Kultur

In Talkshows fehle oft der Respekt und es herrsche eine „Gesprächs-Un-Kultur", berichten einige meiner Freunde. Gerade bei politischen Talks falle man sich häufig ins Wort. Umstrittene oder unliebsame Gäste werden von der „Gegenpartei", die meist in der Überzahl ist, niedergeschrien. Tiefgründige Sendungen werden, wenn überhaupt, nur spät am Abend, wenn die meisten Zuschauer schon schlafen, gesendet.

Der Autor Pörksen meint am Beispiel von Donald Trump erkannt zu haben, dass vor allem die TV-Medien dazu neigen, „[…] ein Nonsens-Thema zum Aufreger hochzujazzen, nur weil es Spektakel und Quote verspricht" (Pörksen u. Schulz von Thun, 2020f, S. 167).

Für mich stellt sich die Frage, warum fast jeder Sender diese Art der nervigen, auf Streit ausgerichteten Formate betreibt. Warum glauben die Macher dieser Sendungen, dass Streit einen Unterhaltungswert hätte? Bringt diese Art der Fehlunterhaltung Freude? Ist das wirklich wahr, was behauptet, unterstellt, vorgeworfen wird? Wollen wir uns wirklich mit diesem Druck fast jeden Abend verderben? Meistens geht es um Gefahrenabwehr. Besser wäre es, Sendungen zu entwerfen, die die Menschen ins Handeln bringen, indem sie ihre Ressourcen erkennen und befähigt werden, sie zu nutzen.

Neue Medien
An die Stelle der klassischen Medien treten, wie oben schon festgestellt, verstärkt Online-Angebote und Streaming-Dienste. Diese Entwicklung spiegelt den Wunsch der Nutzer nach flexiblerem, selbstbestimmtem Medienkonsum wider. Plattformen wie Netflix, Spotify oder Disney ermöglichen den Zugriff auf eine Vielzahl von Inhalten zu jeder Zeit und an jedem Ort.

Gleichzeitig hat sich die Art der Mediennutzung von einer passiven Konsumhaltung zu einer aktiveren, interaktiveren Form gewandelt. Soziale Medien, Blogs und Plattformen wie YouTube oder Instagram erlauben es Nutzern, selbst Inhalte zu erstellen und zu teilen.

Eine Alterskohortenanalyse zeigt, dass dieser Wandel nicht nur durch den demografischen Wechsel, sondern auch durch veränderte Nutzungsgewohnheiten innerhalb aller Altersgruppen vorangetrieben wird. Jüngere Generationen wenden sich schneller von klassischen Medien ab, während sich auch ältere Kohorten zunehmend digitalen Medien zuwenden. Dieser Trend verstärkt sich gegenseitig und beschleunigt den Medienwandel (Weiss 2024).

Die digitale Revolution hat das Mediennutzungsverhalten grundlegend verändert. Im Jahr 2019 waren über 60 Mio. Deutsche über 14 Jahren online, wobei jeder zweite mobil surfte. Diese Entwicklung hat nicht nur Auswirkungen auf den Konsum, sondern auch auf die Produktion von Medieninhalten. Nutzer können nun aktiv am

Diskurs teilnehmen und ihr eigenes „Fernseh-Unterhaltungsprogramm" aus virtuellen Filmvideotheken zusammenstellen.

Insgesamt zeigt sich, dass der Medienwandel ein komplexer, sich beschleunigender Prozess ist, der von technologischen Innovationen, veränderten Nutzerbedürfnissen und generationellen Unterschieden geprägt wird. Diese Entwicklung stellt traditionelle Medienhäuser vor große Herausforderungen, bietet aber auch Chancen für neue, innovative Medienangebote.

3.11 Machen soziale Medien unfreundlich?

Soziale Medien sind in unserer zunehmend digitalisierten Welt zu einem festen Bestandteil des Alltags geworden. Sie haben vielfältige Auswirkungen auf die Gesellschaft. Sie ermöglichen neue Formen der Kommunikation, des Informationsaustauschs und der sozialen Interaktion.

Es ist zum einen der unkomplizierte und kostenlose Informationsaustausch, die durch die verschiedenen Plattformen angeboten werden. Zum anderen berichten Nutzer, dass sie durch Social Media neue Freunde und Beziehungen gewinnen konnten. Darüber hinaus würden Online-Communities emotionale Unterstützung und ein Gefühl der Zugehörigkeit ermöglichen. Für spezielle Gruppen, wie Menschen mit Behinderung – die offline wenig Kontakt zu anderen Menschen haben – kann Social Media einen Raum für Kommunikation bereitstellen. Für Menschen in Selbsthilfe-Gruppen und -foren kann das Teilen von persönlichen Erfahrungen therapeutisch wirken und zu einer Verbesserung der persönlichen oder gesundheitlichen Situation führen.

3.11.1 Risiken und Nachteile

Hinter der glitzernden Fassade von Sozialen Medien verbergen sich aber auch Risiken, die unsere Gesundheit und unser Wohlbefinden bedrohen können.

Eine der größten Gefahren liegt im Suchtpotenzial sozialer Medien, das zu übermäßigem Konsum führt und Stress sowie Kontrollverlust zur Folge hat. Dies beeinträchtigt nicht nur die Konzentrationsfähigkeit und Aufmerksamkeitsspanne, sondern kann auch zu Schlafmangel und negativen Auswirkungen auf schulische oder berufliche Leistungen führen.

Paradoxerweise kann die intensive Nutzung sozialer Medien zu sozialer Isolation führen, obwohl Nutzer virtuell vernetzt sind.

Cybermobbing ist ein weiteres ernsthaftes Problem, das durch die große Reichweite sozialer Plattformen verstärkt wird und zu Belästigung sowie Rufschädigung führen kann. Der ständige Vergleich mit anderen fördert Neid und Unsicherheit, während unrealistische Körperideale und Lebensstile insbesondere bei Jugendlichen zu Unzufriedenheit mit sich selbst führen können.

Zusätzlich besteht die Gefahr des Missbrauchs personenbezogener Daten und der Verbreitung von Desinformation und Fake News, was weitreichende gesellschaftliche Folgen haben kann.

Eine weitere Schattenseite sind Hass und Häme im Netz. Der Medienwissenschaftler Bernhard Pörksen stellt fest: „Das Bewusstsein für Hass und Häme im Netz nimmt zu, besonders stark bei jungen und daher besonders internetaffinen Menschen" (Zeit Online zit. n. Pörksen und Schulz von Thun, 2020g, S. 27).

Diese Beobachtungen deuten auf ein wachsendes Problem hin, das insbesondere die jüngere Generation betrifft.

Die Anonymität im Internet scheint bei manchen Nutzern Hemmschwellen zu senken. Helmut Martin-Jung von der Süddeutschen Zeitung bringt es auf den Punkt:

> „Was manche und mancher dort so schreibt, würden er oder sie sich kaum getrauen, den Betroffenen ins Gesicht zu sagen." (Martin-Jung 2024)

Diese Diskrepanz zwischen Online-Verhalten und persönlicher Interaktion zeigt, wie die vermeintliche Anonymität den Diskurs vergiften kann.

Die Leichtigkeit, mit der Beleidigungen und Hasskommentare online verbreitet werden können, führt zu einer Verrohung des Diskurses. Dies kann nicht nur einzelne Personen verletzen, sondern auch zu einer Polarisierung der Gesellschaft beitragen. Echokammern und Filterblasen verstärken diesen Effekt, indem sie Nutzer vorwiegend mit Meinungen konfrontieren, die ihre eigenen Ansichten bestätigen.

Physisch führt die intensive Nutzung oft zu ungesunden Körperhaltungen, die Rückenschmerzen und andere Beschwerden verursachen. Schließlich schränkt die ständige Erreichbarkeit in sozialen Medien persönliche Freiheiten ein, da das Gefühl entsteht, immer online sein zu müssen.

Angesichts dieser vielfältigen Risiken ist es entscheidend, einen bewussten und ausgewogenen Umgang mit sozialen Medien zu pflegen, um die Vorteile dieser Technologien zu nutzen, ohne unsere Gesundheit und persönliche Freiheit zu gefährden.

Mit einem kritischen Blick schaut auch der Philosoph Byung-Chul Han auf das Thema. Er stellt die These auf, dass die Digitalisierung den Kommunikationslärm erhöhen würde. „Sie beseitigt nicht nur Stille, sondern auch das Haptische, das Materielle, Düfte, duftende Farben, vor allem die Schwere der Erde." Weiter meint er, dass „Human" auf humus, Erde zurückgeht: „Die Erde ist unser Resonanzraum, der uns beglückt. Wenn wir die Erde verlassen, verlässt uns das Glück" (Han 2018, S. 124).

Bemerkenswert ist in diesem Zusammenhang das Social-Media-Verbot für Jugendliche unter 16 Jahren in Australien, siehe auch die Bundeszentrale für politische Bildung (Bundeszentrale für politische Bildung 2025).

3.11.2 Die Sucht nach Freunden

Der Wunsch, viele Freundinnen und Freunde zu haben, ist so alt wie die Welt, doch ist es nicht auch eine Illusion, viele Freunde zu haben? Der Run auf so viel wie möglich Follower unter dem Motto Quantität statt Qualität hat seinen Preis. Wer wirklich ein Freund oder eine Freundin ist, das merken wir erst, wenn es uns einmal nicht so gut geht. Denn in den sozialen Medien kann man zwar hunderte, tausende oder gar Millionen Online-Follower haben, aber in der Regel haben wir nur sehr wenige Offline-Freunde (Pörksen u. Schulz von Thun, 2020h, S. 21).

3.11.3 Wahrhaftigkeit

Einer Studie des Massachusetts Institute of Technology (MIT) zufolge braucht eine wahre bzw. korrekte Nachricht auf einem Nachrichtenkanal im Internet sechsmal so lang wie eine Falschbehauptung. Das bedeutet, dass falsche Informationen zu 70 % häufiger geteilt werden als sachlich korrekte (Yogeshwar 2020, S. 161 f.).

Somit heißt es für alle, die schnell einen Aufreger an Follower weiterleiten, zunächst zu prüfen, ob es sich hier um die Wahrheit und nichts als die Wahrheit handelt. Ansonsten geht man der dunklen Macht der Desinformation auf dem Leim.

Was den Wahrheitsgehalt von Nachrichten und Beiträgen betrifft, rät der Autor und Kommunikationspsychologe Friedemann Schulz von Thun zur Wachsamkeit:

„Prinzipiell ist der Zweifel ein durchaus ehrenwerter Mitspieler im menschlichen, wissenschaftlichen und politischen Miteinander." (Pörksen u. Schulz von Thun, 2020i, S. 171)

3.11.4 Schnelligkeit auf Kosten der Gelassenheit?

Anders als früher, als Nachrichten Tage, manchmal sogar Monate brauchten, bis sie die Menschen in allen Teilen der Welt erreicht hatten, ist es heute durch das World Wide Web möglich, in Windeseile Nachrichten zu verbreiten. Millionen von Menschen, die über den Erdball verstreut leben, befassen sich dann mit ein und demselben Thema. Und das obwohl sich die „Nach-richt" – wie es das Wort schon sagt – mit etwas schon Geschehenem an die Nutzer richtet, diese also erst nach dem Vorfall erreicht.

3.11.5 Reaktionssymbole

Findet bei sozialen Medien wie Facebook durch das „Daumen hoch" oder das „Daumen herunter" eine Einschränkung der Urteilsfähigkeit bzw. Meinungsvielfalt statt?

Mit diesem Thema hat sich die Max-Plank-Gesellschaft intensiv beschäftig. In ihrem lesenswerten Beitrag „In der Echokammer – Freiheit in den sozialen Medien ist eine Illusion" gehen sie u. a. auf die Thematik der Reaktionssymbole ein. Sie meinen, dass die Einführung von Reaktionssymbolen wie „Daumen hoch" und „Daumen runter" in sozialen Medien wie Facebook Auswirkungen auf die Meinungsbildung und -äußerung der Nutzer hat.

Sie kann aber nicht pauschal als Einschränkung der Urteilsfähigkeit oder Meinungsvielfalt bewertet werden. Es gibt sowohl positive als auch negative Aspekte zu berücksichtigen: Einerseits ermöglichen diese Funktionen eine schnelle und einfache Meinungsäußerung. Nutzer können mit einem Klick ihre Zustimmung oder Ablehnung ausdrücken, ohne einen ausführlichen Kommentar verfassen zu müssen. Dies kann die Interaktion und Beteiligung fördern.

Andererseits besteht die Gefahr einer Vereinfachung komplexer Themen.

Die binäre Bewertung „gut" oder „schlecht" wird vielschichtigen Diskussionen oft nicht gerecht. Es kann zu einer Polarisierung von Meinungen kommen, bei der Nuancen und differenzierte Sichtweisen verloren gehen.

Ein weiterer Aspekt ist der mögliche Einfluss auf die Wahrnehmung von Beiträgen. Viele positive oder negative Reaktionen können die Meinung anderer Nutzer beeinflussen und zu einem Herdentrieb führen. Dies kann die individuelle Urteilsbildung beeinträchtigen.

Gleichzeitig bieten diese Funktionen aber auch die Möglichkeit, schnell ein Stimmungsbild zu erfassen und populäre oder kontroverse Beiträge zu identifizieren. Dies kann durchaus zur Meinungsvielfalt beitragen, indem es verschiedene Perspektiven sichtbar macht.

Es ist wichtig zu beachten, dass Facebook den „Daumen runter"-Button bisher nur im Messenger, nicht aber in der Hauptplattform eingeführt hat. Dies zeigt, dass sich das Unternehmen der potenziell negativen Auswirkungen bewusst ist und vorsichtig mit der Implementierung umgeht.

Zusammenfassend lässt sich sagen, dass die Reaktionssymbole sowohl Chancen als auch Risiken für die Meinungsbildung und -vielfalt bergen. Entscheidend ist, wie Nutzer damit umgehen und ob sie sich bewusst sind, dass diese vereinfachten Reaktionen komplexe Diskussionen nicht ersetzen können. Eine kritische und reflektierte Nutzung dieser Funktionen ist daher wichtig, um eine vielfältige und differenzierte Meinungslandschaft in sozialen Medien zu erhalten (Fischer 2024).

3.11.6 Soziale Medien als Werbemittel

Facebook und YouTube haben sich zu unverzichtbaren Plattformen für die Werbewirtschaft entwickelt und bieten gleichzeitig Nutzern von sozialen Medien sowohl Vorteile als auch Herausforderungen.

Für Werbetreibende stellt insbesondere Facebook eine äußerst attraktive Plattform dar. Mit über 2,5 Mrd. monatlich aktiven Nutzern weltweit bietet Facebook eine enorme Reichweite.

YouTube, als zweitgrößte Suchmaschine der Welt, bietet ebenfalls erhebliche Vorteile für Werbetreibende. Die Plattform ermöglicht es, Videoanzeigen vor, während oder nach relevanten Inhalten zu schalten und so eine engagierte Zielgruppe zu erreichen. Ähnlich wie Facebook bietet YouTube detaillierte Targeting-Optionen und umfangreiche Analysemöglichkeiten.

Allerdings gibt es auch für die Nutzer einige Schattenseiten. Plattformen wie Facebook sammeln umfangreiche Daten über ihre Nutzer, was Bedenken hinsichtlich des Datenschutzes und der Privatsphäre aufwirft.

Ein weiterer Aspekt ist die potenzielle Verstärkung von Filterblasen und Echokammern. Algorithmen, die darauf ausgelegt sind, Nutzern relevante Inhalte zu zeigen, können dazu führen, dass Menschen hauptsächlich mit Informationen und Meinungen konfrontiert werden, die ihre bestehenden Ansichten bestätigen.

Pörksen spricht davon, „[…] dass PR-Leute das Netz als ein besonders leicht manipulierbares System feiern […]" und sich von Unternehmen und Lobbyorganisationen für Postings und Empfehlungen ihrer Produkte und Positionen bezahlen lassen würden. Ebenso: „[…] Wikipedia-Artikel gezielt umbauen und Klick- und Like-Wunder fingieren" (Pörksen 2018b, Pos. 356 Kindle).

3.12 Politik der zunehmenden Polarisierung

Die Innen- und Außenpolitik ist derzeit von Herausforderungen und Spannungen geprägt als von übermäßiger Freundlichkeit. Dennoch gibt es Bemühungen und Beispiele für freundliche und kooperative Ansätze, die als wichtige Gegenkraft zu den vorherrschenden Spannungen gesehen werden können. Dabei geht es vor allem darum, Kompromisse zwischen verschiedenen Interessensgruppen zu finden. Jede Seite sollte bereit sein, Zugeständnisse machen zu können. Mehr dazu lesen Sie bitte in Kap. 8.

3.12.1 Außenpolitik

Die Freundlichkeit in der globalen Politik lässt sich derzeit als eher abnehmend beschreiben: Während einige Länder und Politiker durchaus Bemühungen um Kooperation und freundliche Beziehungen zeigen, ist das allgemeine politische Klima von zunehmenden Spannungen und Konflikten geprägt. Internationale Krisen, geopolitische Rivalitäten und innenpolitische Polarisierungen in vielen Ländern tragen zu einer eher unfreundlichen Atmosphäre bei.

Dennoch gibt es auch positive Beispiele: Laut einer globalen Studie zur Freundlichkeit von Nationen belegt

Deutschland beispielsweise den 8. Platz unter 25 untersuchten Ländern. Dies deutet daraufhin, dass trotz globaler Herausforderungen einige Länder weiterhin als offen und zugewandt wahrgenommen werden (Seipp 2024).

In der politischen Kommunikation wird Freundlichkeit durchaus als Strategie erkannt. Sie kann manchmal effektiver sein als Angriffe. Der Ansatz „kill with kindness" wird als Möglichkeit gesehen, Souveränität und Sympathie auszustrahlen. Allerdings zeigen Umfragen und Diskussionen in sozialen Medien auch, dass viele Menschen eine Zunahme von Unhöflichkeit und rauem Umgangston wahrnehmen – sowohl in der Politik als auch in der Gesellschaft allgemein. Dies spiegelt sich oft in der politischen Rhetorik und im internationalen Umgang wider (Tiefenbacher 2025).

3.12.2 Innenpolitik

Die politische Atmosphäre in Deutschland zeichnet sich derzeit durch eine spürbare Unfreundlichkeit und durch wachsende Spannungen aus. Ein „unwürdiges Schauspiel" von Regierung und Opposition prägt das Bild, wobei der Eindruck entsteht, dass das Land „unter Wert regiert" wird.

Damit ist die wahrgenommene Diskrepanz zwischen dem Potenzial Deutschlands und der tatsächlichen Regierungsleistung gemeint. Es impliziert, dass die politische Führung die Möglichkeiten und Ressourcen des Landes nicht voll ausschöpft oder effektiv nutzt. Konkret lässt sich diese Wahrnehmung u. a. an folgenden Beispielen zeigen:

- mangelnde Problemlösungskompetenz
- politische Grabenkämpfe
- fehlende Visionen
- ineffiziente Nutzung von Ressourcen
- Vertrauensverlust

Die Wahrnehmung einer Kluft zwischen Politik und Bürgerschaft wird zunehmend als problematisch empfunden, insbesondere in Bezug auf Menschen mit geringerem Einkommen und die jüngere Generation. Viele Politikerinnen und Politiker kennen zwar die Lebenssituation der Bürger, können jedoch aufgrund komplexer Machtverhältnisse oft keine unmittelbaren Änderungen bewirken. Die mangelnde konstruktive Zusammenarbeit zwischen den politischen Parteien verstärkt diesen negativen Eindruck.

Während die Regierung für umstrittene Entscheidungen in der Kritik steht, wird der Opposition vorgeworfen, wenig zur Verbesserung der Situation der Bürger beizutragen. Diese Dynamik fördert eine zunehmende Polarisierung in der Gesellschaft und vertieft die empfundene Distanz zwischen politischen Entscheidungsträgern und der Bevölkerung.

Die wahrgenommene Unfähigkeit der Politik, konstruktiv zusammenzuarbeiten und bürgernahe Lösungen zu finden, untergräbt das Vertrauen in die demokratischen Institutionen. Um dieser Tendenz entgegenzuwirken, wäre eine Rückbesinnung auf einen respektvollen, lösungsorientierten politischen Diskurs und eine stärkere Ausrichtung an den tatsächlichen Bedürfnissen der Bürger dringend erforderlich. Dabei ist es unerlässlich, dass die bestehenden Probleme in aller Klarheit und Schärfe benannt werden, ohne dass die Wahrung der Form die inhaltliche Auseinandersetzung mit den eigentlichen Themen überdeckt.

Mögliche Veränderungen hin zu einer freundlicheren Politik finden Sie in Kap. 8.

3.12.3 Unfreundliche Debattenkultur

Die auf Angriff und Attacke basierende Debatten im Bundestag tragen eher zur Verschärfung gesellschaftlicher Spaltungen bei als den demokratischen Diskurs zu fördern.

Ich bemerke wiederholt, dass die Zuschauer derartiger Debatten dazu neigen, sich mit „ihrer" Seite zu identifizieren und die Gegenseite noch stärker abzulehnen, was die Kluft zwischen verschiedenen politischen Lagern vertieft. Zudem fördert die oft emotionale und vereinfachende Rhetorik, die in solchen Debatten zum Einsatz kommt, populistische Tendenzen in der Gesellschaft.

Es stellt sich mir die Frage, wozu diese Art der Kommunikation dienen soll? Es entsteht der Eindruck, dass im Bundestag keine sachliche Problemlösung stattfindet, sondern eher ein „Schaukampf" ausgetragen wird.

Ein Beispiel zeigt die angespannte und erhitzte Lage auf: Die Bundestagspräsidentin Bärbel Bas stellte des Öfteren besorgt fest: „Die Nerven liegen hier scheinbar blank." Sie äußerte den dringenden Wunsch „[…] nach respektvoll geführten Debatten – und nach Abgeordneten, die ihrer Vorbildfunktion gerecht werden" (Herrmann und Szymanski 2023).

Langfristig kann diese Debatten-Kultur das Vertrauen in demokratische Institutionen und Prozesse untergraben und die Grundlagen unseres politischen Systems schwächen. Es ist daher von entscheidender Bedeutung, dass Politiker und Medien Wege finden, politische Diskussionen konstruktiver und weniger polarisierend zu gestalten, um das Vertrauen der Bürger in die Demokratie zu stärken und eine sachliche Auseinandersetzung mit den drängenden Problemen unserer Zeit zu ermöglichen.

Gründe für die schlechte Stimmung bzw. die politische Un-Kultur scheint es viele zu geben. Der Soziologe Hartmut Rosa meint: „Menschen laufen ständig mit einem massiven, tonnenschweren Druck auf der Brust durch die Gegend." Ursachen dafür könnten darin liegen, dass es in allen Bereichen wie im Nahverkehr, in der Gastronomie, im Schulwesen, in Verwaltungen an Mitarbeitern fehlt. Die Menschen sind langzeitkrank, oft wegen psychischer Erkrankungen. Ein weiteres Problem sieht Rosa darin, dass wir die Zukunft verloren haben:

> „[…] als etwas, das uns anzieht. Wir haben nur noch apokalyptische Zukunftsbilder […]" (Rosa zit. n. Max Kühlem 2023)

Ein weiterer Soziologe, Steffen Mau, Soziologe und Professor für Makrosoziologie am Institut für Sozialwissenschaften der Humboldt-Universität zu Berlin sieht bei den Veränderungsprozessen der letzten Jahre, wie z. B. dem Heizungsgesetz ein nächstes Grundproblem:

> „Man muss den Leuten also das Gefühl geben, Teilnehmer eines Prozesses zu sein, statt von oben herab zu bestimmen. In der Sache kommt dabei vielleicht nicht immer die optimale Lösung heraus, aber die Akzeptanz für Entscheidungen in der Gesellschaft steigt." (Mau zit. n. Frehler 2023)

In einem Interview mit der Süddeutschen Zeitung sagt Mau, er habe den Eindruck, dass ein großer Teil der Gesellschaft erschöpft und veränderungsmüde sei. Die Menschen wollen, dass Probleme gelöst werden.

> Denn, „[…] viele Menschen fühlen sich von Problemen überrollt". (Mau zit. n. Frehler 2023)

Dennoch sollten die vielen positiven Erfahrungen mit Reformen und Veränderungen nicht außer Acht gelassen werden, insbesondere im Osten Deutschlands. Die umfassenden Transformationen seit der Wiedervereinigung haben gezeigt, dass tiefgreifende gesellschaftliche und wirtschaftliche Umwälzungen erfolgreich bewältigt werden können, was Grund zur Zuversicht für zukünftige Reformen gibt.

3.12.4 Kriegerische Politik ist alles andere als freundlich

Krieg ist zutiefst unfreundlich und destruktiv. Er ist geprägt von Gewalt, Zerstörung und menschlichem Leid. Selbst wenn Kriege mit vermeintlich edlen Motiven wie der Verteidigung von Freiheit oder Gerechtigkeit geführt werden, bleiben ihre Auswirkungen zutiefst unmenschlich und traumatisierend.

Hass und Krieg sind eng miteinander verknüpft und stehen in einer komplexen Wechselbeziehung zueinander: Hass kann als treibende Kraft für Kriege fungieren. Wie die Geschichte zeigt, wurde Hass oft gezielt geschürt, um Feindbilder zu erzeugen und Kriege zu rechtfertigen.

Gleichzeitig kann Krieg bestehenden Hass verstärken und neuen Hass erzeugen. Die Gewalt und das Leid, die mit Kriegen einhergehen, hinterlassen tiefe Wunden und Traumata, die zu langanhaltenden Ressentiments und Feindseligkeit zwischen den beteiligten Gruppen führen können.

Andrea Riccardi, Gründer der katholischen Friedensorganisation Sant'Egidio bringt es auf eine einfache Formel:

> „Hass schafft Krieg. Und Krieg schafft Ohnmacht". (Riccardi zit. n. Beise 2024)

Er fordert Verhandlungen, um Kriege zu beenden oder erst gar nicht entstehen zu lassen.

Die deutsche Politikerin und Friedensaktivistin Antje Vollmer betonte die Notwendigkeit, „Hass und Krieg gründlich zu verlernen", um eine friedliche Zukunft zu ermöglichen. Sie sah dies als einzige Option, um unseren Planeten zu retten (Vollmer 2025).

Auch Philosophen wie Kant, Russel oder Nietzsche sprachen sich gegen Krieg aus. Friedrich Nietzsche äußerte sich in seinem Werk „Der Wanderer und sein Schatten" (Teil von „Menschliches, Allzumenschliches II") zum Thema Abrüstung und Abschaffung von Armeen und argumentierte, dass der wahre Frieden nicht durch bewaffnete Verteidigung, sondern durch eine Änderung der Gesinnung erreicht werden könne. Er schrieb:

> „Sich wehrlos machen, während man der Wehrhafteste war, aus einer Höhe der Empfindung heraus, – das ist das Mittel zum wirklichen Frieden, welcher immer auf einem Frieden der Gesinnung ruhen muss." (Nietzsche 1954, Aphorismus 284. Band 1, S. 986–987)

Er führte weiter aus, dass ein Volk, das durch Kriege und militärische Ordnung ausgezeichnet ist, freiwillig ausrufen sollte: „Wir zerbrechen das Schwert und sein gesamtes Heerwesen […]" (Nietzsche 1954, Aphorismus 284. Band 1, S. 986–987).

Nietzsche entwickelt in diesem Aphorismus den Gedanken, dass wahrer Frieden nicht durch militärische Stärke oder Abschreckung erreicht werden kann, sondern durch eine fundamentale Änderung der Gesinnung und den freiwilligen Verzicht auf Gewalt, selbst wenn man in der Position der Stärke ist.

Kriegsbefürworter von heute argumentieren oft aus einer nachvollziehbaren moralischen Empörung heraus, ohne jedoch selbst in das Kriegsgeschehen involviert zu sein oder werden zu wollen. Möglicherweise würden Kriege weder begonnen noch durchgeführt werden, wenn die Befürworter selbst am Kriegsgeschehen teilnehmen müssten. Denn eine persönliche Beteiligung der politischen Entscheider oder ihrer Söhne und Töchter, die im schlimmsten Fall dem Krieg zum Opfer fallen, würde wahrscheinlich zu einer viel vorsichtigeren Haltung und zu mehr Verhandlungswillen führen.

3.12.5 Das Gift des Hasses und der Hasser

Ein wichtiger Merksatz, der zeitlos und aktueller denn je ist, lautet:

> „Treibt man den Hass zu weit, fällt er zurück auf den Hasser und hält ihn besessen an Leib und Seele." (Mann 1933)

Diesen Satz schrieb Heinrich Mann in seinem 1933 erschienenen Essay „Der Hass", der im Amsterdamer Exilverlag Querido verlegt wurde (Mann 1933).

3.13 Ausgrenzung und Stigmatisierung

Ausgrenzung und Stigmatisierung sind eng miteinander verbundene soziale Phänomene, die in der heutigen Gesellschaft eine bedeutende Rolle spielen:

- Ausgrenzung bezeichnet einen Prozess, bei dem bestimmte Personen oder Gruppen von der vollständigen Teilhabe am gesellschaftlichen Leben ausgeschlossen werden.
- Ausgrenzung führt zu sozialer Isolation und Benachteiligung der betroffenen Personen oder Gruppen.

Stigmatisierung hingegen beschreibt einen Prozess, bei dem bestimmten Personen oder Gruppen negative Merkmale oder Eigenschaften zugeschrieben werden, die von der gesellschaftlichen Norm abweichen. Ein Stigma ist wie ein unsichtbares, negatives Etikett, das Menschen aufgrund bestimmter Merkmale aufgedrückt bekommen.

Wesentliche Aspekte der Stigmatisierung sind:

- negative Bewertung bestimmter Merkmale wie Hautfarbe, Behinderung, sexuelle Orientierung, Religion etc.
- Reduktion der Person auf dieses eine Merkmal, wodurch andere Eigenschaften in den Hintergrund treten
- Entstehung von Vorurteilen und Stereotypen, oft verbunden mit Diskriminierung, sozialer Ablehnung und Ausgrenzung

Stigmatisierung kann zu einer sich selbst erfüllenden Prophezeiung werden, wenn Betroffene die negativen Zuschreibungen verinnerlichen und ihr Verhalten entsprechend anpassen.

Beide Phänomene – Ausgrenzung und Stigmatisierung – verstärken sich häufig gegenseitig und können zu einem Teufelskreis führen: Stigmatisierung führt zu Ausgrenzung, die wiederum die Stigmatisierung verstärkt. Dies hat oft schwerwiegende Folgen für die Betroffenen, wie psychische Belastungen, verminderte Lebenschancen und erschwerte gesellschaftliche Teilhabe.

In der heutigen Gesellschaft gibt es zwar verstärkte Bemühungen um Inklusion und Antidiskriminierung, dennoch bleiben Ausgrenzung und Stigmatisierung weiterhin relevante soziale Probleme, die verschiedene Gruppen in unterschiedlichem Maße betreffen.

Schauen wir uns das an den folgenden Beispielen näher an. Diese stehen jedoch nur stellvertretend für viele andere Gruppen, die ebenfalls von Ausgrenzung und Stigmatisierung betroffen sind:

3.13.1 Corona-Impf-Kritiker und Querdenker

Die COVID-19-Pandemie stellte die Gesellschaft vor beispiellose Herausforderungen und zwang Regierungen weltweit zu drastischen Maßnahmen. Besonders betroffen waren vor allem ältere Menschen, Kinder, Jugendliche. Als Impfungen verfügbar wurden, sahen sich auch Corona-Impf-Kritiker zunehmend mit gesellschaftlichem Druck und Einschränkungen konfrontiert.

Die Begriffe „Corona-Impf-Kritiker" und „Querdenker" haben während dieser Zeit eine bedeutende Rolle in der gesellschaftlichen Diskussion eingenommen und waren oft mit Kontroversen und Ausgrenzung verbunden. Gleichzeitig zeigte sich aber auch auf Seiten der Impfgegner eine starke Einseitigkeit: Viele lehnten wissenschaftliche Erkenntnisse pauschal ab. In einigen Fällen wurden Verschwörungstheorien verbreitet und die Gefahren des Virus verharmlost, während die Risiken der Impfung überbetont wurden. Diese Haltung führte nicht selten dazu, dass differenzierte Argumente aus dem eigenen Lager ausgeblendet und kritische Stimmen innerhalb der Bewegung marginalisiert wurden. So entstand auf beiden Seiten eine Polarisierung, die einen offenen und sachlichen Dialog erschwerte und bestehende gesellschaftliche Gräben weiter vertiefte.

Rückblickend zeigt sich, dass diese Gruppen einem erheblichen sozialen und politischen Druck ausgesetzt waren, der teilweise als unangemessen bewertet wird. Der Chef der Kassenärzte, Andreas Gassen, kritisierte, dass Ungeimpfte während der Pandemie zu stark stigmatisiert wurden und hält die verbreitete Annahme, Ungeimpfte trügen die alleinige Schuld an Ansteckungen und Todesfällen, im Nachhinein für nicht gerechtfertigt (Gassen 2024).

Politische Akteure trugen maßgeblich zur Zuspitzung der Situation bei. Der ehemalige Gesundheitsminister Jens Spahn sprach von einer „Pandemie der Ungeimpften" und erhöhte damit den Druck auf diese Gruppe. Die Einführung von 2G-Regelungen schloss Ungeimpfte zeitweise weitgehend vom öffentlichen Leben aus, was der damalige Ministerpräsident des Saarlands, Tobias Hans, mit der Aussage „Ihr seid jetzt raus aus dem gesellschaftlichen Leben" auf den Punkt brachte (Wildermuth 2025).

Der Begriff „Querdenker" hat im Kontext der Pandemie eine bedeutende Wandlung erfahren. Ursprünglich positiv konnotiert, wird er nun hauptsächlich mit Gruppen in Verbindung gebracht, die Proteste gegen Schutzmaßnahmen zur COVID-19-Pandemie in Deutschland organisierten. Diese Entwicklung zeigt, wie sich Sprache und Begriffe in Zeiten gesellschaftlicher Umbrüche wandeln können.

Differenzierte Betrachtung und Überwindung von Vorurteilen

Experten wie der Virologe Alexander Kekulé weisen schon früh darauf hin, dass auch Geimpfte das Virus übertragen können, was die Notwendigkeit einer differenzierten Betrachtung der epidemiologischen Realität unterstreicht (Kekulé 2021).

Um Schubladendenken entgegenzuwirken, ist es wichtig, sich der eigenen Vorurteile bewusst zu werden und aktiv den Dialog mit Menschen zu suchen, die anders denken. Nur so können wir die Einzigartigkeit jedes Individuums erkennen und fairere, differenziertere Urteile fällen.

Die Aufarbeitung der Pandemiepolitik, einschließlich der entstandenen gesellschaftlichen Spaltungstendenzen bleibt eine wichtige Aufgabe. Es ist entscheidend, aus den Erfahrungen zu lernen und Wege zu finden, um in zukünftigen Krisen eine ausgewogenere und inklusivere Herangehensweise zu gewährleisten.

Mehr dazu in Abschn. 8.9.

Literatur

ARD Media (2024) Webseite. https://www.ard-media.de/thema-mediennutzung/mediennutzung-allgemein/ard/zdf-medienstudie-2024-mediennutzungsdauer-geht-zurueck-lineare-nutzung-sinkt. Zugegriffen am 25.01.2025

Bretz S (2025) Yogawiki. https://wiki.yoga-vidya.de/Betroffenheit. Zugegriffen am 12.01.2025

Bundeszentrale für politische Bildung (2025) Webseite. https://www.bpb.de/kurz-knapp/taegliche-dosis-politik/557196/social-media-verbot-fuer-jugendliche-unter-16-jahren-in-australien/#:~:text=%20Verbot,von%20bis%20zu%2031%20Mio. Zugegriffen am 29.01.2025

Ewels A-E (2023) Webseite: Gesellschaft für deutsche Sprache e. V. https://gfds.de/aktionen/wort-des-jahres/. Zugegriffen am 23.01.2025

Ferrucci P (2006a) Nur die Freundlichen überleben. Ullstein Taschenbuch, Berlin, S 71

Ferrucci P (2006b) Nur die Freundlichen überleben. Ullstein Taschenbuch, Berlin, S 101

Fischer S (2024) Webseite: In der Echokammer, Freiheit in den sozialen Medien ist eine Illusion: Algorithmen geben vor, welche Inhalte die Nutzer und Nutzerinnen lesen, Max-Planck-Gesellschaft (02. April 2024). https://www.mpg.de/21730745/soziale-netzwerke-echokammern. Zugegriffen am 01.01.2025

Gassen A (2024) ARD, Kassenärzte-Chef kritisiert Umgang mit Ungeimpften (10. August 2024). https://www.tagesschau.de/inland/gesellschaft/kritik-umgang-ungeimpfte-100.html. Zugegriffen am 26.01.2025

Grau A (2023) Cicero, Kolumne: GRAUZONE am 29. April 2023. https://www.cicero.de/kultur/politik-der-gefuhle-betroffenheitskult. Zugegriffen am 24.01.2025

Han B-C (2018) Lob der Erde. Eine Reise in den Garten. Ullstein Buchverlage, Berlin, S 124

Herrmann B, Szymansk M (2023) Debattenkultur im Parlament: Was die Würde des Hohen Hauses verlangt, Süddeutsche Zeitung, 08.09.2023. https://www.sueddeutsche.de/

politik/bundestag-debattenkultur-heizungsgesetz-1.6207070? reduced=true. Zugegriffen am 25.01.2025

Kant I zit. n. Stumpf R (2024) Newsletter Nr. 349, Kant-Modelling, 11.05.2024. https://edumanto.de/course/349-immanuel-kant/. Zugegriffen am 24.01.2025

Kekulé A (2021) MDR Wissen, 08. September 2021. https://www.mdr.de/wissen/wie-ansteckend-sind-infizierte-geimpfte-gefahr-durch-durchbruchsinfektion-covid-corona-100.html. Zugegriffen am 26.01.2025

Kirchner S, Winkler A (2024) Podcast Soul Talk #36, Macht der Medien – Medienmanipulation. 00.13.23-00.13. 44. https://podcasts.apple.com/de/podcast/die-kunst-zu-leben-dein-podcast-f%C3%BCr-lebensgl%C3%BCck-moderne/id1189158517?i=1000675561759. Zugegriffen am 19.12.2024

Krause L-K (2022) Deutschlandfuk Kultur (26. Juli 2022). https://www.deutschlandfunkkultur.de/egoismus-gesellschaft-spaltung-solidaritaet-gemeinschaftssinn-100.html. Zugegriffen am 23.01.2025

Mann H (1933) Der Haß: Deutsche Zeitgeschichte. Querido, Amsterdam

Martin-Jung H (2024) Süddeutsche Zeitung, 02.02.2024. https://www.sueddeutsche.de/wirtschaft/facebook-hetze-diskurs-1.6342902?reduced=true. Zugegriffen am 25.01.2025

Mau S zit. n. Frehler T (2023) Teile der Gesellschaft sind veränderungserschöpft. Süddeutsche Zeitung, 01.09.2023. https://www.sueddeutsche.de/politik/steffen-mau-interview-ampel-klima-reformen-1.6183681?reduced=true. Zugegriffen am 26.01.2025

Nickels L (2024) Webseite Planet Wissen (28. Mai 2024). https://www.planet-wissen.de/gesellschaft/psychologie/egoismus/index.html. Zugegriffen am 23.01.2025

Nietzsche F (1886) „Jenseits von Gut und Böse", Kapitel 4, Aphorismus 146. C. G. Naumann

Nietzsche F (1954) Werke in drei Bänden. Menschliches, Allzumenschliches. Der Wanderer und sein Schatten. Das Mittel zum wirklichen Frieden. Aphorismus 284, Bd 1. Carl Hanser, München, S 986–987

Panka E (2025) Webseite: Malteser, dabei. Magazin für Leben im Alter. https://www.malteser.de/dabei/information-tipps/wie-sich-einsamkeit-auf-koerper-und-seele-auswirkt.html. Zugegriffen am 23.01.2025

Pfeifer W (1993) „betroffen". In: Etymologisches Wörterbuch des Deutschen, digitalisierte und von Wolfgang Pfeifer überarbeitete Version im Digitalen Wörterbuch der deutschen Sprache. https://www.dwds.de/wb/etymwb/betroffen. Zugegriffen am 07.05.2025

Pörksen B (2018a) Die große Gereiztheit – Wege aus der kollektiven Erregung. Hanser, München, S 14

Pörksen B (2018c) Die große Gereiztheit. Carl Hanser, München. S 28

Pörksen B, Schulz von Thun F (2020a) Die Kunst des Miteinander-Redens. Carl Hanser, München, S 9

Pörksen B, Schulz von Thun F (2020b) Die Kunst des Miteinander-Redens. Carl Hanser, München, S 16 f

Pörksen B, Schulz von Thun F (2020c) Die Kunst des Miteinander-Redens. Carl Hanser, München, S 117

Pörksen B, Schulz von Thun F (2020d) Die Kunst des Miteinander-Redens. Carl Hanser, München, S 44

Pörksen B, Schulz von Thun F (2020e) Die Kunst des Miteinander-Redens. Carl Hanser, München, S 167

Pörksen B, Schulz von Thun F (2020g) Die Kunst des Miteinander-Redens. Carl Hanser, München, S 21

Pörksen B, Schulz von Thun F (2020h) Die Kunst des Miteinander-Redens. Carl Hanser, München, S 171

Riccardi A zit. n. Beise M (2024) Hass schafft Krieg. Und Krieg schafft Ohnmacht. Süddeutsche Zeitung, 16.03.2024. https://www.sueddeutsche.de/politik/sant-egidio-ukraine-krieg-papst-franziskus-riccardi-1.6456776?reduced=true. Zugegriffen am 26.01.2025

Rosa H zit. n. Max KÜhlem F (2023) Süddeutsche Zeitung, Soziologe Hartmut Rosa über eine Gesellschaft im Stress „Die To-do-Liste explodiert" (08. September 2023). https://www.sueddeutsche.de/projekte/artikel/kultur/hartmut-rosa-interview-gesellschaft-stress-e870990/?reduced=true. Zugegriffen am 26.01.2025

Kant I zit. n. Schefter T (2025) Webseite Aphorismen, Mitglied im Deutschen Aporismen Archiv. https://www.aphorismen.de/zitat/5436. Zugegriffen am 24.01.2025

Schouwink T (2021) Webseite: Philosophie-Magazin (22. Dezember 2021). https://www.philomag.de/artikel/schwurbelnde-intellektuelle. Zugegriffen am 23.01.2025

Seipp B (2024) Umfrage Das sind die freundlichsten Nationen der Welt. https://www.welt.de/reise/nah/article251953180/Umfrage-Die-freundlichsten-Nationen-der-Welt-Deutschland-unter-den-Top-10.html. Zugegriffen am 25.01.2025

Tiefenbacher MS (2025) Webseite. https://www.mirlime.at/kopfwelt/tu-gutes-denn-das-tut-gut/. Zugegriffen am 25.01.2025

Vollmer A zit. n. Brie M (2025) Website Rosa-Luxemburg-Stiftung „Hass und Krieg verlernen". https://www.rosalux.de/news/id/50135/hass-und-krieg-verlernen. Zugegriffen am 18.01.2025

Wachter B (2023) Webseite: Deutschland Marktforscher. https://www.deutschlands-marktforscher.de/neue-studie-zu-gesellschaftlichem-zusammenhalt-nach-einem-jahr-preiskrise/. Zugegriffen am 24.01.2025

Weiss A (2024) Webseite, 28.05.2024. https://www.media-schneider.com/blog/mediennutzung-im-wandel-erst-die-flut-dann-der-tsunami/. Zugegriffen am 25.01.2025

Wildermuth Volkart (2025) Deutschlandfunk. https://www.deutschlandfunk.de/corona-pandemie-rueckblick-impfung-3g-regel-100.html#corona-pandemie-rueckblick-pandemie-der-ungeimpften. Zugegriffen am 26.01.2025

Yogeshwar R (2017) Nächste Ausfahrt Zukunft. Köln: Kiepenheuer & Witsch. S. 22 f. zit. n. Pörksen, Bernhard u. Schulz von Thun. Friedemann. (2020). Die Kunst des Miteinander-Redens. Carl Hanser, S 16

Yogeshwar R (2020) Journalismus im Zeitalter der Erregungsbewirtschaftung. Zit. n. Pörksen, Bernhard/Narr, Andreas (Hrsg.): Schöne digitale Welt. Analysen und Einsprüche von Richard Gutjahr, Sascha Lobo, Georg Mascolo, Miriam Meckel, Ranga Yogeshwar und Juli Zeh. S. 161 f. Herbert von Halem

Zeit Online (2018) (05. Juli). https://www.zeit.de/digital/internet/2018-07/hate-speech-internet-soziale-medien-hasskommentare-studie. Zugegriffen am 25.01.2025. zit. n. Pörksen, Bernhard u. Schulz von Thun. Friedemann. (2020f). Die Kunst des Miteinander-Redens. Carl Hanser, S 27

4

Freundlichkeit von der Antike bis in die Gegenwart

„Gnothi seauton' – Erkenne Dich selbst. Nur durch den Eigendialog bekommen wir die Selbsterkenntnis: was wir tief in unserer Seele sind und wollen. Nur so ist eine Selbstsorge möglich, nur so können wir uns selbst weiter(um)formen. Nur so lernen wir Enthaltsamkeit, denn das Schöne im Leben findet man eher, indem wir uns zurückbesinnen auf die Gelassenheit und Seelenruhe, in der Akzeptanz der unabänderlichen und widersprüchlichen Erfahrungen im Dasein, in einem verantwortungs- und respektvollen Umgang mit anderen, in der Selbstgenügsamkeit statt im modernen konsumtiven Glücksstreben." (Bert Forschelen, S. 468)

Die Geschichte der Freundlichkeit zeigt eine interessante Entwicklung. So unterschiedlich Freundlichkeit in den jeweiligen historischen Kontexten auch gesehen wurde, spielte sie in allen Zeiten und Epochen eine wichtige Rolle.

In der Antike galt Freundlichkeit als natürliche menschliche Eigenschaft. Sie machte den Menschen zu einem sozialen Wesen.

Mit dem Aufkommen des Christentums entwickelte sich ein neues Verständnis von Freundlichkeit. Die christliche Lehre betonte den Wert der Nächstenliebe und ermutigte zu mitfühlendem Handeln. Freundlichkeit wurde als eine wichtige Tugend angesehen, die den Gläubigen näher zu Gott bringen konnte.

Die Debatte über die Grundnatur des Menschen hat eine lange Tradition. Dabei standen sich oft zwei Lager gegenüber. Thomas Hobbes vertrat die Ansicht einer angeborenen Ich-Sucht. Er sah den Menschen als von Grund auf egoistisch. Jean-Jacques Rousseau hingegen galt als Fürsprecher der Freundlichkeit. Er betrachtete Mitgefühl als menschlichen Urinstinkt. Rousseau sah nicht den Menschen als verdorben an. Stattdessen betrachtete er die Gesellschaft als potenziell verderblich für den Menschen (Phillips und Taylor zit. n. Deutschlandfunk Kultur 2010).

Die Entwicklung der Psychoanalyse eröffnete einen neuen Blickwinkel auf das Konzept der Freundlichkeit. In diesem Kontext wurde sie sogar als problematisch angesehen. Sigmund Freuds Theorie der Dualität von Lebens- und Todestrieb ließ keinen Raum für einen eigenständigen Freundlichkeitstrieb.

Freud ging noch weiter in seiner Betrachtung. Er sah sexuellen Genuss als eine unbarmherzige Angelegenheit an. In seiner Theorie stand Freundlichkeit im Widerspruch zum sexuellen Begehren. Sie würde, so Freud, sowohl das Verlangen als auch dessen Befriedigung untergraben (Žižek 2009).

Über Jahrhunderte prägten die unterschiedlichen Sichtweisen das Verständnis von Freundlichkeit. Sie beeinflussten sowohl philosophische als auch gesellschaftliche Debatten. Zwar änderten sich der Fokus und die Interpretation im Laufe der Zeit, doch spielte das mehr oder minder freundliche Umgehen zwischen den Menschen immer eine große Rolle.

Deshalb bleibt die Frage nach der wahren Natur des Menschen und seiner Fähigkeit zur Freundlichkeit bis heute relevant. Schauen wir uns die einzelnen Zeiten etwas genauer an.

4.1 Antike

In der griechischen und römischen Antike war Freundlichkeit eng mit Konzepten der Tugend und des guten Charakters verbunden: Die Philanthropie (Menschenfreundlichkeit) stellte ein wichtiges Konzept dar. So galt es in Athen als edel und lobenswert, Unbekannten zu helfen, auch wenn keine moralische Verpflichtung dazu bestand.

Die antike Gesellschaft war in Klassen unterteilt, wobei Bürger, Metöken (Ausländer mit Wohnsitz) und Sklaven unterschiedliche Rechte und Lebensbedingungen hatten. In Griechenland beispielsweise standen die freien männlichen Bürger an der Spitze, während Frauen und Sklaven deutlich weniger Rechte hatten. Sklaven wurden als Eigentum betrachtet und hatten kaum persönliche Freiheiten, was auf eine weniger freundliche Behandlung hindeutet (Borsch und Meister 2022).

Auch wurde Freundlichkeit oft mit dem Konzept der „Xenia", der Gastfreundschaft, in Verbindung gebracht. Die Philosophen der Antike, insbesondere die Stoiker, betonten die Bedeutung von Wohlwollen und Freundlichkeit als Teil eines tugendhaften Lebens (Unternehmerportal 2023).

4.2 Mittelalter

Das Mittelalter war eine komplexe Zeit, in der die zwischenmenschlichen Beziehungen stark von der strengen Ständeordnung und von religiösen Vorstellungen geprägt waren.

Dennoch gab es durchaus Formen von Freundlichkeit und Mitmenschlichkeit.

Ein Blick in die sozialen Strukturen und Umgangsformen zeigt, dass die Gesellschaft in eine strikte Hierarchie mit Klerus, Adel und Bauern unterteilt war (Poggemann 2024).

Innerhalb der Stände und auch zwischen diesen gab es feste Regeln für den Umgang miteinander. Höflichkeit war besonders in adligen Kreisen eine wichtige Tugend. Es herrschten starke religiöse Einflüsse, denn die katholische Kirche prägte das Weltbild und die Moralvorstellungen stark.

Die Nächstenliebe und die Barmherzigkeit waren wichtige christliche Werte. Klöster und Orden kümmerten sich um Arme und Kranke.

Innerhalb von Familien und Freundeskreisen wurde gegenseitige Hilfsbereitschaft erwartet.

Der Minnesang als Form der Liebeslyrik zeugt von romantischen Gefühlen.

Es gab aber auch Einschränkungen gegenüber Fremden und Menschen anderer Stände. Die Hilfsbereitschaft wurde ihnen oft verwehrt.

Die strenge Hierarchie führte zu Ungleichbehandlung und Unterdrückung. Gewalt und Grausamkeit waren durchaus verbreitet.

Abschließend lässt sich sagen, dass es im Mittelalter durchaus Formen von Freundlichkeit und Mitmenschlichkeit gab, diese aber stark von Stand, Religion und persönlichen Beziehungen abhingen. Die Gesellschaftsordnung setzte der allgemeinen Menschenfreundlichkeit deutliche Grenzen.

4.3 Renaissance

Das Menschenbild der Renaissance betonte die Würde und die Fähigkeiten des Individuums. Der Mensch und seine Talente standen im Mittelpunkt der Kunst und Kultur dieser Epoche. Der Humanismus als wichtige philosophische Strömung der Renaissance förderte Bildung und Tugend. Es gab das Ideal, den Menschen zur „besten Version seiner selbst" zu machen (Poggemann 2024).

In Beziehungen waren Ehrlichkeit, Authentizität und Integrität wichtiger als reine Höflichkeitsfloskeln. Es gab ein Interesse am Individuum und seiner Umgebung. Der Mensch entdeckte neue Möglichkeiten und erweiterte seinen Horizont. In den Verhaltensratgebern der Zeit wurden Freundlichkeit und Leutseligkeit empfohlen, auch mit dem Ziel, das Wohlgefallen anderer Menschen zu gewinnen (Defreyn 2009).

In der Renaissance herrschte ein positives Menschenbild vor, das die Würde des Individuums betonte. Echte zwischenmenschliche Beziehungen und Tugenden wie Freundlichkeit wurden geschätzt, auch wenn dies nicht unbedingt für alle Gesellschaftsschichten galt. Die Renaissance markierte einen Wandel hin zu einem humanistischeren Umgang der Menschen miteinander, verglichen mit dem Mittelalter.

4.4 Reformation

Die Reformationszeit war von tiefgreifenden religiösen und gesellschaftlichen Umwälzungen geprägt, die sich auch auf zwischenmenschliche Beziehungen auswirkten.

Martin Luther betonte in seiner Theologie die christliche Nächstenliebe als wichtigen Wert. Gleichzeitig führten die religiösen Konflikte und Spannungen zwischen Katholiken und Protestanten oft zu Misstrauen und Feindseligkeiten zwischen den Konfessionen.

Innerhalb der protestantischen Gemeinschaften entwickelten sich neue Formen der Solidarität und gegenseitigen Unterstützung, etwa in den reformierten Gemeinden.

Die Kritik am Klosterwesen und die Aufhebung vieler Klöster durch die Reformation führte einerseits zum Wegfall traditioneller karitativer Einrichtungen, regte aber andererseits neue Formen der Armenfürsorge an (Retter 2017).

Mit der Betonung des Individuums und des persönlichen Glaubens in der reformatorischen Theologie ging auch eine stärkere Wertschätzung zwischenmenschlicher Beziehungen einher, etwa in der Ehe.

Die humanistische Bildung, die viele Reformatoren genossen hatten, förderte Ideale wie Freundschaft und kultivierte Umgangsformen.

4.5 Barock

Das Zeitalter des Barock war von starken Gegensätzen geprägt, die sich auch auf die zwischenmenschlichen Beziehungen auswirkten. An den Fürstenhöfen herrschte eine strenge Etikette mit formalisierten Umgangsformen. Höflichkeit und galantes Verhalten waren wichtige Tugenden, besonders in adligen Kreisen. Diese Umgangsformen waren oft oberflächlich und dienten der Repräsentation.

Die christliche Nächstenliebe war weiterhin ein wichtiger moralischer Wert. Gleichzeitig gab es religiöse Konflikte, die zu Spannungen in der Gesellschaft führten.

Der Dreißigjährige Krieg (1618–1648) und andere Krisen prägten das Leben vieler Menschen. Not und Elend führten einerseits zu Solidarität, andererseits auch zu Misstrauen und Härte.

Das barocke Lebensgefühl schwankte zwischen „Carpe diem" (Genieße den Tag) und „Memento mori" (Bedenke, dass du sterben musst).

Diese Gegensätze spiegelten sich auch in zwischenmenschlichen Beziehungen wider (Restle 2025).

Die Entwicklung der Instrumentalmusik und neuer Musikinstrumente förderte gemeinsames Musizieren und gesellige Zusammenkünfte. Literatur und Theater thematisierten menschliche Emotionen und Beziehungen.

4.6 Aufklärung

Die Aufklärung war eine Zeit des Umbruchs und neuen Denkens. Die Menschen hinterfragten kritisch bestehende Systeme und Institutionen wie Kirche, Staat und Gesellschaft.

Vernunft und Verstand des Menschen rückten in den Fokus. Man strebte danach, eine eigenständig denkende Person zu werden und sich von religiösen Legitimationen der Macht und des Unrechts zu emanzipieren. Der Mensch sollte nicht blind glauben, was die Kirche sagt, sondern sich bilden und eine eigene, auf seiner Bildung basierende Meinung entwickeln (Poggemann 2024).

Es entwickelte sich ein neues Ideal der Freundschaft. Diese wurde zunehmend außerhalb des Hauses gepflegt, man traf sich in Salons und verbrachte Zeit miteinander.

Auch Frauenfreundschaften gewannen an Bedeutung, was als spezifischer Beitrag des 18. Jahrhunderts zum Freundschaftskult gesehen wird. Allerdings waren die Möglichkeiten für Frauen durch rechtliche und gesellschaftliche Einschränkungen noch begrenzt.

Es entwickelte sich ein neues Ideal des „geselligen Schreibens". Freunde tauschten sich beim Schreiben aus und lasen gegenseitig ihre Arbeiten. Themen wie Freundschaft, Tugend, Naturnähe und das Verhältnis zu Gott gewannen in der Literatur an Bedeutung.

4.7 Romantik

In der Romantik standen zwischenmenschliche Beziehungen und Gefühle im Vordergrund: Die Erforschung menschlicher Gefühle und die Ergründung der „Tiefe der Seele" waren zentrale Themen. Sehnsucht, Fernweh und zwischenmenschliche Beziehungen spielten eine große Rolle. Die Romantiker wandten sich der Antike und Mythologie zu, jedoch nicht in einer einfachen Romantisierung, sondern in einer kreativen Neuinterpretation und Transformation (Weber 2025).

4.8 Industrielle Revolution

Die Zeit der Industriellen Revolution war von tiefgreifenden gesellschaftlichen Umwälzungen geprägt, die auch Auswirkungen auf zwischenmenschliche Beziehungen und Verhaltensweisen hatten. Die Gesellschaft formierte sich zunehmend in zwei Klassen: das aufstrebende Bürgertum und die lohnabhängige Arbeiterschaft. Diese Spaltung führte zu sozialen Spannungen und einer Vergrößerung der Schere zwischen Arm und Reich.

In den Fabriken herrschten oft menschenunwürdige Arbeitsbedingungen. Kinderarbeit war weit verbreitet und wurde als „Erfolgsfaktor" für die Industrie gesehen. Diese harten Bedingungen ließen wenig Raum für Freundlichkeit und Mitgefühl im Arbeitsalltag.

Die Industrialisierung führte auch zu einer starken Landflucht und Verstädterung. In den schnell wachsenden Städten entstanden oft überfüllte und unhygienische Wohnviertel für Arbeiter. Diese Umstände konnten zu Anonymität und einer Verringerung des sozialen Zusammenhalts führen.

Einige wohlhabende Industrielle versuchten durch Wohltätigkeit und kulturelle Förderung, ihr Ansehen zu verbessern. Diese Bemühungen waren jedoch oft von Herablassung geprägt und zielten nicht auf echte Gleichberechtigung ab.

Als Reaktion auf die sozialen Missstände entstanden die Reformbewegungen und erste Ansätze des Sozialstaats (Schwabe 2022).

Zusammenfassend lässt sich sagen, dass die Industrielle Revolution eine Zeit großer sozialer Härten war, in der Freundlichkeit und Mitgefühl oft in den Hintergrund traten. Gleichzeitig entstanden aber auch Gegenbewegungen, die auf mehr soziale Verantwortung und Menschlichkeit abzielten.

4.9 Die dunkle Zeit der beiden Weltkriege

War Freundlichkeit auch in den beiden Weltkriegen möglich? Eine verrückt anmutende Frage, werden Sie vielleicht denken. Während der beiden Weltkriege spielte Freundlichkeit eine komplexe und oft widersprüchliche Rolle:

Erster Weltkrieg
An der Front kam es zu Momenten der Fraternisierung zwischen feindlichen Soldaten, besonders bekannt ist der Weihnachtsfrieden 1914. Diese spontanen Akte der Freundlichkeit wurden von den militärischen Führungen als Bedrohung des Kampfgeistes gesehen und unterdrückt (Hadwiger 2019).

Der Krieg provozierte eine Krise der Männlichkeit, da die brutale Realität in den Schützengräben mit idealisierten Vorstellungen von Heldentum kollidierte (Crouthamel 2014).

Unter Kameraden entwickelten sich oft enge emotionale Bindungen als Reaktion auf die traumatischen Erlebnisse.

Zweiter Weltkrieg

Das NS-Regime bemühte sich, an der „Heimatfront" eine gewisse Alltagsnormalität aufrechtzuerhalten. Freundlichkeit und Zusammenhalt innerhalb der eigenen Gruppe (Familie, Kameraden) wurden propagiert, um die Moral zu stärken.

In den besetzten Gebieten gab es Fälle von Fraternisierung zwischen Besatzern und Bevölkerung, was oft als „Kollaboration" bezeichnet wurde.

Nach Kriegsende wurde Fraternisierung zwischen deutschen Zivilisten und alliierten Soldaten zunächst verboten, später aber toleriert.

Insgesamt zeigt sich, dass Freundlichkeit und menschliche Verbindungen selbst unter extremen Kriegsbedingungen eine Rolle spielten, oft im Widerspruch zu offiziellen Feindbildern und militärischen Zielen. Gleichzeitig wurde Freundlichkeit innerhalb der eigenen Gruppe gefördert, um den Zusammenhalt zu stärken.

4.10 Freundlichkeit in der Nachkriegsordnung, Beispiel deutsch-deutscher Grenzverkehr

Die in der Nachkriegsordnung entstandenen neuen Feindbilder führten besonders dort, wo sich die konkurrierenden Systeme berührten, zu extrem unfreundlichen Verhaltensweisen.

Die Erfahrungen an den Grenzübergängen zwischen DDR und BRD/Westberlin waren oft von Anspannung und Unfreundlichkeit geprägt. An Kontrollpunkten wie Marienborn herrschte eine Atmosphäre strenger Überwachung. Reisende sahen sich mit prüfenden Blicken der DDR-Grenzbeamten konfrontiert, was zu gemischten Gefühlen führte.

Von Bekannten und Verwandten hörte ich von einem schroffen Ton, der an den Grenzübergängen vorherrschte, was auf einen unfreundlichen und autoritären Umgang hindeutete.

Die Einrichtung von Durchleuchtungsanlagen und anderen technischen Überwachungsmitteln schuf ein Klima der Angst und des Misstrauens.

Die Grenzkontrollen waren oft von Schikanen und entwürdigenden Praktiken geprägt. Reisende, die den Zollkräften verdächtig erschienen, wurden besonders gründlich und oft erniedrigend behandelt: Leibesvisitationen waren eine besonders demütigende Erfahrung für viele Reisende.

Verdächtige Personen wurden „besonders gefilzt" und ohne Angabe von Gründen stundenlang festgehalten. Dies erzeugte Angst und Unsicherheit. Die Willkür der Grenzbeamten verstärkte das Gefühl der Machtlosigkeit.

Nicht erlaubte Waren wurden rigoros konfisziert. Reisende mussten zudem mit Anzeigen und weiteren Konsequenzen rechnen, wenn verbotene Gegenstände gefunden wurden. Diese konnten von Geldstrafen bis hin zu Einreiseverboten reichen. Die Zollbeamten suchten akribisch nach versteckten Personen und unerlaubten Gütern.

Insgesamt herrschte an den Grenzübergängen – auch zu Ländern wie der CSSR, Ungarn, Rumänien – eine Atmosphäre des Misstrauens und der Überwachung. Die Reisenden waren dem oft willkürlichen Verhalten der Grenzbeamten ausgeliefert und fühlten sich machtlos und gedemütigt. Diese unmenschlichen Praktiken waren ein prägendes Merkmal des DDR-Grenzregimes und hinterließen bei vielen Menschen traumatische Erinnerungen.

Blick in die Zukunft
Nach diesem ausgiebigen und manchmal auch düsteren Blick in die Geschichte und damit auch in die Vergangenheit der Freundlichkeit richten wir nun den Blick nach vorn. Wie freundlich wird die Zukunft werden? Dazu lesen Sie bitte Kap. 9 weiter.

Literatur

Borsch J, Meister JB (2022) Webseite: Kommunikation und Fachinformation für die Geschichtswissenschaften. https://www.hsozkult.de/literaturereview/id/fdl-136870. Zugegriffen am 19.01.2025

Crouthamel J (2014) Bundeszentrale für politische Bildung. https://www.bpb.de/shop/zeitschriften/apuz/182566/deutsche-soldaten-undmaennlichkeit-im-ersten-weltkrieg/. Zugegriffen am 24.01.2025

Defreyn V (2009) Webseite. https://opus.bibliothek.uni-wuerzburg.de/opus4-wuerzburg/frontdoor/deliver/index/docId/3796/file/Defreyndiss.pdf. Zugegriffen am 19.01.2025

Forschelen B (2017) Kompendium der Zitate für Unternehmer und Führungskräfte. Springer Gabler, Berlin, S 468

Hadwiger D (2019) Webseite: H-Soz-Kult. https://www.hsozkult.de/conferencereport/id/fdkn-126642. Zugegriffen am 02.02.2025

Phillips A, Taylor B zit. n. Deutschlandfunk Kultur (2010) Warum freundliche Menschen besser leben. https://www.deutschlandfunkkultur.de/warum-freundliche-menschen-besser-leben-100.html. Zugegriffen am 19.01.2025

Poggemann M (2024) Webseite. https://www.schreiben.net/artikel/literaturepochen-epochenuebersicht-4739/. Zugegriffen am 19.01.2025

Restle N (2025) Webseite. https://www.berliner-philharmoniker.de/stories/barock/. Zugegriffen am 19.01.2025

Retter H (2017) Webseite: Luther und die Reformation. https://www.pedocs.de/volltexte/2017/13991/pdf/Retter_2017_Luther_und_die_Reformation.pdf. Zugegriffen am 19.01.2025

Schwabe F (2022) Webseite. https://www.geschichte-abitur.de/industrialisierung/folgen-der-industriellen-revolution-fuer-die-gesellschaft. Zugegriffen am 19.01.2025

Unternehmerportal (2023) Webseite Unternehmer. https://www.unternehmer-portal.net/was-ist-ein-philanthrop/#Philanthropie_erklaert_Was_ist_Philanthropie_und_wie_wird_man_zum_Philanthropen. Zugegriffen am 19.01.2025

Weber E (2025) Webseite UNICUM Digital. https://abi.unicum.de/epochen/romantik. Zugegriffen am 10.02.2025

Žižek S (2009) Webseite ICI Kulturlabor. https://www.ici-berlin.org/events/slavoj-zizek/. Zugegriffen am 19.01.2025

# 5

Knigge früher und heute

„Ob ein Mensch ein Gentleman ist, erkennt man an seinem Benehmen denjenigen Menschen gegenüber, von denen er keinen Nutzen hat." (Phelps zit. n. Forschelen 2017, S. 336)

Adolph Freiherr von Knigges Werk „Über den Umgang mit Menschen" aus dem Jahr 1788 ist weit mehr als ein simples Benimmbuch. Entgegen der weit verbreiteten Meinung handelt es sich nicht um eine Sammlung starrer Etikette-Regeln, sondern um eine tiefgründige Betrachtung des menschlichen Zusammenlebens im Zeitalter der Aufklärung.

Der Deutsche Knigge Rat fasst Knigges Intention treffend zusammen:

„Seine Idee war vielmehr, ‚wie der Mensch sich zu verhalten hat, um in dieser Welt und in Gesellschaft mit anderen Menschen glücklich und vergnügt zu leben und seine Nebenmenschen glücklich und froh zu machen.'" (Nisslemüller 2024a)

Knigge zielte darauf ab, die Gesellschaft seiner Zeit zu reflektieren und zu einem harmonischeren Miteinander anzuregen (Nisslemüller 2024a).

5.1 Wer war Adolph Freiherr von Knigge

Adolph Freiherr von Knigge (1752–1796) war ein bedeutender deutscher Schriftsteller und Aufklärer des 18. Jahrhunderts. Geboren in Bredenbeck, Niedersachsen, entstammte er einer adligen Familie und erhielt eine aristokratische Erziehung. Nach seinem Rechtsstudium und Reisen durch Europa entwickelte er ein Interesse an den Ideen der Aufklärung und der Freimaurerei.

Knigge wurde vor allem durch sein Werk „Über den Umgang mit Menschen" bekannt, das Ratschläge für gutes Benehmen und soziales Miteinander bot. Als Freimaurer setzte er sich für Ideale wie Toleranz und Brüderlichkeit ein und schrieb über fortschrittliche Themen wie die Abschaffung der Folter und die Gleichberechtigung der Frauen.

Trotz seines frühen Todes mit 43 Jahren in Bremen hinterließ Knigge ein bedeutendes Erbe. Seine Schriften zur Etikette und zum zwischenmenschlichen Umgang haben die soziale und ethische Debatte seiner Zeit beeinflusst und sind bis heute relevant (Szymanski 2025).

5.2 „Der Knigge" – das Wichtigste in Kürze

Adolph Freiherr von Knigges Buch „Über den Umgang mit Menschen" ist ein Werk über soziales Verhalten und zwischenmenschliche Beziehungen. Die Hauptthemen des Buches sind:

1. Selbstbewusstsein und Integrität: Knigge betont die Wichtigkeit, nach eigenen Prinzipien zu leben, ohne sich von anderen beeinflussen zu lassen.
2. Positive Einstellung: Er empfiehlt eine optimistische Herangehensweise und einen gepflegten Umgang mit anderen Menschen.
3. Respekt und Rücksichtnahme: Das Buch plädiert für Toleranz und Verständnis gegenüber verschiedenen Charakteren und Altersgruppen.
4. Anpassungsfähigkeit: Knigge rät, sich an unterschiedliche soziale Situationen anzupassen, ohne die eigene Persönlichkeit zu verleugnen.
5. Zwischenmenschliche Beziehungen: Er gibt Ratschläge für den Umgang mit Familie, Freunden, Nachbarn und Menschen verschiedener sozialer Schichten.

Knigge basiert seine Ratschläge auf eigenen Lebenserfahrungen und den Idealen der Aufklärung wie Freiheit, Vernunft und Toleranz. Sein Ziel war es, Anleitungen für ein glückliches und erfülltes Leben zu geben, die für alle Bevölkerungsschichten relevant sind (Vernau 2023).

5.3 Knigge im Original – aktuell und nützlich

Wie aktuell und nützlich die Verhaltensregeln heute noch sind, möchte ich anhand von ausgewählten Knigge-Zitaten nachfolgend aufzeigen. Die zeitlose Relevanz vieler seiner Überlegungen ist bemerkenswert, wie der Deutsche Knigge Rat betont:

> „Interessant ist, dass seit der ersten Auflage vor über 230 Jahren die meisten Inhalte immer noch bejaht werden können. Bis auf die Kapitel ‚Stellung der Frau' und das ‚Juden-

tum' scheint vieles – überraschender Weise – auch in unsere Zeit zu passen." (Nisslemüller 2024b)

Diese Einschätzung unterstreicht die bleibende Bedeutung von Knigges Werk für das Verständnis zwischenmenschlicher Beziehungen, weit über bloße Etikette hinaus (Nisslemüller 2024b).

Streben nach wahrer Vollkommenheit

„Strebe nach Vollkommenheit, aber nicht nach dem Scheine der Vollkommenheit und Unfehlbarkeit! Die Menschen beurteilen und richten Dich nach dem Maßstabe Deiner Prätensionen, und sie sind noch billig, wenn sie nur das tun, wenn sie Dir nicht Prätensionen aufbürden. Dann heißt es, wenn Du auch nur des kleinsten Fehlers Dich schuldig machst: ‚Einem solchen Manne ist das gar nicht zu verzeihn'; und da die Schwachen sich ohnehin ein Fest daraus machen, an einem Menschen, der sich verdunkelt, Mängel zu entdecken, so wird Dir ein einziger Fehltritt höher angerechnet als andern ein ganzes Register von Bosheiten und Pinseleien." (von Knigge 2015h, S. 42)

Knigge rät in diesem Zitat, nach Verbesserung zu streben, ohne perfekt erscheinen zu wollen. Er warnt, dass Menschen uns strenger beurteilen, wenn wir uns als fehlerfrei darstellen, und selbst kleine Fehler dann unverzeihlich erscheinen.

Das Zitat bleibt aktuell und gewinnt in der heutigen, von sozialen Medien geprägten Welt sogar an Bedeutung. Es betont die Wichtigkeit von Authentizität gegenüber oberflächlicher Perfektion. In einer Zeit, in der oft nur Glanzmomente präsentiert werden, erinnert es daran, dass wahre Größe im aufrichtigen Streben nach Verbesserung liegt. Das Akzeptieren eigener Unvollkommenheit fördert persönliches Wachstum und wird in der modernen Arbeitswelt als Lernchance geschätzt. In Wissenschaft und Gesellschaft gewinnt Authentizität an Wert, besonders angesichts von Informationsüberflutung und „Fake News". Knigges Weisheit ermutigt zum Mut zur Unvollkommenheit bei gleichzeitigem Streben nach Selbstverbesserung.

Zuversicht und Vertrauen

> „Vor allen Dingen wache über Dich, daß Du nie die innere Zuversicht zu Dir selber, das Vertrauen auf Gott, auf gute Menschen und auf das Schicksal verlierst!" (von Knigge 2015a, S. 44)

Knigges Aufforderung zum Vertrauen in sich selbst, in Gott und an gute Menschen bleibt in der heutigen säkularen Gesellschaft relevant. Trotz schwindender religiöser Einflüsse besteht weiterhin ein Bedürfnis nach Zuversicht. In einer komplexen Welt ist die Fähigkeit, Vertrauen zu entwickeln und eine positive Perspektive zu bewahren, entscheidend für persönliches Wohlbefinden und für sozialen Zusammenhalt. Knigges Weisheit unterstreicht die Bedeutung von Vertrauen als Quelle der Stärke und Orientierung, besonders in unsicheren Zeiten.

Wort halten

> „Keine Regel ist so allgemein, keine so heilig zu halten, keine führt so sicher dahin, uns dauerhafte Achtung und Freundschaft zu erwerben, als die: unverbrüchlich, auch in den geringsten Kleinigkeiten, Wort zu halten, seiner Zusage treu, und stets wahrhaftig zu sein in seinen Reden." (von Knigge 2015b, S. 45)

Knigges Betonung von Wahrhaftigkeit und Verlässlichkeit bleibt in der modernen Welt relevant. Das Einhalten von

Zusagen ist grundlegend für Achtung und Freundschaft, sowohl privat als auch beruflich. Trotz der Herausforderungen digitaler Kommunikation bleibt die Einhaltung von Versprechen entscheidend für Vertrauen in Beziehungen.

Diese Prinzipien gelten auf allen Ebenen, von persönlichen Interaktionen bis hin zu internationalen Abkommen. Knigges Weisheit unterstreicht, dass Vertrauenswürdigkeit und Integrität wesentliche Elemente für persönliche Stärke und gesellschaftlichen Zusammenhalt sind, besonders in Zeiten des Misstrauens.

Menschen nicht lächerlich machen

„Suche keinen Menschen, auch den Schwächsten nicht, in Gesellschaften lächerlich zu machen. Ist er dumm, so hast Du wenig Ehre von dem Witze, den Du an ihn verschwendest; ist er es weniger, als Du glaubst, so kannst Du vielleicht der Gegenstand seines Spottes werden; ist er gutmütig und gefühlvoll, so kränkest Du ihn, und ist er tückisch und rachsüchtig, so kann er Dir's vielleicht auf eine Rechnung setzen, die Du früh oder spät auf irgendeine Art bezahlen mußt." (von Knigge 2015i, S. 57)

Die Warnung vor dem Lächerlichmachen anderer ist heute besonders relevant. Medien und Influencer, die sich über vermeintlich weniger Gebildete lustig machen, riskieren ihren Ruf und ihre Glaubwürdigkeit. Der Spötter kann leicht selbst zum Gespött werden, wenn er die Intelligenz oder Gefühle anderer unterschätzt. In der modernen Gesellschaft gewinnen emotionale Intelligenz, Empathie und Respekt an Bedeutung. Knigges Weisheit betont, dass wahre Größe in der würdevollen Behandlung aller Menschen liegt, unabhängig von Bildung oder sozialem Status.

Verschwiegenheit

„Eine der wichtigsten Tugenden im gesellschaftlichen Leben und die wirklich täglich seltener wird, ist die Verschwiegenheit." (von Knigge 2015c, S. 59)

Knigges Betonung der Verschwiegenheit gewinnt in der heutigen, von Informationsüberfluss geprägten Zeit neue Bedeutung. In einer Ära ständiger Kommunikation und sozialer Medien wird die Fähigkeit zur Diskretion seltener. Das hohe Mitteilungsbedürfnis und die Empörungskultur können als anstrengend empfunden werden. Die alte Weisheit „Hättest du geschwiegen, wärst du ein Prophet geblieben" unterstreicht den Wert von Zurückhaltung. Bescheidenheit und aktives Zuhören können zu einem harmonischeren Miteinander und tieferen Einsichten führen. In einer lauten Welt kann bewusste Verschwiegenheit zu einer Quelle innerer Stärke und zwischenmenschlichen Vertrauens werden.

Gesundheit von Leib und Seele

„Sorge für die Gesundheit Deines Leibes und Deiner Seele; aber verzärtle beide nicht. Wer auf seinen Körper losstürmt, der verschwendet ein Gut, welches oft allein hinreicht, ihn über Menschen und Schicksal zu erheben und ohne welches alle Schätze der Erde eitle Bettelware sind. Wer aber jedes Lüftchen fürchtet und jede Anstrengung und Übung seiner Glieder scheut, der lebt ein ängstliches, nervenloses Austerleben und versucht es vergeblich, die verrosteten Federn in den Gang zu bringen, wenn er in den Fall kommt, seiner natürlichen Kräfte zu bedürfen." (von Knigge 2015j, S. 80)

Knigges Mahnung zur ausgewogenen Sorge um Körper und Geist bleibt in der modernen Zeit relevant. Er betont, dass wahre Gesundheit in der Balance liegt, warnt vor der

Vernachlässigung des Körpers und hebt die Wichtigkeit regelmäßiger Bewegung und gesunder Lebensführung hervor. Gleichzeitig kritisiert er übertriebene Ängstlichkeit und Gesundheitsfixierung, die die natürliche Widerstandsfähigkeit schwächen können. Knigges Rat fördert eine ausgewogene Lebensweise, die sowohl Körper als auch Geist stärkt und auf Lebensherausforderungen vorbereitet.

Über die Zanksucht

> „Eine besondre Gemütsart, die mehrenteils aus Eigensinn entspringt, doch auch wohl zuweilen bloß Bizarrerie oder ungesellige Laune zur Quelle hat, ist die Zanksucht. Es gibt Menschen, die alles besser wissen wollen, allem widersprechen, was man vorbringt, oft gegen eigne Überzeugung widersprechen, um nur das Vergnügen zu haben, disputieren zu können; andre setzen eine Ehre darin, Paradoxa zu sprechen, Dinge zu behaupten, die kein Vernünftiger irgend ernstlich also meinen kann […]" (von Knigge 2015k, S. 89)

Die von Knigge kritisierten Verhaltensweisen wie ständiges Widersprechen und Streitsuche finden sich verstärkt in sozialen Medien, Online-Foren und Talkshows wieder, oft in Form von Trolling und Desinformation. Knigges Warnung vor den Folgen der Zanksucht bleibt aktuell, da digitale Konflikte reale Konsequenzen haben können. Sein impliziter Rat zu respektvollem Umgang und gütlicher Einigung gewinnt online wie offline neue Dringlichkeit.

Richtet nicht!

> „Richtet nicht, damit auch Ihr nicht gerichtet werdet! – Und was für Recht hast Du denn auch über die Moralität Deines Freundes? Was ist er Dir anders schuldig als Treue, Liebe und Dienstfertigkeit? Wer hat Dich zum Sittenrichter über ihn bestellt? – Suche einen vollkommnen Mann auf dieser Erde,

und Du kannst hundert Jahre alt werden und noch immer vergebens umherrennen."(von Knigge 2015d, S. 190)

Knigges Warnung vor vorschnellen Urteilen ist in unserer Zeit der schnellen Empörung besonders relevant. Er erinnert uns, dass niemand perfekt ist und wir oft unsere eigenen Probleme auf andere projizieren. Die Weisheit, sich in die Lage anderer zu versetzen, unterstreicht die Bedeutung von Empathie. Knigge regt an, über eigene Unvollkommenheiten nachzudenken, statt andere zu verurteilen. Anstatt auf Schuldzuweisungen sollten wir uns auf Werte wie Treue, Liebe und Dienstfertigkeit in Beziehungen konzentrieren.

Kritischer Umgang mit Journalisten und Gelehrten

„Unter den heutigen sogenannten Gelehrten muß man billigerweise einigen unsrer Journalisten und Anekdotensammler einen ansehnlichen Rang einräumen. Mit diesen Leuten aber ist eine ganz besondre Vorsicht im Umgange nötig. Sie stehen gemeiniglich bei geringem Vorrate an eigener Gelehrsamkeit im Solde irgendeiner herrschsüchtigen Partei oder eines Anführers derselben, […]"

„Dann ziehen sie durchs Land, um Märchen zu sammeln, die sie nach Gelegenheit Dokumente nennen, oder mit dem Schwerte der Verleumdung jeden zu verfolgen, der nicht zu ihrer Fahne schwören will, jedem das Maul zu stopfen, der es wagt, an ihrer Unfehlbarkeit zu zweifeln. Ein einziges Wörtchen, das nicht in ihr System paßt und das sie irgendwo auffangen, gibt ihnen Stoff zu Verketzerungen, zu unwürdigen Neckereien, zu Verfolgungen der besten, sorglosesten, planlosesten Menschen.

Sei behutsam im Reden, wenn ein solcher Dich freundlich besucht, und erwarte, daß er nachher einmal Dein Porträt und alles drucken lassen werde, was er bei Dir gesehn und gehört hat." (von Knigge 2015e, S. 279)

Knigges Warnung vor parteiischen „Gelehrten" und Journalisten bleibt in der modernen Medienlandschaft aktuell. Seine Beschreibung von Berichterstattern, die Informationen im Dienste bestimmter Ideologien verdrehen, findet heute noch Resonanz. In der digitalen Ära hat sich die Situation durch den Druck zur ständigen Inhaltsproduktion und Klickgenerierung verschärft. Oberflächliche Berichterstattung, fehlende Kontexte und falsche Interpretationen sind häufig. Knigges empfohlene Vorsicht im Umgang mit Medienvertretern ist in Zeiten von Social Media, wo jede Äußerung viral gehen kann, relevanter denn je, während gleichzeitig die Notwendigkeit eines verantwortungsvollen, ethischen Journalismus deutlicher wird.

Über Ärzte

„Es gibt aber unter den Söhnen Äskulaps auch unzählige Leute von ganz andrer Art, Leute, denen der Doktorhut das Privilegium gibt, an armen Kranken Versuche ihrer Unwissenheit zu machen; Leute, die den Körper des Patienten als ihr Eigentum, als ein Gefäß ansehn, in welches sie nach Willkür allerlei flüssige und trockne Materien schütten dürfen, um wahrzunehmen, welche Wirkung durch den Streit dieser salzartigen, sauren und geistigen Dinge hervorgebracht wird, und wobei sie nichts wagen als höchstens, daß – das Gefäß zugrunde geht.

Andern fehlt es bei der gründlichsten Kenntnis an Beobachtungsgeist. Sie verwechseln die Zeichen der Krankheiten, lassen sich durch falsche Berichte der Patienten täuschen, forschen nicht kaltblütig, nicht tief, nicht fleißig genug und verordnen dann Mittel, die gewiß helfen würden – wenn wir die Krankheit hätten, mit welcher sie uns behaftet glauben.

Wieder andre kleben an Systemgeist, an Autorität, an Mode und schieben nie auf ihre Blindheit, sondern auf die Natur die Schuld, wenn ihre Arzneimittel andre Wirkungen hervorbringen als die, welche sie aus Vorurteil ihnen zutrauen; endlich noch andre halten aus Gewinnsucht die Genesung der Leidenden auf, um desto länger nebst dem Apotheker und Wundarzte den Vorteil davon zu ziehn. […]" (von Knigge 2015f, S. 288)

Viele Ärztinnen und Ärzte handeln damals wie heute mit großem Verantwortungsbewusstsein und setzen sich engagiert für das Wohl ihrer Patientinnen und Patienten ein. Dennoch findet Knigges Kritik an der Ärzteschaft seiner Zeit sicher auch heute noch Parallelen. Seine Beschreibung von Ärzten, die Patienten als Versuchsobjekte sehen oder aus Gewinnsucht handeln, spiegelt sich in aktuellen Debatten über die Kommerzialisierung des Gesundheitswesens wider. Die zunehmende Einflussnahme von Finanzinvestoren in der ambulanten Versorgung weckt Bedenken über die Dominanz ökonomischer Interessen. Moderne Herausforderungen wie Fachkräftemangel, Überlastung und veraltete Technologie erinnern an die von Knigge kritisierten Zustände.

Die Diskussion um Zeitdruck und Effizienzanforderungen, die eine gründliche Patientenbetreuung erschweren, unterstreicht die Notwendigkeit einer patientenorientierten Reform des Gesundheitswesens.

Leben mit Maß

„Lebe mäßig in allem Betrachte, so magst Du den Arzt als Freund bei Dir sehn, aber Du wirst seiner Hilfe selten bedürfen. Gib wohl acht auf das, was Deiner Konstitution schädlich und heilsam ist, was Dir wohl und was Dir übel bekommt. Richte darnach strenge Deine Lebensart ein, so wirst Du nicht oft in den Fall kommen, Dein Geld in die Apotheke zu schicken." (von Knigge 2015g, S. 290)

Knigges Ratschläge zur Gesunderhaltung durch Mäßigung und Selbstbeobachtung sind heute besonders relevant. In einer Welt des Überkonsums und ungesunder Lebensgewohnheiten gewinnt seine Mahnung zur Mäßigung an Bedeutung. Moderne Studien bestätigen, dass Prävention durch einen gesunden Lebensstil oft wirksamer ist als Behandlung. Knigges Empfehlung, auf die eigene Konstitution zu achten, spiegelt sich in Trends zur Selbstoptimierung und personalisierten Medizin wider. Sein Rat, den Arzt als Freund zu betrachten, aber selten zu benötigen, unterstreicht die Wichtigkeit von Eigenverantwortung für die Gesundheit, besonders angesichts steigender Gesundheitskosten und überlasteter Systeme.

Literatur

von Knigge AF (2015a) Über den Umgang mit Menschen. 1. Kapitel: Allgemeine Bemerkungen und Vorschriften über den Umgang mit Menschen, Abs. 8. Projekt Gutenberg-DE. Kindle-Version, Hamburg, S 44

von Knigge AF (2015b) Über den Umgang mit Menschen. 1. Kapitel: Allgemeine Bemerkungen und Vorschriften über den Umgang mit Menschen, Abs. 11. Projekt Gutenberg-DE. Kindle-Version, Hamburg, S 45

von Knigge AF (2015c) Über den Umgang mit Menschen. 1. Kapitel: Allgemeine Bemerkungen und Vorschriften über den Umgang mit Menschen, Abs. 41. Projekt Gutenberg-DE. Kindle-Version, Hamburg, S 59

von Knigge AF (2015d) Über den Umgang mit Menschen. 6. Kapitel Über den Umgang unter Freunden, Abs. 21. Projekt Gutenberg-DE. Kindle-Version, Hamburg, S 190

von Knigge AF (2015e) Über den Umgang mit Menschen. 6. Kapitel Über den Umgang unter Freunden, Abs. 6. Projekt Gutenberg-DE. Kindle-Version, Hamburg, S 279 von Knigge AF (2015f) Über den Umgang mit Menschen. 6. Kapitel Über den Umgang mit Leuten von allerlei Ständen im bürgerlichen Leben, Abs. 1. Projekt Gutenberg-DE. Kindle-Version, S 288

von Knigge AF (2015g) Über den Umgang mit Menschen. 6. Kapitel Über den Umgang mit Leuten von allerlei Ständen im bürgerlichen Leben, Abs. 1. Projekt Gutenberg-DE. Kindle-Version, Hamburg, S 290

von Knigge AF (2015h) Über den Umgang mit Menschen. 1. Kapitel: Allgemeine Bemerkungen und Vorschriften über den Umgang mit Menschen, Abschnitt 2. Kindle. Projekt Gutenberg-DE, Hamburg, S 42

von Knigge AF (2015i) Über den Umgang mit Menschen. 1. Kapitel: Allgemeine Bemerkungen und Vorschriften über den Umgang mit Menschen, Abs. 34. Projekt Gutenberg-DE. Kindle-Version, Hamburg, S 57

von Knigge AF (2015j) Über den Umgang mit Menschen. 2.Kapitel Über den Umgang mit sich selbst, Abs. 4. Projekt Gutenberg-DE. Kindle-Version, Hamburg, S 80

von Knigge AF (2015k) Über den Umgang mit Menschen. 2. Kapitel Über den Umgang mit sich selbst, Abs. 11. Projekt Gutenberg-DE. Kindle-Version, Hamburg, S 89

Nisslemüller T (2024a). https://knigge-rat.de/anregungen-und-empfehlungen/. Zugegriffen am 21.01.2025

Nisslemüller T (2024b). https://knigge-rat.de/meinungsvielfalt-vs-positionsmeinung/. Zugegriffen am 21.01.2025

Phelps WL zit. n. Forschelen B (2017) Kompendium der Zitate für Unternehmer und Führungskräfte. Springer Gabler, Berlin, S 336

Szymanski R (2025) Webseite Zeno. http://www.zeno.org/Literatur/M/Knigge,+Adolph+Freiherr+von/Biographie. Zugegriffen am 21.01.2025

Vernau K (2023) WDR (02.01.2023). https://www1.wdr.de/radio/wdr5/sendungen/zeitzeichen/zeitzeichen-adolph-knigge-ueber-den-umgang-mit-menschen-100.html. Zugegriffen am 21.01.2025

6

Freundlichkeit in der Praxis

„Die Praxis ist der Prüfstein eines erfolgreichen Trainings, nicht der Applaus am Ende." (Krawiec zit. nach Forschelen 2017, S. 528)

In einer Welt, die oft von Hektik und Stress geprägt ist, kann Freundlichkeit wie ein Leuchtturm in stürmischen Zeiten wirken. Dieses Kapitel widmet sich der praktischen Anwendung von Freundlichkeit in verschiedenen Lebensbereichen und zeigt, wie kleine Gesten große Wirkung entfalten können.

Wir beginnen unsere Reise bei den „Freundlichen Gedanken", dem Fundament jeder freundlichen Handlung. Von dort aus erkunden wir die „Freundlichkeit in der Sprache" und wie unsere Wortwahl Beziehungen formen kann.

Ein besonderer Fokus liegt auf der „Freundlichkeit in Beziehungen". Hier betrachten wir die Vielfalt menschlicher Interaktionen: von intimen Partnerschaften und Familienbanden über Schüler-Lehrer-Dynamiken und Arbeitsbeziehungen bis hin zu flüchtigen Begegnungen im Alltag.

Wir werfen auch einen Blick auf die Herausforderungen und Chancen in interkulturellen Beziehungen und die Rolle der Spiritualität in zwischenmenschlichen Verbindungen.

Doch wir verschließen nicht die Augen vor den Schattenseiten: „Falsche Freundlichkeit" wird ebenso thematisiert wie Alltagsgeschichten, die von Vorurteilen und Missverständnissen geprägt sind. Denn es „menschelt" in diesem Teil des Buches ganz gewaltig. Wie Prof. Dr. Gerald Hüther treffend bemerkt:

> „Mit anderen verlässlich verbunden zu sein, ist ein Grundbedürfnis des Menschen, das solange gestillt werden kann, wie ein Mensch beim Heranwachsen nicht von anderen wie ein Objekt behandelt wird." (Interview Hüther, Abschn. 6.6.1)

Diese Erkenntnis unterstreicht die Bedeutung authentischer Freundlichkeit und echter zwischenmenschlicher Verbundenheit für unser Wohlbefinden. Das gesamte und ausführliche Interview mit Prof. Dr. Gerald Hüther lesen Sie im Abschn. 6.6.1 Interviews in diesem Kapitel.

Lassen Sie uns gemeinsam erkunden, wie wir Freundlichkeit in unserem täglichen Leben kultivieren und dadurch nicht nur unser eigenes Wohlbefinden steigern, sondern auch positive Veränderungen in unserer Umgebung bewirken können.

6.1 Freundliche Gedanken

Was sind Gedanken? Gedanken sind die grundlegenden Bausteine unseres Bewusstseins. Sie sind mentale Prozesse, die unsere Wahrnehmung, Emotionen und Handlungen beeinflussen. Viele Menschen leben jedoch oft unbewusst in den Tag hinein, folgen eingespielten Routinen und versäumen es, ihre Gedanken zu reflektieren oder bewusste Ziele zu setzen.

Leo Tolstoi bemerkte treffend dazu:

„Der Gedanke ist alles. Der Gedanke ist der Anfang von allem. Und Gedanken lassen sich lenken. Daher ist das Wichtigste: die Arbeit an den Gedanken." (Tolstoi zit. n. Zitelmann 2019, S. 15)

Diese Erkenntnis unterstreicht die Bedeutung, die unsere Gedanken für unser Leben haben. Doch wie erlernen wir, konstruktive und freundliche Gedanken zu denken?

Um freundliche Gedanken zu kultivieren, ist es wichtig, zunächst destruktive Gedankenmuster zu erkennen und zu transformieren. Destruktive Glaubenssätze sind oft das Ergebnis negativer Gedankenmuster. Sie manifestieren sich in Aussagen wie „Ich bin zu klein", „Ich tanze zu schlecht" oder „Der will mich bestimmt über den Tisch ziehen".

Claudia Kimich bezeichnet diese als negative Gedankenspielereien, die sich als selbsterfüllende Prophezeiungen erweisen können. Statt „Ich schaffe das nicht" können wir uns angewöhnen zu denken: „Schaun wir einfach mal, was geht". Anstelle von „Keiner mag mich" fragen wir uns: „Wen könnte ich ansprechen?" (Kimich 2015, Kindle-Pos. 2043).

Die menschliche Gedankenwelt ist ein faszinierendes und komplexes Phänomen. Sie bringt tagtäglich eine wahre Flut an Gedanken zutage.

Gottfried Sumsa schreibt dazu in seinem Buch: „Nach dem Erwachen ist immer noch Montag":

„So erstaunlich es auch erscheinen mag, aber man geht davon aus, dass wir ungefähr 70.000 Gedanken pro Tag haben, was über 25 Millionen Gedanken pro Jahr entspricht. 95 Prozent sind dieselben Gedanken, die wir bereits gestern hatten und 80 Prozent davon sind negativ." (Sumsa 2022, S. 320)

Eine tägliche Gedanken-Hygiene kann dabei helfen, negative Gedanken zu identifizieren und zu bearbeiten. Dies kann durch bewusstes Ablehnen destruktiver Gedanken geschehen, indem man sich selbst ein klares „Stopp, diesen Gedanken denke ich nicht!" signalisiert.

Für hartnäckige negative Gedankenmuster kann es hilfreich sein, sich an eine höhere Macht zu wenden oder Meditation zu praktizieren. Dies kann dazu beitragen, den Geist zu reinigen und positive Gedanken zu fördern.

Die Stille, die Abwesenheit von Gedanken, birgt eine besondere Kraft. In ihr liegt der Ursprung freundlicher Gedanken, die nicht aus Hektik oder Ablenkung entstehen, sondern aus innerer Ruhe. Aus der Stille wächst die Klarheit, die es ermöglicht, mit Mitgefühl und Wohlwollen auf die Welt zu blicken. Sie ist nicht nur ein Moment des Innehaltens, sondern eine Quelle der Stärke, aus der positive und konstruktive Gedanken entspringen können.

Interessanterweise gibt es einen bedeutenden Unterschied zwischen konsumorientierten und kreativen Gedanken. Auf Konsum orientiertes Denken schafft Chaos, kurze Phasen der Befriedigung werden von längeren Phasen des Mangels und der Bedürftigkeit abgelöst.

Kreatives Denken setzt Energie frei, die dem „Denker" eine stabilere Form der Zufriedenheit schenkt.

Letztendlich lässt sich sagen: Die wahren Gedanken sind im Grunde von Natur aus freundlich. Es ist die Flüchtigkeit und scheinbare Unkontrolliertheit unserer Gedanken, die uns manchmal verwirrt und negative Muster entstehen lässt. Indem wir bewusst an unseren Gedanken arbeiten – und den wahren Gedanken Eintritt gestatten – können wir lernen, freundlicher zu denken und somit unser gesamtes Lebensgefühl positiv zu beeinflussen.

Diese folgende buddhistische Weisheit verdeutlicht, wie entscheidend es ist, bewusst an unseren Gedanken zu arbeiten und freundliche, positive Denkweisen zu kultivieren, um unser Leben und unsere Beziehungen zu verbessern:

> „Was wir heute sind, stammt aus unseren Gedanken von gestern, und unsere Gedanken von heute erschaffen unser Leben von morgen: Unser Leben entsteht aus unserem Geist." (Siddhartha als „Buddha" bekannt, zit. n. Zitelmann 2019, S. 13)

6.2 Freundlichkeit in der Sprache

Die Sprache, die wir verwenden, hat einen tiefgreifenden Einfluss auf unser tägliches Leben, unsere Beziehungen und sogar auf unsere Gesellschaft als Ganzes. Sie formt unsere Wahrnehmung der Welt und beeinflusst, wie wir mit anderen interagieren. In diesem Text werden wir die Kraft der Worte und die Bedeutung freundlicher Sprache untersuchen.

6.2.1 Die schöpferische Macht der Sprache

> „Am Anfang war das Wort – dieser biblische Satz verdeutlicht die fundamentale Rolle der Sprache in der menschlichen Existenz." (Johannesevangelium 1:1–18 2025)

Sprache ist weit mehr als ein Mittel zur Kommunikation; sie ist ein Werkzeug, mit dem wir unsere Welt erschaffen, ordnen und verstehen. Ob in alltäglichen Gesprächen, wissenschaftlichen Theorien oder künstlerischen Werken – Sprache findet überall Anwendung. Sie ermöglicht es uns, komplexe Ideen auszudrücken, Beziehungen zu gestalten und Wissen weiterzugeben.

Der Zusammenhang zwischen Sprache und Denken ist tiefgreifend: Sprache formt unser Denken, während unser Denken die Sprache prägt. Begriffe und Worte strukturieren unsere Wahrnehmung und beeinflussen, wie wir die Welt interpretieren.

Ohne Sprache könnten wir weder abstrakte Konzepte entwickeln noch unsere Gedanken klar formulieren. Sie ist somit nicht nur ein Spiegel unseres Bewusstseins, sondern auch ein schöpferisches Instrument, das neue Ideen und Realitäten hervorbringt. Die Macht der Sprache liegt darin, dass sie nicht nur beschreibt, sondern auch gestaltet – sie ist der Schlüssel zur menschlichen Kreativität und Entwicklung.

6.2.2 Die Kraft und Macht der Worte

Worte haben eine erstaunliche Fähigkeit, unsere Emotionen und unser Verhalten zu beeinflussen. Freundliche Sprache kann uns ermutigen, inspirieren und motivieren, während unfreundliche Sprache uns entmutigen, verletzen und sogar demoralisieren kann.

Die Wirkung freundlicher und unfreundlicher Sprache
Freundliche Sprache wirkt sich positiv auf unser Wohlbefinden und unsere zwischenmenschlichen Beziehungen aus. Sie kann:

- Das Selbstwertgefühl stärken
- Stress reduzieren
- Vertrauen und Zusammenarbeit fördern
- Die Kreativität und Produktivität steigern

Im Gegensatz dazu kann unfreundliche Sprache:

- Angst und Unsicherheit auslösen
- Konflikte verschärfen

- die Motivation und Leistungsfähigkeit beeinträchtigen
- zu sozialer Isolation führen

Freundlich-motivierende Worte haben die Kraft, Menschen zu inspirieren und zu ermutigen. Sie können Barrieren überwinden und Menschen dazu bringen, über sich hinauszuwachsen. Unfreundliche Worte hingegen können demotivierend wirken und das Potenzial eines Menschen untergraben.

Es ist interessant zu beobachten, wie sich die Sprache im Laufe der Zeit verändert. In den 1990er-Jahren war „super" das Modewort der Wahl, um etwas zu loben. Heute verwenden wir Begriffe wie „perfekt", „cool", „klasse", „krass", „geil" oder „lecker". Obwohl diese Worte oft inflationär gebraucht werden und nicht immer etwas Konkretes beschreiben, sollten wir sie nicht verteufeln. Sie sind ein Ausdruck der sich ständig wandelnden Sprache und spiegeln den Zeitgeist wider.

6.2.3 Friedliche und förderliche Sprache

Die Art und Weise, wie wir uns ausdrücken, kann einen erheblichen Unterschied in unserer Kommunikation machen. Betrachten wir zum Beispiel den Unterschied zwischen den Aussagen „Das hast du gut gemacht!" und „Das hast du nicht schlecht gemacht!". Obwohl beide Aussagen ein Lob ausdrücken sollen, wirkt die zweite Formulierung weniger motivierend, da das Wort „schlecht" mitschwingt und einen negativen Unterton erzeugt.

6.2.4 Alternative Redewendungen

Viele unserer gebräuchlichen Redewendungen haben einen kriegerischen Hintergrund, dessen wir uns oft nicht bewusst sind. Diese „dämonisierten Redewendungen" können, auch wenn sie in friedlichem Kontext verwendet werden, ein ungutes Gefühl hinterlassen. Stattdessen können wir auch andere Formulierungen benutzen, wie zum Beispiel:

- anstatt „etwas kriegen wollen" – „etwas erreichen wollen"
- anstatt „wie eine Bombe einschlagen" – „für Aufsehen sorgen"
- anstatt „zum Rundumschlag ausholen" – „umfassende Kritik üben"
- anstatt „Zielscheibe sein" – „im Mittelpunkt der Kritik stehen"
- anstatt „auf Kriegsfuß stehen" – „in einem Konflikt sein"

George Lakoff und Elisabeth Wehling – beide im Bereich der Kognitiven Wissenschaft – haben sich in ihrem Buch „Auf leisen Sohlen ins Gehirn" intensiv mit der Bedeutung von Sprache und Metaphern in unserem Denken beschäftigt:

> „80 Prozent unseres Denkens bleiben unbewusst und werden durch Metaphern und Deutungsrahmen geprägt. Unser vermeintlich freies Denken wird durch diejenigen beeinflusst, die bewusst bestimmte Metaphern in die öffentliche Diskussion einführen." (Lakoff und Wehling 2016)

Diese Erkenntnis unterstreicht die Wichtigkeit, bewusst und reflektiert mit Sprache umzugehen. Indem wir uns der Macht der Worte bewusst werden und aktiv eine freundliche, friedliche Sprache wählen, können wir nicht nur unsere persönlichen Beziehungen verbessern, sondern auch einen positiven Einfluss auf unsere Gesellschaft ausüben.

6.3 Freundlichkeit in Beziehungen

Beziehungen sind das Fundament unseres sozialen Lebens und prägen maßgeblich unser Wohlbefinden und unsere persönliche Entwicklung. Von partnerschaftlichen Beziehungen, Arbeitsbeziehungen, flüchtigen Begegnungen, über Treffen mit Sportfreunden bis hin zu interkulturellen Beziehungen – jede Interaktion bietet die Chance, Freundlichkeit zu praktizieren und zu erfahren. Doch nicht alle Beziehungen sind von Natur aus harmonisch. Toxische Beziehungen können unser Wohlbefinden ernsthaft gefährden, während ambivalente Beziehungen uns vor komplexe emotionale Herausforderungen stellen.

In einer zunehmend globalisierten Welt gewinnen auch Beziehungen zu Menschen aus anderen Kulturkreisen an Bedeutung. Hier ist Freundlichkeit oft der Schlüssel zu gegenseitigem Verständnis und erfolgreicher Kommunikation. Doch vielleicht am wichtigsten und oft am meisten vernachlässigt ist die Beziehung zu uns selbst.

> **Wichtig**
>
> Selbstfreundlichkeit bildet die Grundlage für alle anderen Beziehungen in unserem Leben.

In diesem Kapitel werden wir die verschiedenen Facetten der Freundlichkeit in unterschiedlichen Beziehungsformen untersuchen. Dabei besteht kein Anspruch auf Vollständigkeit, sondern es handelt sich lediglich um eine Auswahl von Beziehungsformen. Wir werden erforschen, wie Freundlichkeit Beziehungen stärken, heilen und transformieren kann, und wie wir sie in unserem täglichen Leben kultivieren können – sei es in der Partnerschaft, am Arbeitsplatz oder in der Begegnung mit Fremden.

Dabei werden Interviews mit Expertinnen und Experten in den einzelnen Abschnitten hilfreiche Einsichten geben.

6.3.1 Beziehung zu sich selbst

Die Beziehung zu sich selbst ist ein fundamentaler Aspekt unseres Lebens, der oft übersehen wird. Jeder Mensch braucht Wärme und Zuneigung, und diese beginnt bei uns selbst. Die Art und Weise, wie wir mit uns selbst umgehen, hat einen tiefgreifenden Einfluss auf unser Wohlbefinden und unsere Interaktionen mit anderen.

Piero Ferrucci, ein Philosoph und Psychotherapeut, betont in seinem Buch „Nur die Freundlichen überleben" die Wichtigkeit der Selbstakzeptanz:

> „Jede(r) von uns ist einzigartig." (Ferrucci 2006a, S. 36)

Diese Erkenntnis sollte uns dazu ermutigen, unsere individuellen Eigenschaften zu schätzen und zu pflegen.

Eine positive Beziehung zu sich selbst bedeutet, sich selbst mit Mitgefühl und Verständnis zu begegnen. Wer sich ständig kritisiert, unter Stress setzt oder sich als Opfer der Umstände sieht, schadet letztendlich seinem Selbstwertgefühl. Stattdessen sollten wir, wie Ferrucci es ausdrückt, verstehen, dass:

> „[…] wir geliebt werden für das, was wir sind, mit unseren Stärken und mit unseren Schwächen." (Ferrucci 2006a, S. 36)

Es ist wichtig zu erkennen, dass Selbstliebe nicht mit Egoismus oder Narzissmus gleichzusetzen ist. Ein aufgeblasenes Ego ist keine Lösung für mangelndes Selbstwertgefühl. Vielmehr geht es darum, die wahren Schätze in uns zu erkennen und gleichzeitig Demut zu bewahren. Denn vieles von dem, was wir haben und sind, verdanken wir anderen.

Bei Fehlern ist es entscheidend, die Chancen für Korrekturen zu erkennen sowie uns selbst zu verzeihen und nicht andere dafür verantwortlich zu machen. Diese Fähigkeit zur Selbstvergebung ist ein wichtiger Schritt zur emotionalen Reife und inneren Ausgeglichenheit.

Die Warmherzigkeit, die wir anderen entgegenbringen, wirkt auf uns selbst zurück. Indem wir freundlich und mitfühlend mit anderen umgehen, kultivieren wir auch eine positive Einstellung zu uns selbst. Allerdings ist es wichtig zu verstehen, dass wir uns Liebe nicht erkaufen können – weder von anderen noch von uns selbst.

Um eine gesunde Beziehung zu sich selbst aufzubauen, ist Selbstreflexion unerlässlich. Der schwedische Arzt und Autor Stefan Einhorn empfiehlt in seinem Buch „Die Kunst, ein freundlicher Mensch zu sein" eine interessante Methode zur Selbsteinsicht:

„Wenn ich 75 Jahre alt wäre und auf mein Leben zurückschaute, würde ich dann zufrieden sein?" (Einhorn 2007, S. 226)

Diese Frage kann uns helfen, unsere Prioritäten zu überdenken und unseren Lebensweg zu überprüfen. Würden wir die Frage bejahen, sind wir auf dem richtigen Weg. Würde man die Frage mit einem „Nein" beantworten, wäre es an der Zeit, weiter über den eigenen Weg nachzudenken.

Eine positive Beziehung zu sich selbst ist kein Luxus, sondern eine Notwendigkeit für ein erfülltes Leben. Sie ermöglicht es uns, authentisch zu sein, unsere Grenzen zu respektieren und unser volles Potenzial zu entfalten. Indem wir lernen, uns selbst mit Freundlichkeit und Verständnis zu begegnen, legen wir den Grundstein für gesunde Beziehungen zu anderen und ein zufriedenes Leben.

6.3.2 Beziehungen in Partnerschaft und Familie

Beziehungen in Partnerschaft und Familie sind ein zentraler Aspekt unseres Lebens und haben einen erheblichen Einfluss auf unser Wohlbefinden. Eine gesunde Beziehung zu sich selbst bildet die Grundlage für erfüllende Beziehungen zu anderen. Selbstliebe und Selbstakzeptanz ermöglichen es uns, authentisch und offen in Beziehungen zu treten, ohne vom Partner die Erfüllung unserer emotionalen Bedürfnisse zu erwarten.

Einer der wichtigsten Aspekte in Beziehungen ist die Fähigkeit zu verzeihen. Stellen Sie sich vor: Morgen wachen wir auf und verzeihen uns alles. Diese Vorstellung kann eine transformative Kraft in Beziehungen entfalten. Es geht darum, Empathie für die Person zu entwickeln, die uns scheinbar verletzt hat, und zu erkennen, dass Verletzungen oft aus unseren eigenen Interpretationen und Erwartungen entstehen.

Die Fähigkeit, um Verzeihung zu bitten, ist ebenso wichtig wie die Bereitschaft zu vergeben. Dies erfordert Demut und die Einsicht in die eigenen Fehler. Interessanterweise zeigt die Erfahrung, dass sich Lösungen oft von selbst ergeben, wenn wir Probleme oder Konflikte loslassen.

In Partnerschaften und Familien ist es entscheidend, sich der Gegenwart hinzugeben, anstatt in der Vergangenheit oder Zukunft zu leben. Aufmerksamkeit für den Moment und die Anwesenheit des anderen sind wesentlich.

Die Aufmerksamkeit ist das Mittel, durch das die Freundlichkeit fließen kann. Unaufmerksamkeit hingegen kann verstörend wirken und Beziehungen belasten.

Dankbarkeit ist ein weiterer Schlüssel zu gesunden Beziehungen. Unsere eigene Denkhaltung entscheidet darüber, ob wir unserem Partner oder Familienmitgliedern mit

Mitgefühl und Solidarität begegnen. Dankbarkeit wird oft als der einfachste Weg zum Glück beschrieben und kann Beziehungen erheblich stärken.

Schließlich ist es wichtig zu erkennen, dass es viele Möglichkeiten gibt, einem Menschen etwas Gutes zu tun. Kleine Gesten der Freundlichkeit und Aufmerksamkeit können in Beziehungen Wunder bewirken und eine Atmosphäre der gegenseitigen Wertschätzung schaffen.

In gesunden Beziehungen geht es letztlich darum, einen Ort im Inneren zu finden, an dem wir uns wohlfühlen. Von diesem Ort aus können wir leichter verzeihen, Mitgefühl entwickeln und authentische Verbindungen zu unseren Partnern und Familienmitgliedern aufbauen.

6.3.3 Schüler-Lehrer-Beziehungen

In Deutschland existiert ein vielfältiges Schulsystem mit verschiedenen Schularten. Die Palette reicht von Grundschulen über Haupt-, Real- und Gesamtschulen bis hin zu Gymnasien und berufsbildenden Schulen. In diesem Bildungskontext spielt die Schüler-Lehrer-Beziehung eine zentrale Rolle für die Entwicklung und den Lernerfolg der Schüler.

Die erste fremde Beziehung eines Kindes, in der von ihm etwas gefordert wird, ist zumeist die zu einer Kindergärtnerin oder einem Lehrer oder einer Lehrerin. Diese Beziehung kann prägend sein und bietet die Chance, neue Perspektiven auf zwischenmenschliche Interaktionen zu gewinnen. Besonders für Kinder aus weniger förderlichen familiären Umfeldern kann die Schule eine wichtige Gelegenheit darstellen, positive soziale Erfahrungen zu machen und alternative Modelle für freundliches Zusammenleben kennenzulernen.

Die Qualität der Schüler-Lehrer-Beziehung wird von verschiedenen Faktoren beeinflusst. Dazu gehören strukturelle Aspekte wie die Klassengröße, die Anzahl der Lehrkräfte pro Klasse und der Anteil von Schülern mit Migrationshintergrund. Diese Faktoren können die Möglichkeiten für individuelle Betreuung und kulturellen Austausch stark beeinflussen.

Das Schulklima spielt ebenfalls eine entscheidende Rolle. Ein respektvoller und freundlicher Umgang miteinander, basierend auf klar kommunizierten und eingehaltenen Regeln, fördert positive Beziehungen zwischen Lehrern und Schülern. Dies schafft eine Atmosphäre, in der effektives Lernen und persönliche Entwicklung gedeihen können.

Im digitalen Zeitalter, in dem Informationen jederzeit verfügbar sind, verändert sich auch die Rolle der Lehrkräfte. Statt reines Faktenwissen zu vermitteln, das schnell vergessen werden kann, wird es zunehmend wichtiger, Schülern beizubringen, wie sie Informationen finden, bewerten und nutzen können. Lehrer werden zu Mentoren, die kritisches Denken und Informationskompetenz fördern.

Ein weiterer wichtiger Aspekt der Schüler-Lehrer-Beziehung ist die Förderung sozialen Engagements. Indem Lehrer ihre Schüler an ehrenamtliche Tätigkeiten heranführen, wie beispielsweise Umweltschutzaktionen oder soziale Projekte, geben sie ihnen die Möglichkeit, Empathie und soziale Verantwortung zu entwickeln. Solche Erfahrungen können das Verständnis für gesellschaftliche Zusammenhänge fördern und die Persönlichkeitsentwicklung positiv beeinflussen.

Eine gute Schüler-Lehrer-Beziehung basiert auf gegenseitigem Respekt, Vertrauen und der Fähigkeit, individuell auf die Bedürfnisse der Schüler einzugehen. Sie kann ein Katalysator für persönliches Wachstum sein und den Grundstein für lebenslanges Lernen und soziale Kompetenz legen. In einer Zeit, in der soziale und emotionale Fähigkeiten zunehmend an Bedeutung gewinnen, ist die Qualität dieser Beziehung ein Schlüsselfaktor für den Bildungserfolg und die Vorbereitung auf zukünftige Herausforderungen.

Soweit die Theorie. Doch wie sieht es in der Praxis aus? Ich habe dazu eine Grundschullehrerin, die seit sechs Jahren an einer Brennpunktschule tätig ist, sowie einen ehemaligen Sekundarschullehrer und Mitglied in der Lehrergewerkschaft befragt. Nachfolgend jeweils ein kurzer Auszug aus den Interviews. Die ausführlichen Interviews finden Sie am Ende dieses Kapitels in Abschn. 6.6.

Auszug aus Interview mit Margit Jakob, einer Grundschullehrerin, die in Sachsen-Anhalt in den Klassestufen 1 und 2 lehrt:
Wie können Sie ein Klassenklima schaffen, in dem sich alle Schüler sicher und wertgeschätzt fühlen?

> „Grundsätzlich gilt für mich, dass ich die Kinder in ihrer Persönlichkeit so annehme, wie sie sind, …" (Interview Jakob, Abschn. 6.6.2)

Das komplette Interview finden Sie am Ende dieses Kapitels in Abschn. 6.6.2.

Auszug aus dem Interview mit Werner Kohake, einem Lehrer, der viele Jahre an einer Sekundarschule in Niedersachsen unterrichtete und seit 40 Jahren in der Lehrer-Gewerkschaft Mitglied ist:
Welche Unterstützung benötigen Lehrer, um Sozialkompetenzen effektiv zu vermitteln?

> „Schule bräuchte entrümpelte Lehrpläne, kleinere Klassen, …" (Interview Kohake, Abschn. 6.6.3)

Das komplette Interview finden Sie am Ende dieses Kapitels in Abschn. 6.6.3.

6.3.4 Arbeitsbeziehungen

Arbeitsbeziehungen umfassen ein breites Spektrum von Interaktionen im beruflichen Kontext. Sie reichen von Beziehungen zwischen Kollegen auf gleicher Ebene über Vorgesetzten-Mitarbeiter-Verhältnisse bis hin zu Beziehungen zwischen Unternehmen und Selbstständigen oder Kunden. Auch die Beziehungen zwischen Arbeitnehmern und Arbeitgebern, sowie die zwischen verschiedenen Abteilungen oder Geschäftspartnern fallen in diese Kategorie.

Insbesondere das Thema Konkurrenz am Arbeitsplatz kann den Arbeitsalltag erheblich belasten und zu einem angespannten Klima führen. Wenn dieses Thema nicht aktiv angegangen wird, kann es nicht nur die Zusammenarbeit erschweren, sondern auch zu unaufrichtigen Verhaltensweisen wie übertriebener Unfreundlichkeit oder aufgesetzter Freundlichkeit führen.

Die Qualität der Arbeitsbeziehungen hat also einen erheblichen Einfluss auf die Arbeitsatmosphäre, Produktivität und letztendlich auf den Erfolg von Unternehmen und Individuen.

In diesem komplexen Geflecht von Arbeitsbeziehungen hat sich die Agentur für Freundlichkeit seit 1999 darauf spezialisiert, Organisationen dabei zu unterstützen, nachhaltige Lösungen für ihre spezifischen Herausforderungen zu entwickeln und umzusetzen. Die Agentur bietet einen wertvollen externen Blick auf Unternehmen, der oft nötig ist, um eingefahrene Verhaltensweisen zu erkennen und zu verändern. Sie unterstützt Organisationen dabei, eine Kultur der authentischen Freundlichkeit zu entwickeln, die weit über oberflächliche Floskeln hinausgeht.

„Freundlichkeit, wie wir sie verstehen, steht für einen wertschätzenden und selbstbewussten Umgang mit anderen, aber auch mit sich selbst", meint die Agentur-Chefin Tanja Baum. Denn echte Freundlichkeit muss von innen kommen und kann nicht erzwungen werden (Baum 2025).

Arbeitsbeziehungen unter Kollegen
Um freundlichere Beziehungen unter Kollegen zu fördern, ist es wichtig, über oberflächliche Interaktionen hinauszugehen. Statt sich auf Floskeln wie „Wie geht's?" mit standardisierten Antworten zu beschränken, sollten Kollegen mehr Authentizität in ihre Kommunikation bringen. Dies bedeutet, ehrliches Interesse zu zeigen und bereit zu sein, auch über persönliche Themen zu sprechen, soweit es im beruflichen Kontext angemessen ist.

Vertrauen spielt eine zentrale Rolle in kollegialen Beziehungen. Wenn wir unseren Kollegen Vertrauen entgegenbringen, ist das wie ein Geschenk, das oft erwidert wird. Es schafft eine Atmosphäre der Offenheit und Zusammenarbeit, in der Probleme leichter angesprochen und gelöst werden können.

Ein heikles, aber wichtiges Thema ist der Umgang mit unangenehmen Wahrheiten. Zum Beispiel stellt sich die Frage, wie man einem Kollegen mitteilt, dass er Mundgeruch hat. Solche Situationen erfordern Takt, Empathie und den Mut, schwierige Gespräche zu führen. Eine mögliche Herangehensweise wäre, das Thema diskret und unter vier Augen anzusprechen, mit dem Fokus darauf, dem Kollegen zu helfen, nicht ihn zu beschämen.

Demut ist eine weitere wichtige Eigenschaft für positive Arbeitsbeziehungen. Sie ermöglicht es uns, von anderen zu lernen und unsere eigenen Grenzen zu erkennen. Eine demütige Haltung wie „Ich lerne immer noch dazu" öffnet uns für neue Perspektiven und Erkenntnisse von Kollegen.

Dies fördert nicht nur die persönliche Entwicklung, sondern auch den Teamgeist und die Innovationsfähigkeit.

Wie gehen wir aber mit Menschen in besonderen Lebenslagen um, die es schwer haben, eine Berufsausbildung zu beginnen oder überhaupt am Arbeitsleben teilzunehmen?

Dazu habe ich einen Berufsschullehrer befragt, der schon seit vielen Jahren Jugendlichen in der sogenannten Berufsvorbereitung hilft, eine Ausbildung zu beginnen.

Auszug aus Interview mit Claudius Cieslak:
Wie beurteilen Sie die Situation im Ausbildungsbereich? Ist die Anzahl der Jugendlichen, die ihre Schulausbildung abbrechen oder aus anderen Gründen keinen Abschluss erreichen, in den letzten Jahren gestiegen?

> „Im Ausbildungssektor hat sich die Lage in den letzten Jahren sichtlich verschärft …" (Interview Cieslak, Abschn. 6.6.4)

Das komplette Interview finden Sie am Ende dieses Kapitels in Abschn. 6.6.4.

Unternehmertum und Selbstständigkeit
Die Einstellung von Behörden und Banken gegenüber Unternehmern und Selbstständigen in Deutschland könnte freundlicher und unterstützender sein. Oft werden sie mit Skepsis betrachtet oder mit bürokratischen Hürden konfrontiert. Um mehr Unternehmertum in Deutschland zu fördern, sind mehrere Ansätze denkbar:

Eine freundlichere Kultur des Unternehmertums erfordert ein Umdenken in verschiedenen gesellschaftlichen Bereichen. Dies bedeutet, Gründungsprozesse zu vereinfachen, steuerliche Rahmenbedingungen zu optimieren und eine Bildungslandschaft zu schaffen, die unternehmerisches Denken und Handeln von Beginn an fördert.

Entscheidend ist die gesellschaftliche Anerkennung: Unternehmer leisten einen wesentlichen Beitrag zur wirtschaftlichen Dynamik, indem sie Arbeitsplätze schaffen, Innovationen vorantreiben und wirtschaftliches Wachstum generieren. Statt sie zu kritisieren, sollten wir ihre Risiken, Herausforderungen und Leistungen wertschätzen.

Eine Kultur der Demut und des Lernens kann dabei helfen, Unternehmertum neu zu denken. Dies bedeutet, Scheitern nicht als Niederlage, sondern als Chance zur Weiterentwicklung zu begreifen, und die individuellen Erfahrungen von Selbstständigen als wertvollen Erfahrungsschatz zu betrachten.

Letztendlich geht es darum, eine Atmosphäre zu schaffen, in der unternehmerisches Engagement nicht nur toleriert, sondern aktiv ermutigt und unterstützt wird.

6.3.5 Freizeit- und Sport-Beziehungen

Freizeit- und Sportaktivitäten fördern den gesellschaftlichen Zusammenhalt, indem sie Menschen verschiedener Hintergründe zusammenbringen. Sie stärken Teamwork, bauen Vorurteile ab und fördern Toleranz. Regelmäßiger Sport verbessert nicht nur die körperliche Fitness, sondern auch die psychische Gesundheit, steigert das Selbstwertgefühl und bietet soziale Unterstützung. Dadurch tragen diese Aktivitäten zur Entstehung einer gesünderen und friedlicheren Gesellschaft bei.

Nachdem ich vor zwölf Jahren begonnen hatte, regelmäßig Yoga und Fitnesstraining zu betreiben, spürte ich eine enorme Verbesserung meiner körperlichen Kondition. Ich konnte auf einmal längere Strecken wandern, ohne erschöpft zu sein.

Auch fühlte ich mich nach dem Sport jedes Mal wohler und ausgeglichener. Aus eigener Erfahrung kann ich feststellen, dass Freizeit- und Sportaktivitäten die Freundlichkeit und die sozialen Bindungen in einzigartiger Weise fördern. Auch in Fitnessstudios, wo viele Besucher Kopfhörer tragen und dadurch weniger ansprechbar sind, können speziell eingerichtete Bereiche für freundliche Gespräche und gemeinsame Übungen die Kommunikation zwischen den Mitgliedern fördern.

Als besonders wertvoll empfinde ich generationsübergreifende Angebote wie Mehrgenerationensportplätze, die den Austausch zwischen Jung und Alt fördern. Insgesamt tragen diese Aktivitäten wesentlich zu einem freundlichen gesellschaftlichen Miteinander bei, indem sie Menschen verschiedener Hintergründe und Altersgruppen zusammenbringen und voneinander lernen lassen.

Auch in diesem Abschnitt möchte ich einen Blick in die Praxis werfen. Ich habe dazu eine Leiterin eines Fitness-Studios in Sachsen-Anhalt interviewt. Lesen Sie nachfolgend die Antworten auf zwei von mir gestellte Fragen. Das ausführliche Interview finden Sie in Abschn. 6.6.5.

Auszug aus dem Interview mit Anna-Sophie Fehst, Fitness-Trainerin und Leiterin eines Fitnessclubs in Sachsen-Anhalt:
Macht sportliche Betätigung Menschen freundlicher? Wenn ja, wie und wodurch äußert sich das?

> „Ja, Glücksgefühle werden freigesetzt. Die Menschen fühlen sich mit sich und in ihrer Haut wohler." (Interview Fehst, Abschn. 6.6.5)

Das komplette Interview finden Sie am Ende dieses Kapitels in Abschn. 6.6.5.

6.3.6 Flüchtige Beziehungen

Flüchtige Beziehungen sind kurze, oft einmalige Begegnungen zwischen Menschen im Alltag, die von einer flüchtigen Berührung im Supermarkt bis zu einem kurzen Gespräch an der Bushaltestelle reichen können. Obwohl diese Interaktionen oft als unbedeutend abgetan werden, haben sie das Potenzial, unseren Tag und unser allgemeines Wohlbefinden zu beeinflussen. Eine Grundvoraussetzung für positive flüchtige Beziehungen ist es, Menschen mit Respekt zu begegnen und Einfühlungsvermögen zu zeigen. Dies erfordert Offenheit und Toleranz gegenüber der Andersartigkeit anderer Menschen.

Selbst in schwierigen Situationen, wie Begegnungen mit aggressiven Betrunkenen oder Verkehrsteilnehmern, können Freundlichkeit und Geduld Wunder wirken. Interessanterweise zeigen Kinder oft mehr Mitgefühl gegenüber Alten, Obdachlosen und Bettlern als Erwachsene. In Situationen, in denen wir mit unhöflichem Verhalten konfrontiert werden, ist es wichtig, ruhig und freundlich zu bleiben, um die Situation zu entschärfen.

Um freundlichere Begegnungen zu fördern, gibt es verschiedene Strategien. Wenn wir uns mehr Zeit nehmen und aufmerksam zuhören, zeigen wir Respekt. Geistige Großzügigkeit, also mehr zu geben, als von einem verlangt wird, steht in einer positiven Wechselbeziehung zur Selbstachtung. Wenn möglich, sollten wir Menschen ansprechen und hilfsbereit sein, ohne dabei Bewunderung zu erwarten. Unsere Grundstimmung beeinflusst maßgeblich unsere Interaktionen, wobei Optimismus nicht nur vor Krankheit schützt, sondern auch froh und glücklich macht.

Statt uns auf das Hässliche und Unfreundliche zu konzentrieren, sollten wir unseren Blick auf die lebenswerten Dinge richten: Schönheit, Liebe, Glaube, Harmonie, Frieden und Freude. Humor kann dabei helfen, da er die Kreativität fördert und sogar körperlichen Schmerz lindern kann.

Wenn uns etwas an einem Menschen gefällt, sollten wir uns auch nicht scheuen, es z. B. durch ein ehrliches Kompliment zum Ausdruck zu bringen.

Die Kunst des Kompliments
Der Coach und Autor Rene Borbonus betont in seinem Buch „Über die Kunst, ein freundlicher Mensch zu sein" die Bedeutung von Komplimenten als „Königsdisziplin des prosozialen Verhaltens". Für ihn ist ein aufrichtiges Kompliment vor allem selbstlos, unaufgefordert und glaubwürdig.

Die Selbstlosigkeit zeige sich darin, dass die gebende Person keinen unmittelbaren Nutzen daraus ziehe, abgesehen von der Vertiefung der Beziehung.

Die Unaufgefordertheit eines Kompliments mache es zu einer Überraschung; es sollte nicht den Anschein erwecken, als ergäbe es sich zwangsläufig aus dem Gesprächsverlauf. Die Glaubwürdigkeit sei entscheidend, da ein objektiv unzutreffendes Kompliment den Eindruck erwecken könne, jemand wolle sich nur einschmeicheln und von der Beziehung profitieren (Borbonus 2024, S. 26).

Abschließend lässt sich sagen, dass freundliche flüchtige Beziehungen einen wichtigen Beitrag zu einem harmonischen Zusammenleben leisten können. Indem wir Respekt, Empathie und echte Freundlichkeit in unseren täglichen Interaktionen praktizieren, können wir nicht nur das Leben anderer, sondern auch unser eigenes bereichern.

An dieser Stelle möchte ich wieder einen Auszug aus einem Interview anfügen. Dieses Mal habe ich eine Gesellschaftswissenschaftlerin und Schriftstellerin aus Sachsen-Anhalt interviewt.

Auszug aus dem Interview mit Frau Dr. phil. Anett C. Oelschlägel, Gesellschaftswissenschaftlerin und Schriftstellerin:
Sind die Menschen Ihrer Meinung nach in den letzten Jahren unfreundlicher geworden? Wenn ja, seit wann?

> „Tendenziell ja. Seit meinem 18. Lebensjahr habe ich als DDR-Sozialisierte das Gefühl, dass die Menschen selbstbezogener und egoistischer geworden sind …" (Interview Oelschlägel, Abschn. 6.6.6)

Das komplette Interview finden Sie in Abschn. 6.6.6.

6.3.7 Interkulturelle Beziehungen

Interkulturelle Beziehungen in Deutschland beschreiben die Interaktionen und Verbindungen zwischen Menschen unterschiedlicher kultureller Hintergründe innerhalb der deutschen Gesellschaft. Diese Beziehungen haben in den letzten Jahrzehnten aufgrund von Globalisierung, Migration und der zunehmenden Diversität der Bevölkerung an Bedeutung gewonnen. Sie umfassen den Austausch von Ideen, Werten und Traditionen sowie die alltäglichen Herausforderungen und Chancen, die sich aus dem Zusammenleben verschiedener Kulturen ergeben.

Missverständnisse und Herausforderungen
Im Bereich der Freundlichkeit in Beziehungen zeigen sich deutliche Unterschiede zwischen verschiedenen Kulturen. Ich möchte dies an den folgenden beiden Beispielen aufzeigen:

Beispiel 1: Kulturelle Unterschiede in Höflichkeit und Freundlichkeit zwischen Deutschland und Japan
Die Unterschiede zwischen der deutschen und der japanischen Kultur manifestieren sich vor allem in der Art und Weise, wie Kommunikation und zwischenmenschliche Interaktionen gestaltet werden.

Im Gegensatz zu westeuropäischen Kulturen, insbesondere der deutschen, pflegt die japanische Kultur einen ausgesprochen indirekten Kommunikationsstil. Dies ist tief in der japanischen Kultur verwurzelt, die großen Wert auf die Bewahrung der Harmonie legt. Konfrontationen werden daher weitgehend vermieden.

Rene Borbonus beschreibt dieses Phänomen folgendermaßen:

„Direkte, negative Antworten wie Kritik, Abwertungen oder Anschuldigungen finden praktisch überhaupt nicht statt. Um etwas Gegensätzliches auszudrücken, wählen Japanerinnen immer indirekte Formulierungen beziehungsweise drücken sich bewusst mehrdeutig oder vage aus." (Borbonus 2024, S. 170)

Für Deutsche, die an direkte Ansagen und offene Kritik gewöhnt sind, können diese indirekten Aussagen oft so subtil sein, dass sie gar nicht als Kritik wahrgenommen werden. Dies kann zu Missverständnissen und im schlimmsten Fall sogar zum Abbruch der Kommunikation zwischen Deutschen und Japanern führen.

Beispiel 2: Kulturelle Unterschiede in Höflichkeit und Freundlichkeit zwischen Deutschen und Arabern bzw. Muslimen
Die deutsche und die arabische Kultur weisen signifikante Unterschiede in Bezug auf alltägliche Höflichkeit und

Freundlichkeit auf. Diese Unterschiede können zu Missverständnissen führen, aber auch Chancen für interkulturelles Lernen bieten. Da aus arabischen Ländern in den letzten Jahren viele Menschen nach Deutschland gezogen sind, habe ich diesem Abschnitt mehr Platz eingeräumt und gehe auch stärker auf Details ein.

Kommunikationsstil
Während Deutsche für ihre direkte Kommunikation bekannt sind, pflegen Araber einen indirekten, oft blumigen Kommunikationsstil. In der arabischen Welt wird eine indirekte Ausdrucksweise bevorzugt, die Deutsche als umständlich empfinden können (Henkel 2025).

Deutsche sagen in der Regel direkt, was sie meinen, während Araber aus Höflichkeit und um die Harmonie zu wahren, manchmal indirekt kommunizieren.

Gastfreundschaft und Spontaneität
In der arabischen Kultur hat Gastfreundschaft einen außerordentlich hohen Stellenwert. Einladungen werden oft spontan ausgesprochen und es ist üblich, Gäste jederzeit willkommen zu heißen. Deutsche hingegen planen Besuche in der Regel im Voraus.

Diese Spontaneität kann für Deutsche, die an strukturierte Abläufe gewöhnt sind, herausfordernd sein.

Zeitverständnis
Das Verständnis von Pünktlichkeit unterscheidet sich erheblich. Während Deutsche für ihre Pünktlichkeit bekannt sind, haben arabische Menschen ein flexibleres Zeitverständnis. Termine können sich verschieben oder verlängern, was Deutsche als unhöflich empfinden könnten.

Körpersprache und persönlicher Raum

In arabischen Kulturen stehen Gesprächspartner oft näher beieinander und Berührungen sind häufiger. Deutsche empfinden diese Nähe oft als unangenehm, da sie einen größeren persönlichen Abstand gewohnt sind (Henkel 2025).

Respekt und Höflichkeitsformen

In beiden Kulturen spielt Respekt eine wichtige Rolle, dieser wird aber unterschiedlich ausgedrückt. In der arabischen Welt ist es beispielsweise üblich, Titel zu verwenden und ältere Menschen besonders zu ehren. Deutsche legen oft mehr Wert auf formelle Höflichkeitsformen wie das „Sie".

Missverständnisse z. B. zwischen Deutschen und Muslimen treten häufig bei Begrüßungsritualen, Körpersprache und der Interpretation von Direktheit auf. Während in Deutschland ein fester Händedruck als höflich gilt, kann dies in einigen muslimischen Kulturen, besonders zwischen Männern und Frauen, als unangemessen empfunden werden. Lesen Sie dazu auch das Interview von Lucius Bobikiewicz am Ende dieses Abschnitts oder in der ausführlichen Version in Abschn. 6.6.7.

Ein Beispiel eines kulturellen Missverständnisses veröffentlichte die FAZ in einem ihrer Beiträge:

> **Beispiel kulturelles Missverständnis**
>
> Ein muslimischer Vater, der als Imam tätig und türkischer Herkunft ist, verweigerte bei einem Elterngespräch der Lehrerin seiner Söhne den Handschlag. Diese Geste, die in vielen westlichen Kulturen als höfliche Begrüßung gilt, wird in einigen islamischen Interpretationen zwischen nicht verwandten Männern und Frauen vermieden.
>
> Die Lehrerin interpretierte diese Verweigerung als Ausdruck von Frauenfeindlichkeit und mangelndem Respekt,

> was zur sofortigen Beendigung des Gesprächs führte. Der Vater hingegen sah in der Reaktion der Lehrerin eine Verletzung seiner religiösen Würde und kündigte rechtliche Schritte an (Feuerbach 2016).

Dieser Vorfall löste eine breite gesellschaftliche Debatte aus, die weit über die Grenzen Berlins hinausging. Er zeigt exemplarisch, wie unterschiedliche kulturelle Normen und religiöse Praktiken zu Missverständnissen führen können, insbesondere in sensiblen Bereichen wie dem Bildungswesen.

Bemerkenswert ist, dass die Schule sich später bei dem Vater entschuldigte. Dies deutet auf eine Unsicherheit in der Bewertung des Vorfalls und möglicherweise auf den Versuch hin, kulturelle Sensibilität zu zeigen und Brücken zu bauen. Gleichzeitig wirft es Fragen zur Balance zwischen kultureller Akzeptanz und den Erwartungen an Integration in der deutschen Gesellschaft auf (Feuerbach 2016).

Dieser Fall unterstreicht deutlich die Notwendigkeit eines verstärkten interkulturellen Dialogs und einer erhöhten Sensibilität für kulturelle Unterschiede im Bildungssektor und darüber hinaus. Er zeigt auch, wie wichtig es ist, Kommunikationswege zu finden. Dadurch können Respekt für unterschiedliche kulturelle Praktiken und die Grundwerte der Gleichberechtigung in Einklang gebracht werden.

Ein Interviewpartner, der selbst in einer multikulturellen Familie aufgewachsen ist, hat dazu einen pragmatischen Vorschlag. Lucius Bobikiewicz ist Sohn einer Einwanderungs-Familie. Mutter und Vater kamen 1964 aus der Ukraine nach Deutschland. Die eigenen Kinder leben heute in Großbritannien und Taiwan.

Auszug aus Interview mit Lucius Bobikiewicz, Unternehmer und Betreiber eines Coworking Spaces:
Welche Möglichkeiten sehen Sie, einen freundlichen Umgang mit Kopftuch tragenden Frauen aus Arabien zu pflegen?

> „Ich hatte schon öfters Begegnungen mit Frauen aus Arabien, die ein Kopftuch trugen. Kopftuch tragen bedeutet für Muslima nicht das, was in Deutschland manchmal gedacht wird: …" (Interview Bobikiewicz, Abschn. 6.6.7)

Das komplette Interview finden Sie in Abschn. 6.6.7.

Um das Konzept deutscher Höflichkeit und Freundlichkeit effektiv zu vermitteln, ist es wichtig, einen kultursensiblen Ansatz zu wählen. Statt die Herkunftskultur abzuwerten, sollte der Fokus auf der Erklärung des Kontexts und der Bedeutung bestimmter Verhaltensweisen in Deutschland liegen. Dabei ist es hilfreich, Gemeinsamkeiten zu betonen und die Vielfalt der Ausdrucksformen von Respekt und Höflichkeit anzuerkennen.

Erfolgreiche Methoden zur kulturübergreifenden Vermittlung von Höflichkeit umfassen interaktive Workshops, Rollenspiele und den Einsatz von interkulturellen Mediatoren. Diese Ansätze ermöglichen den Teilnehmern, verschiedene Perspektiven einzunehmen und Höflichkeitskonzepte in der Praxis zu erproben.

Konstruktiver Umgang mit Unterschieden
Offene Kommunikation ist entscheidend, um Missverständnisse aufgrund unterschiedlicher Höflichkeitskonzepte konstruktiv anzusprechen. Dadurch wird ein freier und uneingeschränkter Austausch von Gedanken, Meinungen und Ideen ermöglicht. Das Ziel sollte sein, einander besser zu verstehen und gemeinsam Wege zu finden, die

allen dienen, wodurch Brücken gebaut und konstruktive Ergebnisse erzielt werden können.

Bei der scheinbaren Missachtung tradierter Höflichkeitsregeln durch spezielle Gruppen ist es wichtig, den Dialog zu suchen und die Gründe für abweichendes Verhalten zu verstehen. Oft liegen kulturelle Unterschiede oder Missverständnisse zugrunde. Eine Kombination aus klarer Kommunikation der Erwartungen und Flexibilität im Umgang mit kulturellen Unterschieden kann in solchen Situationen hilfreich sein.

Herausforderungen für Zugewanderte und die aufnehmende Gesellschaft
Widmen wir uns zunächst den Herausforderungen für Zugewanderte:

Zugewanderte stehen oft vor erheblichen Sprachbarrieren, die die Kommunikation und Integration erschweren. Der Kulturschock, der durch die Konfrontation mit ungewohnten Normen, Werten und Alltagspraktiken entsteht, kann zu Anpassungsschwierigkeiten führen. Viele Migranten tragen zudem Traumata und psychische Belastungen mit sich, die aus Erfahrungen in ihren Herkunftsländern oder während der Flucht resultieren.

Herausforderungen für die aufnehmende Gesellschaft:
Die aufnehmende Gesellschaft sieht sich mit Ängsten und Vorurteilen konfrontiert, die oft aus Unwissenheit oder negativen medialen Darstellungen heraus entstehen. Der Integrationsdruck und Fragen der Ressourcenverteilung können zu gesellschaftlichen Spannungen führen. Zudem erlebt die Gesellschaft Veränderungen im sozialen Gefüge, die Anpassungen in verschiedenen Lebensbereichen erfordern.

Auf die Frage, wie Einheimische dazu beitragen können, ein freundlicheres und offeneres Umfeld für Einwanderer zu schaffen, antwortete ein weiterer Interviewpartner – Ulf Zschille – folgendermaßen:

„Persönliche Kontakte pflegen, Hilfe und Unterstützung anbieten, neugierig und aufgeschlossen bleiben …" (Interview Zschille, Abschn. 6.6.8)

Das komplette Interview finden Sie in Abschn. 6.6.8.

Lösungsansätze für ein besseres Miteinander
Damit ein harmonisches Zusammenleben möglich ist, sind verschiedene Strategien erforderlich. Interkulturelle Bildung und Sensibilisierung spielen eine Schlüsselrolle, um Verständnis und Empathie zu fördern. Die Schaffung von Begegnungsmöglichkeiten ermöglicht einen direkten Austausch zwischen verschiedenen Gruppen:

- Interkulturelle Feste oder Nachbarschaftsprojekte sind Beispiele für solche Begegnungen, die dazu beitragen, Vorurteile abzubauen.
- Sprachförderung und kultureller Austausch sind weitere wichtige Bausteine für erfolgreiche Integration und gegenseitiges Verständnis.

Durch Offenheit, gegenseitigen Respekt und die Bereitschaft, voneinander zu lernen, können wir eine Gesellschaft gestalten, in der interkulturelle Beziehungen als Zugewinn erlebt werden und zu einem harmonischen Zusammenleben beitragen.

Indem wir Ausdrucksweisen wie Freundlichkeit und Höflichkeit anderer Kulturen kennen und schätzen lernen, können wir diese im Alltag auch mehr und mehr als Bereicherung erleben.

Am Ende dieses Abschnitts möchte ich noch eine interessante Studie zum Thema anfügen:

Die Rolle der Freundlichkeit – Kindness-Test

„The Kindness-Test" ist eine groß angelegte Studie, die vom Sussex Centre for Research on Kindness in Zusammenarbeit mit BBC Radio 4 durchgeführt wurde (BBC 2022).

Über 60.000 Menschen aus 144 Ländern nahmen daran teil. Die Studie unterstreicht die Bedeutung von Offenheit und aktiver Kommunikation für positive zwischenmenschliche Erfahrungen. Sie zeigt auch, dass trotz kultureller Unterschiede in der Kommunikation, die bewusste Entscheidung zur Freundlichkeit und zum Austausch mit anderen Menschen zu mehr positiven Erlebnissen führen kann.

Bemerkenswerterweise zeigt der Kindness-Test, dass Menschen, die mehr mit Fremden interagieren, tendenziell mehr Freundlichkeit erleben. Der Test untersucht verschiedene Aspekte freundlichen Verhaltens und dessen Auswirkungen auf zwischenmenschliche Beziehungen.

Diese Erkenntnis wirft die Frage auf, ob Fremde möglicherweise oft freundlicher zueinander sind als Menschen, die sich bereits kennen. Dies könnte darauf hindeuten, dass kulturelle Unterschiede in der Kommunikation bei Erstkontakten weniger ins Gewicht fallen, da beide Seiten bewusst um Freundlichkeit und Verständigung bemüht sind.

6.3.8 Spiritualität in Beziehungen

Spiritualität beschreibt die Suche nach einer tieferen Verbindung mit dem Selbst, mit anderen und mit dem Universum. In Beziehungen kann Spiritualität eine transformative Kraft sein, die Verbundenheit, Mitgefühl und persönliches Wachstum fördert.

Spiritualität in Beziehungen bedeutet, den Partner als Teil eines größeren Ganzen zu sehen und die Verbindung auf einer tieferen Ebene zu pflegen. Es geht darum, über das Ego hinauszuwachsen und eine bedingungslose Form der Liebe zu kultivieren.

Die Kraft der Spiritualität ermöglicht es, in jeglicher Beziehung Verbindung auf einer tieferen Ebene zu erleben und zu pflegen. Durch spirituelle Praktiken wie Meditation oder gemeinsames Gebet können Partner lernen, präsenter füreinander zu sein und achtsamer miteinander umzugehen.

In schwierigen Lebenssituationen wie bei Suchterkrankungen, Depressionen oder Verlusten kann Spiritualität eine Quelle der Kraft und des Trostes sein. Sie bietet eine Perspektive jenseits des unmittelbaren Leidens und kann helfen, einen tieferen Sinn zu finden. Spirituelle Gemeinschaften können zudem wichtige Unterstützung bieten.

Wie Spiritualität in besonderen bzw. schwierigen Lebenslagen hilfreich sein kann, habe ich den evangelischen Pfarrer und Seelsorger Friedrich Wegner gefragt:

> „Als gläubiger Mensch, der sich im spirituellen Sinne getragen fühlt, bin ich mir bewusst: Ich lebe im Vorletzten, nicht im Letzten. Diese Welt ist nicht die ganze Wirklichkeit …" (Interview Wegner, Abschn. 6.6.9)

Das ausführliche Interview lesen Sie bitte in Abschn. 6.6.9.

Geben und Empfangen im Alltag

Die Volksweisheit „Wie ich gebe, werde ich empfangen" lässt sich im Alltag vielfältig umsetzen. Es kann bedeuten, dem Partner mit Respekt und Achtsamkeit zu begegnen, als wäre er ein wichtiger Gast – selbst nach vielen Jahren der Beziehung.

Es kann auch heißen, sich bewusst Zeit füreinander zu nehmen und alle Formen der Intimität zu pflegen – körperlich, emotional und spirituell (Haardt 2025).

Freundlichkeit in einer hektischen Welt
In unserem schnelllebigen und von egoistischen Wünschen geprägten Alltag kann Spiritualität helfen, eine freundlichere Perspektive einzunehmen. Eckhart Tolle betont:

> „Das Wichtigste ist, dem Jetzigen freundlich zu begegnen." (Tolle 2020)

Diese Haltung ermöglicht uns, präsenter und mitfühlender mit uns selbst und mit anderen zu sein.

Spiritualität lehrt uns darüberhinaus, unsere eigenen Geschichten und Vorurteile loszulassen. Wie Marianne Williamson sagt:

> „Spirituelles Wachstum heißt, die Geschichten aus der Vergangenheit aufzugeben, damit sich das Universum neue ausdenken kann." (Williamson 2014a, S. 52)

Dies öffnet den Raum für neue, positivere Erfahrungen in unseren Beziehungen (Williamson 2014a, S. 52).

Die Bedeutung der Selbstliebe
Ein zentraler Aspekt spiritueller Beziehungen ist die Kultivierung von Selbstliebe.

Das biblische Gebot

> „Du sollst deinen Nächsten lieben wie dich selbst" (Matthäus 22,37–39 2025)

unterstreicht die Wichtigkeit, zuerst mit sich selbst in Frieden zu sein.

Nur wenn wir uns selbst akzeptieren und lieben, können wir diese Liebe auch authentisch an andere weitergeben.

Fazit
Spiritualität in Beziehungen bedeutet, jeden Tag bewusst die Entscheidung für die Liebe zu treffen. Anstatt uns von negativen Gedanken wie „Das hat ja eh keinen Sinn" oder „Es wird immer schlimmer" leiten zu lassen, können wir uns dafür entscheiden, das Wort „LIEBE" auf unsere tägliche Lebenstafel zu schreiben. Diese bewusste Wahl kann unsere Beziehungen und unser gesamtes Leben transformieren. Die Beziehung zwischen Spiritualität und Freundlichkeit lässt sich abschließend folgendermaßen charakterisieren:

Freundlichkeit ist eine „Ur-Sache", also tief im Mensch-Sein angelegt. Spiritualität kann dazu beitragen, die „Ur-Sache" freizulegen.

6.4 Falsche Freundlichkeit

Falsche Freundlichkeit ist ein Phänomen, das in unserer modernen Gesellschaft und in unserem Kulturkreis zunehmend an Bedeutung gewinnt. Da zwischenmenschliche Beziehungen oft oberflächlich und flüchtig sind, manifestiert sich diese Form der Interaktion als eine subtile, aber weit verbreitete Form der sozialen Manipulation.

Sie präsentiert sich als scheinbar wohlwollende Geste, verbirgt jedoch oft eigennützige Motive oder eine Vermeidung von Konflikten. Im Gegensatz zu echter Freundlichkeit, die aufrichtig ist und keine Gegenleistung erwartet, ist falsche Freundlichkeit oberflächlich und berechnend. Während echte Freundlichkeit die Grenzen anderer respektiert und in verschiedenen Situationen konsistent bleibt, kann falsche Freundlichkeit aufdringlich sein und je nach Situation und Publikum variieren.

„Freunde", die es nicht gut mit uns meinen, greifen oft auf psychologische Techniken zurück, um ihre Ziele zu erreichen. Dazu gehört u. a. die Realitätsverzerrung: Dabei wird die Wahrnehmung der Realität des Opfers in Frage gestellt.

Eine weitere Technik der falschen Freundlichkeit ist die sogenannte „Liebesüberflutung". Diese zeichnet sich durch drei Hauptmerkmale aus:

1. Übertriebene Zuneigung zu Beginn einer Beziehung
2. Das Erzeugen von Schuldgefühlen beim Partner
3. Das Einbeziehen anderer Personen in Konflikte, was zu einer Art Dreiecksbeziehung führt

Diese Verhaltensweisen dienen dazu, den Partner zu manipulieren und eine ungesunde Beziehungsdynamik zu schaffen.

Manchmal ist falsche Freundlichkeit auch als Gutsein getarnt oder sie verbirgt unter einer scheinheilig freundlichen Fassade aggressive Gefühle.

Es gibt spezifische Verhaltensweisen, die auf falsche Freundlichkeit hindeuten können. Dazu zählen übertriebenes Lob oder Komplimente, Inkongruenz zwischen Worten und Körpersprache, selektive Freundlichkeit, die nur gezeigt wird, wenn andere zuschauen, passive Aggressivität und ein Mangel an Empathie trotz freundlichen Auftretens.

Um sich vor falschen Freunden zu schützen, ist es wichtig, auf sein Bauchgefühl zu hören, klare Grenzen zu setzen und zu kommunizieren. Beobachten Sie die Konsistenz im Verhalten Ihres Gegenübers und gehen Sie vorsichtig mit persönlichen Informationen um. Lassen Sie sich nicht manipulieren oder unter Druck setzen.

Um Stigmatisierung und Missverständnisse zu vermeiden, ist es wichtig zu beachten, dass die Bewertung von echter oder falscher Freundlichkeit stark kulturell geprägt ist. Was in einer Kultur als aufrichtig gilt, kann in einer anderen als unaufrichtig wahrgenommen werden.

Zudem sind sich viele Menschen ihrer als falsch empfundenen Freundlichkeit oft gar nicht bewusst, da sie dieses Verhalten von Eltern, Lehrern oder Vorgesetzten übernommen und internalisiert haben. Eine differenzierte und kultursensible Betrachtung ist daher unerlässlich, um vorschnelle Urteile zu vermeiden und interkulturelle Kompetenz zu fördern.

6.5 Übungen zur Entwicklung emotionaler Kompetenz

Die folgenden Zeilen führen Sie durch eine Reihe von Praktiken, die darauf abzielen, Ihr emotionales Verständnis und Ihre Fähigkeiten zu vertiefen.

Wir beginnen mit der grundlegenden Selbstreflexion, die uns hilft, unsere eigenen Gefühle besser zu verstehen und zu navigieren. Darauf aufbauend erkunden wir Achtsamkeitsübungen, die unsere Präsenz im Moment stärken und uns lehren, bewusster mit unseren Emotionen umzugehen. Ein weiterer wichtiger Aspekt sind Techniken zur Förderung von Empathie. Wir betrachten auch Übungen zur Körperwahrnehmung, die die enge Verbindung zwischen unseren physischen Empfindungen und emotionalen Zuständen verdeutlichen.

Schließlich behandeln wir den oft herausfordernden, aber ungemein befreienden Prozess der Vergebung, der eine zentrale Rolle in der emotionalen Heilung und persönlichen Weiterentwicklung spielt.

Selbstreflexion und Emotionstagebuch:
Führen Sie ein Tagebuch über Ihre täglichen Emotionen. Notieren Sie, welche Gefühle Sie im Laufe des Tages erleben, in welchem Kontext sie auftreten und analysieren Sie Muster. Dies fördert das Bewusstsein für die eigenen Emotionen.

Achtsamkeitsübungen:
Praktizieren Sie Achtsamkeit durch Meditation oder Atemübungen. Dies hilft Ihnen, im Moment präsent zu sein und Ihre Gefühle bewusster wahrzunehmen.

Emotionen benennen und beschreiben:
Üben Sie, Ihre Gefühle präzise zu benennen und zu beschreiben, anstatt sie nur grob zu kategorisieren. Verwenden Sie dafür einen erweiterten Emotionswortschatz. Dabei handelt es sich um ein vielfältiges Vokabular zur genauen Beschreibung von Gefühlen. Dadurch ist es möglich, emotionale Zustände differenziert auszudrücken, statt sie nur in grobe Kategorien wie „gut" oder „schlecht" einzuordnen.

Körperwahrnehmung:
Achten Sie bewusst auf körperliche Empfindungen, die mit Emotionen einhergehen. Wo und wie spüren Sie bestimmte Gefühle in Ihrem Körper?

Perspektivwechsel und Empathie-Übungen:
Versuchen Sie, sich in andere hineinzuversetzen. Beobachten Sie Menschen in Alltagssituationen und versuchen Sie, ihre Emotionen zu „lesen".

Wichtig erscheint mir in diesem Zusammenhang auch, Menschen nicht als Dinge zu betrachten oder zu benutzen. Denn:

„[…] betrachten wir unsere Mitmenschen nicht als lebendige Individuen, sondern als Dinge, vergleichbar einem Kühlschrank oder einer Straßenlaterne, so erlauben wir uns auch, sie zu manipulieren und ihnen sogar Gewalt anzutun." (Ferrucci 2006b, S. 104)

meint Piero Ferrucci. Wenn jedoch unser Einfühlungsvermögen entwickelt ist, erleben wir unser Dasein als farbiger und nachhaltiger.

Emotionsregulation:
Erlernen Sie Techniken zur Emotionsregulation, wie tiefes Atmen, bis 10 zu zählen oder positive Umdeutung (Reframing) in stressigen Situationen.

Wertereflexion:
Reflektieren Sie über Ihre persönlichen Werte. Dies kann Ihnen helfen, die Wurzeln Ihrer emotionalen Reaktionen besser zu verstehen.

Diese Übungen sollten regelmäßig praktiziert werden, um langfristig die emotionale Kompetenz zu verbessern. Sie fördern Selbstwahrnehmung, Empathie und die Fähigkeit, mit eigenen und fremden Emotionen konstruktiv umzugehen. Empfehlenswert ist hier das Buch von Matthias Berking „Training emotionaler Kompetenzen" (Berking 2015), siehe auch https://tekonline.info.

Vergebung:
Vergebung ist ein überaus wirkmächtiger Akt der Gedankenhygiene, der einer „Reinwaschung" entspricht. Es handelt sich um einen komplexen psychologischen und emotionalen Prozess. Dabei lässt eine Person negative Gefühle und Gedanken gegenüber jemandem los, der sie verletzt oder ihr Unrecht zugefügt hat.

Es ist eine bewusste Entscheidung, Groll, Wut oder Rachegefühle aufzugeben und stattdessen eine positivere Einstellung einzunehmen.

Es ist wichtig zu betonen, dass Vergebung ein individueller Prozess ist, der Zeit und Geduld erfordert. Studien haben gezeigt, dass die Fähigkeit zu vergeben mit zahlreichen positiven Auswirkungen verbunden ist, darunter eine Verbesserung der psychischen und physischen Gesundheit, eine Reduktion von Stress und Angst sowie eine Stärkung zwischenmenschlicher Beziehungen.

Der Artikel von Johns Hopkins Medicine (siehe nachfolgenden Link) fasst die positiven Auswirkungen von Vergebung auf die psychische und physische Gesundheit zusammen, einschließlich der Verbesserung von Cholesterinwerten, Schlaf, Blutdruck sowie der Reduktion von Angst, Depression und Stress: https://www.hopkinsmedicine.org/health/wellness-and-prevention/forgiveness-your-health-depends-on-it (Johns Hopkins Medicine 2025).

Nicht ohne Grund ist Vergebung Teil des „Vater unser" – des bekanntesten aller christlichen Gebete.

Das Verurteilen eines Menschen kann als das Gegenteil von Vergebung betrachtet werden. Wir verschließen uns damit der Möglichkeit, durch Vergebung in eine neue Freiheit der Beziehung zu gelangen (Williamson 2014b, S. 64).

Vergebung stellt ein machtvolles Werkzeug zur persönlichen Heilung und Entwicklung dar. Sie ermöglicht es Menschen, sich von der Last negativer Emotionen zu befreien und ein erfüllteres, friedvolleres Leben zu führen.

Zusammenfassend lässt sich sagen, dass die Entwicklung emotionaler Kompetenz ein lebenslanger Prozess ist, der durch gezielte Übungen und Trainingsmethoden unterstützt werden kann. Von einfachen Alltagsübungen für Kinder bis hin zu strukturierten Programmen für Jugendliche und Erwachsene gibt es vielfältige Möglichkeiten, diese wichtigen Fähigkeiten zu fördern und zu stärken.

6.6 Interviews

Während der Recherche für dieses Buch führte ich auch zahlreiche Interviews zum Thema Freundlichkeit. Dabei war es mir ein besonderes Anliegen, Menschen aus verschiedenen Berufen und Altersgruppen zu befragen. Das Spektrum der Gesprächspartner reichte vom Hirnforscher über den Berufsschullehrer, die Grundschullehrerin, die Geisteswissenschaftlerin, den Psychologen, die Fitnesstrainerin bis hin zum Seelsorger und Unternehmer. Dank ihrer vielfältigen Perspektiven entstand ein facettenreiches Bild von Meinungen und Vorstellungen über Freundlichkeit.

Die Auswahl der folgenden Interviews gibt Einblick in die gewonnenen Erkenntnisse und zeigt, wie unterschiedlich und zugleich universell das Konzept der Freundlichkeit in unserer Gesellschaft verstanden und gelebt wird.

6.6.1 Interview mit Prof. Dr. Gerald Hüther

Prof. Dr. Gerald Hüther ist ein renommierter Neurobiologe und Autor zahlreicher populärwissenschaftlicher Bücher. Ich lernte ihn persönlich bei einer Veranstaltung seiner Akademie für Potenzialentfaltung kennen, deren Mitglied ich selbst geworden bin. Seitdem pflegen wir einen regen Austausch.

Welche neurobiologischen Faktoren beeinflussen Freundlichkeit und prosoziales Verhalten?	„Das sind die im Verlauf des bisherigen Lebens gemachten und in Form von neuronalen Verschaltungen im Gehirn (Frontalcortex) herausgebildeten Verknüpfungen. Sie bilden die Grundlage für das, was wir als unser Denken, Fühlen und Handeln be-

	stimmende innere Einstellungen und Haltungen bezeichnen."
Welcher Zusammenhang besteht zwischen der Freundlichkeit und dem Wohlbefinden eines Menschen?	„Hier muss unterschieden werden zwischen einer Freundlichkeit, um die man sich bemüht, weil sie von anderen erwartet wird, und einer Freundlichkeit, die jemand von innen heraus (als Haltung anderen Menschen gegenüber) zeigt. Wenn sich jemand auf diese von Innen als Haltung kommende Weise freundlich verhält, ist das kohärent und beglückend, auch dann, wenn dieses freundliche Verhalten nicht erwidert oder beantwortet wird."
Welche Rolle spielt Empathie für ein freundlicheres Miteinander und wie kann sie gefördert werden?	„Empathie ist eine Fähigkeit, mit der alle Menschen auf die Welt kommen, sie kann nicht gefördert, aber sehr leicht durch negative Erfahrungen unterdrückt werden."
Wie wirken sich Stress und Zeitdruck auf unser Sozialverhalten aus und was können wir dagegen tun?	„Stress und Zeitdruck sind primär die Folge der Unfähigkeit einer Person, Ihr Handeln an bestimmten Schwerpunkten auszurichten. Wer alles gleichzeitig will und allem gerecht zu werden versucht, hat zwangsläufig Stress und keine Zeit."
Welche Bedeutung hat zwischenmenschliche Verbundenheit für unser Wohlbefinden und wie kann sie gefördert werden?	„Mit anderen verlässlich verbunden zu sein, ist ein Grundbedürfnis des Menschen, das solange gestillt werden kann, wie ein Mensch beim Heranwachsen nicht von anderen wie ein Objekt behandelt wird."

Wie können Bildungseinrichtungen dazu beitragen, soziale Kompetenzen und Freundlichkeit zu stärken?	„Indem in solchen Einrichtungen praktisch erfahrbar gemacht wird, wie beglückend es sein kann, zu anderen freundlich zu sein, und indem man gemeinsam mit diesen anderen ein Anliegen verfolgt, das allen Beteiligten gleichermaßen am Herzen liegt."
Welche Auswirkungen hat die zunehmende Digitalisierung auf unser Sozialverhalten und wie können wir dem begegnen?	„In Australien haben die verantwortlichen Erwachsenen offenbar bemerkt, wie negativ sich die massive Nutzung digitaler Medien in Form der sehr intensiven Aktivitäten von Kindern und Jugendlichen auf sozialen Austauschplattformen auswirkt. Deshalb soll die Nutzung dieser Sozialen Medien erst ab dem 16. Lebensjahr erlaubt werden."
Wie können wir unsere Kommunikationskultur verbessern, um mehr Verständnis und Respekt füreinander zu entwickeln?	„Wir dürften einander nicht mehr länger zu Objekten unserer jeweiligen Absichten und Erwartungen, Belehrungen und Bewertungen oder gar Maßnahmen machen."
Welche politischen Maßnahmen könnten ein freundlicheres gesellschaftliches Klima fördern?	„Solang politische Maßnahmen primär der Umsetzung wirtschaftlicher Interessen dienen, bleiben Konkurrenz- und Leistungsdruck die bestimmenden Erfahrungen der Menschen in einer solchen Gesellschaft."

Wie lässt sich das Gemeinschaftsgefühl in einer zunehmend individualisierten Gesellschaft stärken?	„Durch ein gemeinsames Anliegen, das alle miteinander verfolgen und das den Einzelnen so wichtig ist, dass sie bereit sind, ihre jeweiligen Partikularinteressen zurückzustellen."
Wie können wir lernen, besser mit Konflikten und Meinungsverschiedenheiten umzugehen?	„Wir müssten es wirklich wollen, dann fänden wir auch die dafür geeigneten Wege. Wer kein Bedürfnis hat, mit anderen nach gemeinsamen, für alle Seiten günstigen Lösungen zu suchen, macht das auch nicht. Dem helfen auch keine Kurse."
Welche Ursachen könnten das aggressive und wütende Verhalten mancher Jugendlicher haben?	„Wut ist ein Gefühl, das sich als inneres Signal immer dann auszubreiten beginnt, wenn jemand erleben muss, dass sein Grundbedürfnis nach eigenen Gestaltungsmöglichkeiten, nach Autonomie und Freiheit verletzt wird. Offenbar erleben das Jugendliche besonders häufig und reagieren darauf mit wütender Gegenwehr."

6.6.2 Interview mit Margit Jakob

Margit Jakob arbeitet seit sechs Jahren als Grundschullehrerin in einer Brennpunkt-Schule mit einem hohen Anteil an Kindern mit Migrationshintergrund. Sie lehrt mit Leib und Seele nicht nur Lesen, Schreiben und Rechnen, sondern zeigt Kindern auch Wege zu friedlichem Zusammenleben, Toleranz und Freundlichkeit.

Wie können Sie als Lehrerin ein Vorbild für freundliches Verhalten sein?

„Ich nehme Kinder ernst und behandle sie freundlich."

Welche Aktivitäten oder Spiele fördern Zusammenarbeit und gegenseitigen Respekt unter den Schülern?

„Gespräche im Klassenrat, Spaziergänge, allgemeine Lernspiele, kooperative Lernformen, wie zum Beispiel Gruppenarbeit. Bei kleinen Vorträgen gibt es Applaus auch für Kinder, denen es schwerfällt."

Wie können Sie Empathie und Mitgefühl im Klassenzimmer lehren und fördern?

„Indem ich selbst empathisch und mitfühlend agiere, auch kleine Probleme ernst nehme und versuche, diese im vertrauensvollen Gespräch zu klären, fördere ich ein gutes Miteinander."

Welche Arbeitsbedingungen müssten sich ändern, damit Sie besser arbeiten können?

„Um den Anforderungen einer großen Schule mit vielen Kindern aus teilweise schwierigen sozialen Umfeldern, mit Migrationshintergrund und zahlreichen psychosozialen Auffälligkeiten gerecht zu werden, braucht es genügend Personal, gute räumliche, kinderfreundliche Bedingungen und eine angemessene technische Ausstattung.

Mit der Problematik großer Klassen sehr heterogener Zusammensetzung werden Lehrer alleingelassen und erfahren zudem auch gesellschaftlich wenig Wertschätzung. Es kostet zuweilen sehr viel Kraft bei immer mehr administrativen Aufgaben und hohem Krankenstand, den Anforderungen an guten Unterricht gerecht zu werden. Da bleiben bisweilen Freundlichkeit und Gelassenheit auf der Strecke."

Welche Strategien haben sich bewährt, um Konflikte zwischen Schülern friedlich zu lösen?
„Ich versuche, Ruhe und Gelassenheit auszustrahlen, gebe den Kindern Struktur und Regeln. Das minimiert schon im Vorfeld mögliche Konflikte. Grundsätzlich gibt es immer ein Gespräch, wenn Konflikte entstanden sind. Ich bemühe mich, beide Seiten anzuhören, den Konflikt aufzuzeigen und die Kinder anzuhalten, sich beim Gegenüber zu entschuldigen."

Wie können Sie ein Klassenklima schaffen, in dem sich alle Schüler sicher und wertgeschätzt fühlen?
„Grundsätzlich gilt für mich, dass ich die Kinder in ihrer Persönlichkeit so annehme, wie sie sind, sie mag und wertschätze. Das gibt Ihnen die Sicherheit, dass ich für sie da bin. Ich zeige Ihnen ihre Stärken und ermuntere sie, diese auszuleben. Bei Misserfolgen ermutige ich sie, diese als Lernaufgabe zu sehen und nicht als Schwäche zu betrachten."

Welche Möglichkeiten gibt es, positive Verhaltensweisen und freundliche Gesten der Schüler zu belohnen oder hervorzuheben?
„Ich lobe die Kinder bei freundlichem Verhalten grundsätzlich nur verbal. Ein Belohnungssystem lehne ich inzwischen ab, weil Kinder dadurch unnötig in Wettbewerb treten."

Wie können Sie Eltern einbeziehen, um freundliches Verhalten auch außerhalb der Schule zu fördern?	„Ich führe regelmäßige Elterngespräche, reflektiere mit Ihnen über das schulische Verhalten ihrer Kinder und wirke so vermutlich auch auf das Verhalten der Kinder außerhalb der Schule ein."
Welche Methoden nutzen Sie, um Schüler zu ermutigen, aufeinander zuzugehen und neue Freundschaften zu schließen?	„Ich gehe selbst freundlich auf Kinder zu, wirke hierbei als Vorbild. Kindern fällt es vermutlich dadurch leichter, Freundschaften zu schließen. Besondere Methoden brauche ich dafür nicht."
Wie gehen Sie mit Mobbing oder ausschließendem Verhalten in der Klasse um?	„Ich spreche die Situation sofort an, vertage sie nicht, auch wenn dafür Unterrichtszeit verwendet werden muss. In einem schlechten Klassenklima ist guter Unterricht nicht möglich. Der wöchentliche Klassenrat wird intensiviert, alle Kinder sind angehalten, sich an den Gesprächen zur Lösung der Probleme zu beteiligen."
Wie können kulturelle Unterschiede genutzt werden, um gegenseitiges Verständnis und Respekt unter den Schülern zu fördern?	„Meine Erfahrung zeigt, wenn ich als Lehrerin dafür sorge, dass die Kinder mit dem Gefühl in der Klasse sitzen: ‚Hier bin ich ein wichtiger Teil des Ganzen und werde so akzeptiert, wie ich bin, egal, welche Sprache ich spreche oder welche Hautfarbe ich habe, usw …'

	Wir erzählen uns zum Beispiel von verschiedenen Festen und Traditionen, z. B. dem Weihnachtsfest oder dem Ramadan, und zeigen, dass jede Lebensweise ihre Berechtigung hat."
Welche Strategien haben sich bewährt, um Sprachbarrieren zu überwinden und eine inklusive, freundliche Kommunikation zwischen allen Schülern zu ermöglichen?	„Es ist wichtig, den Kindern das Gefühl zu geben, dass sie alles lernen werden. Man muss Ihnen Zeit geben, vieles kann am Anfang nonverbal kommuniziert werden. Freundliche Gesten, Handlungen und Zuwendung schaffen Vertrauen und Motivation."
Welche Missverständnisse treten häufig auf, wenn es um Höflichkeit und Freundlichkeit zwischen verschiedenen Kulturen geht?	„Bei Kindern gibt es meiner Erfahrung nach weniger Missverständnisse als bei Erwachsenen. In einigen Ländern aber, zum Beispiel in Südost-Europa, gilt Nicken als Nein und Kopfschütteln als Ja. Das ist, wenn man es nicht weiß, in der Kommunikation erst einmal verwirrend."

6.6.3 Interview mit Werner Kohake

Werner Kohake war viele Jahre als Lehrer, vor allem im Sekundarbereich, tätig. Er ist seit über 40 Jahren nach wie vor Mitglied in der Gewerkschaft Erziehung und Wissenschaft (GEW). Seinen Beruf als Lehrer empfand er viele Jahre als Berufung.

Der Diskurs um die von Georg Picht 1964 vorausgesagte „Bildungskatastrophe" in der BRD (Picht zit. n. Tenorth 2017, Webseite) beeinflusste Werner Kohake Anfang der 70er-Jahre, ein Lehramtsstudium in Münster aufzunehmen. Seine langjährige Tätigkeit gerade in der „Restschule Hauptschule" war geprägt von dem Wunsch, die Bildungsbeteiligung besonders dieser Schülerinnen und Schüler zu erhöhen. Die Herausforderungen dieser über Jahrzehnte von der Politik vernachlässigten Schulform und die Heterogenität der Schülerschaft brachten ihn nach seinem Empfinden am Ende des Berufslebens allerdings immer mehr an den Rand seiner körperlichen und seelischen Belastbarkeit.

Welche Rolle spielen Lehrer als Vorbilder für respektvollen Umgang?

„Sie spielen eine große Rolle. Ich halte sie für total wichtig. Die meisten Kolleginnen und Kollegen haben sich um Freundlichkeit bemüht. Aber ein Fünftel hat sich nicht mehr darum bemüht, sie waren nur noch frustriert. Wenn man selbst als Lehrer ausgebrannt ist, hat man kaum noch Kraft für Freundlichkeit. Hinzu kommen die großen Klassenstärken von 25 und mehr Schülern.

Wenn Lehrer allzu kumpelhaft agieren, dann kann es sein, dass Schüler sagen, der schleimt sich bei uns ein. Es fehlt dann der Respekt. Das ist falsch verstandene Freundlichkeit der Lehrer."

Gab es spezielle Programme oder Initiativen an Ihrer Schule, die auf die Förderung von Sozialkompetenzen abzielen?

„Die Schüler und Lehrer hatten gemeinsam ein Regelwerk erarbeitet mit Themen wie Verhalten und Umgang in der Klasse …

Wir hatten einen sozialen Trainingsraum. Dorthin wurden Schüler, die sich nicht an die Regeln hielten, mit einem Laufzettel geschickt. Sie konnten dort über ihr Verhalten nachdenken. Bei dreimaligem Aufenthalt im Trainingsraum wurden die Eltern informiert."

Wie können Eltern besser in die Entwicklung von Sozialkompetenzen ihrer Kinder einbezogen werden?

„Eltern sollten ihren Zöglingen bestimmte Formen von Sozialverhalten beibringen. Das funktioniert nur, wenn Papa und Mama selber freundlich und respektvoll miteinander umgehen. Sie haben eine Bring-Schuld. Eltern sollten den Kindern beibringen, wie z. B. gemeinsames Essen, Tischdienste und andere Aufgabenverteilung in der Familie gelingen können. Auch das Setzen von Grenzen gehört zur Erziehung im Elternhaus. Ich meine nicht das Vor-den-Fernseher-Setzen.

Leider kamen in meiner Lehrerzeit nur 30 % zum Elternabend. In Schulen in der Schweiz oder in Waldorfschulen werden die Eltern verpflichtet, sich mit einzubringen."

Welche Herausforderungen sehen Sie bei der Vermittlung von Werten wie Respekt und Höflichkeit in einer diversen Schulgemeinschaft?

„Ich sehe hier große Probleme, weil die Schüler mit unterschiedlichen Erwartungen und häuslichen Erziehungsstilen in die Schule kommen. Auch bringen sie unterschiedliche kulturelle Verhaltensweisen mit. Die Erziehung in vielen muslimischen Elternhäusern, verbunden mit der Bevorzugung von männlichen Kindern, ist aus westlicher Sicht problematisch."

Inwiefern beeinflussen digitale Medien und soziale Netzwerke das Sozialverhalten der Schüler?

„Ganz gewaltig. Meine Schüler verbrachten viel Zeit damit, Musik zu hören, gewaltzeigende Videos zu schauen … Die Medienerziehung kommt da gar nicht mehr hinterher. In der Hauptschule schauen über 50 % in den Pausen auf ihr Handy. In der Zeit, wo sie ihren Kopf frei bekommen sollten, flößen sie sich noch andere Informationen ein, die nicht förderlich sind. Der Lernerfolg ist dadurch erheblich eingeschränkt."

Welche Rolle spielt das Schulklima bei der Förderung von positivem Sozialverhalten?

„Das spielt eine große Rolle. Es gelingt in der Schule, die es hinbekommt, einen guten Umgangston zu pflegen und einzufordern. Auch dass man als Lehrer wegen des hohen Anteils an Migranten nicht den Kontakt zu den Schülern verliert. Dies ist am ehesten erreichbar, wenn die Klassen klein sind."

Wie können Konflikte zwischen Schülern als Lernchancen für respektvollen Umgang genutzt werden?	„Wir hatten sogenannte Konfliktlotsen, die waren ausgebildet, um niederschwellige Übertretungen im Miteinander zu lösen.

Schüler lernen angemessenes Verhalten, wenn ihnen Lehrer des Vertrauens mit der nötigen Güte begegnen und erklären, warum ihr respektloses Verhalten so nicht akzeptiert werden kann." |
| Welche Unterstützung benötigen Lehrer, um Sozialkompetenzen effektiv zu vermitteln? Wie kann das Curriculum angepasst werden, um mehr Raum für die Entwicklung von Sozialkompetenzen zu schaffen? | „Die Schulen bräuchten entrümpelte Lehrpläne, kleinere Klassen, einen freundlicheren Umgang des Kultusministeriums und der Gesellschaft mit den Lehrern."

„Das Curriculum ist viel zu umfangreich. In der Grundschule müsste das Lernen mehr gelehrt werden, also wie man lernt. Auch das Trainieren bräuchte mehr Platz.

In den Haupt- und Sekundarschulklassen könnten bestimmte Sachthemen gestrichen oder gekürzt werden. Ein Schüler, der weiß, wo man etwas findet, was man wissen muss, der weiß auch, wie man sich benimmt." |
| Wie können Schüler selbst in die Gestaltung eines respektvollen Schulumfelds einbezogen werden? | „Indem sie Schulregeln in Projektwochen gemeinsam erarbeiten und dann für alle verbindlich beschließen." |

Welche Unterschiede beobachten Sie im Verhalten und in den Umgangsformen zwischen einheimischen Schülern und denen aus anderen Ländern?

„Ich sehe keine großen Unterschiede. Es gibt einheimische Schüler, die sind verwahrlost und traumatisiert. Das sehe ich bei Schülern anderer Kulturen auch.

Die größten Probleme sehe ich bei muslimischen Jungs, weil die Erziehung von Jungs und Mädchen in muslimischen Elternhäusern unterschiedlich ist."

Wie kann die Schule eine Brücke zwischen den möglicherweise unterschiedlichen Vorstellungen von Höflichkeit und Respekt in den Herkunftsländern und in Deutschland schlagen?

„Bei gut integrierten Migranten ist es möglich, bei Teilnahme an gemeinsamen Schulveranstaltungen offen über Differenzen zu sprechen."

Welche Strategien haben sich als erfolgreich erwiesen, um gegenseitigen Respekt und Höflichkeit zwischen allen Schülergruppen zu fördern?

„Ein gemeinsam erarbeitetes, verbindliches Regelwerk mit Sanktionierung bei Regelverstößen."

Inwiefern können interkulturelle Kompetenzen der Lehrkräfte dazu beitragen, ein freundlicheres Miteinander zu fördern?	„Es kann deutlich helfen, wenn Lehrer über die verschiedenen Weltanschauungen und religiösen Regeln Bescheid wissen. Auch die Offenheit und Bereitschaft, mit den Eltern und Schülern zu diskutieren, kann gegenseitiges Verständnis fördern."
Welche Rolle spielen Sprachbarrieren bei der Entwicklung von Höflichkeit und Freundlichkeit, und wie können diese überwunden werden?	„Das Erlernen der deutschen Sprache ist wichtig. Sprachkurse und Sprachunterricht sollten gefördert und die Teilnahme verpflichtend gemacht werden."

6.6.4 Interview mit Claudius Cieslak

Claudius Cieslak ist ein engagierter Personal Coach und Bildungsbegleiter, der sich durch seinen ganzheitlichen Ansatz auszeichnet. Besonders bemerkenswert sind seine beachtlichen Erfolge bei der Förderung von Schulabbrechern. Mit seiner einfühlsamen und innovativen Herangehensweise gelingt es ihm, junge Menschen zu motivieren und ihnen neue Perspektiven zu eröffnen. Im Interview teilt Cieslak wertvolle Einblicke in seine Methoden und die Bedeutung von Freundlichkeit in der Bildungsbegleitung, die zeigen, wie positive Veränderungen durch empathische Unterstützung bewirkt werden können.

Wie beurteilen Sie die Situation im Ausbildungsbereich? Ist die Anzahl der Jugendlichen, die ihre Schulausbildung abbrechen oder aus anderen Gründen keinen Abschluss erreichen, in den letzten Jahren gestiegen?

„Im Ausbildungssektor hat sich die Lage in den letzten Jahren sichtlich verschärft. Dies ist besonders beim Anstieg der Zahl der Schulverweigerer und bei der Zahl der Schüler erkennbar, die die Schule ohne Abschluss verlassen."

Falls es eine Zunahme gibt, welche Gründe gibt es für den Anstieg?

„Es gibt für die Zunahme meines Erachtens mehrere Gründe. Zum einen blicken wir auf die Pandemie zurück, in der eine schulische Betreuung in dem bekannten Maße nicht gewährleistet werden konnte. Das heißt, die Schüler waren sich selbst überlassen und für viele von ihnen war es schwer, die Motivation aufzubringen, für ihre eigene Entwicklung die Verantwortung zu übernehmen. Zum anderen haben wir es mit einer Generation von Jugendlichen zu tun, die oft in der digitalen Welt ‚geparkt' werden, damit Eltern und Lehrer Zeit bekommen, um in einer immer hektischer werdenden Welt zu ‚funktionieren'."

Inwiefern trägt ein bestandener Abschluss der Schule oder einer Ausbildung zur Freundlichkeit bzw. Höflichkeit bei den Jugendlichen bei?	„Ich persönlich glaube und das ist auch meine Erfahrung der letzten 23 Jahre im Bildungswesen, dass Jugendliche im Leben Ziele und Erfolge brauchen, um glücklich zu sein. Ein erfolgreicher Schulabschluss bzw. ein erfolgreicher Abschluss einer Ausbildung steigert das Selbstbewusstsein und das Selbstwertgefühl der Jugendlichen. Wer sich selbst liebt und wertschätzt, der geht auch mit seiner Umwelt liebevoller und freundlicher um."
Wodurch können Schulabbrecher oder Jugendliche in schwierigen Lebenslagen motiviert werden, eine Ausbildung zu beginnen und auch abzuschließen?	„In den meisten Fällen habe ich mit Jugendlichen gearbeitet, bei denen es im Elternhaus aber auch im schulischen Umfeld an guten Vorbildern fehlte. Da wir uns an unserer Umwelt orientieren und unser Verhalten der Umwelt anpassen, sind positive Vorbilder eine wichtige Voraussetzung für eine liebevolle und freundliche Entwicklung.

Da wir stets Schöpfer unserer eigenen Realität und unserer Umstände sind, habe ich meinen betreuten Jugendlichen erklärt, wie aus meiner Sicht das Leben funktioniert. Im Grunde genommen ist das Leben sehr einfach, aber viele kennen die ‚Spielregeln' nicht. Ich denke, wenn ein Jugendlicher versteht, dass er selbst die Fähigkeit besitzt, erfolgreich sein zu können, dann entwickelt er ungeahnte Kräfte und Fähigkeiten. Dann ist das Erreichen der gesetzten Ziele nur die logische Konsequenz."

Welche Ursachen könnten das aggressive und wütende Verhalten mancher Jugendlicher haben?

„Der Irrglaube der meisten Jugendlichen, dass sie keinen Einfluss auf ihr Leben haben, ist sicherlich der wichtigste Grund. Dieser Frust erzeugt Unzufriedenheit und Aggressivität.

Bei einigen Jugendlichen richtet sich die Aggressivität gegen sich selbst z. B. durch die Flucht in Suchtverhalten und andere selbstzerstörerische Tendenzen. Andere Jugendliche verschaffen ihrem Unmut Raum durch die Aggression gegen andere Menschen. Dies zeigt sich durch Gewalt in der Schule oder bei öffentlichen Veranstaltungen (z. B. Disco, Stadion, etc.). Meines Erachtens ist u. a. auch die Fremdenfeindlichkeit davon abzuleiten."

Welche Unterschiede im Bereich Ausbildung und Motivation bestehen im Vergleich zu Deutschland in anderen Ländern?

„In den letzten fünf Jahren habe ich in den USA im Bundesstaat Texas gearbeitet und Entwicklungshilfe im Bereich Bildung geleistet.

Zu den USA kann ich sagen, dass Bildung für viele amerikanische Familien einen eher untergeordneten Stellenwert hat. Die Motivation in den USA ergibt sich

Wie können Berufs-Bildungseinrichtungen dazu beitragen, soziale Kompetenzen und Freundlichkeit zu stärken?

aus der Notwendigkeit, den Lebensunterhalt zu erwirtschaften. Gerade in Familien mit niedrigem Einkommen müssen die Jugendlichen ihren Anteil zum Lebensunterhalt beitragen. Die Realität sieht häufig so aus, dass alle Familienmitglieder einer bis drei Tätigkeiten nachgehen müssen. Ein stabiles soziales Gefüge ist in den meisten Familien daher kaum realisierbar. Die Jugendlichen wachsen auf mit einer Mischung aus Einsamkeit und einer digitalen Vielfalt von ‚Berieselungsmöglichkeiten'. Allzu oft rutschen viele dieser Kinder ohne Aussicht auf ein selbsterfülltes Leben in die Sucht ab. Den meisten Eltern ist die Finanzierung einer ‚guten' Schule für ihre Kinder nicht möglich."

„Grundsätzlich bezweifle ich, dass die Lösung der Probleme unserer Zeit ausschließlich durch einen einzelnen Akteur realisierbar ist. Aber wenn wir mit dem Ansatz an die Jugendlichen herangehen, dass jeder Mensch Potenziale hat, die man nur aufwecken bzw. entfalten muss, dann wird in jedem Menschen eine Hoffnung entstehen. Diese Hoffnung kann ein nährreicher Boden für Wachstum und Entwicklung sein. Dabei ist es sehr

Welche Auswirkungen hat die zunehmende Digitalisierung auf unser Sozialverhalten und wie können wir dem begegnen?

Welche Rolle spielen in der Ausbildung Vorbilder für die Entwicklung von Freundlichkeit und wie können wir mehr positive Vorbilder schaffen?

wichtig, die bereits bestehenden Fähigkeiten zu loben und positiv zu verstärken."

„Ich denke, wir müssen hier unterscheiden zwischen der Digitalisierung, die Arbeitsabläufe vereinfacht, und der Digitalisierung, die unseren Kindern ungefiltert sinnfreie Informationen ins Bewusstsein einpflanzt. Sicherlich kann eine gut dosierte und sinnvoll ausgewählte Informationsgabe über digitale Medien ein sehr großer Fortschritt sein."

„Vorbilder sind absolut wichtig für die Entwicklung von Freundlichkeit! Jetzt ist die Frage, wie unsere Welt Vorbilder definiert … Die Jugendlichen blicken auf ‚berühmte' Menschen aus Film und Fernsehen und glauben, dass man das genauso nachmachen sollte. Aber allzu oft sind unsere Vorbilder eher abschreckend. Ich hoffe, wir würden in der Gesellschaft umdenken und neue Werte definieren.

Wir sollten eher Menschen als Vorbilder ansehen, die durch ihre Freundlichkeit und Nächstenliebe bekannt sind. Um das zu erreichen, wird es in den kommenden Jahrzehnten sicherlich eine andere Entwicklung brauchen als bisher … Ich freue mich darauf."

Welche Bedeutung hat Selbstreflexion für freundlicheres Verhalten und wie kann sie gefördert werden?

„Selbstreflexion ist der Schlüssel zu einem freundlicheren Verhalten. Ich habe mir angewöhnt, bewusster und achtsamer durchs Leben zu gehen. So wähle ich meine Gedanken mit Bedacht, da ich der Meinung bin, dass meine Gedanken meine Realität erzeugen. Auch meine Handlungen werden durch meine Gedanken beeinflusst. In Seminaren habe ich den Teilnehmern immer erklärt, wie sich das Wort Gedanke zusammensetzt. Danke ist der Kern. Indem wir denken, sagen wir danke für das, worüber wir nachdenken. Das Gehirn ist meiner Meinung nach wie eine Fernbedienung zu betrachten. Die Taste, auf die ich drücke, wählt das Programm, das ich erleben möchte. Deshalb habe ich mir zur Routine gemacht, das Gehirn von Autopilot auf manuelle (bewusste) Kontrolle umzustellen.

Es ist doch auch für jeden nachvollziehbar: Wenn ich mit Freude und guter Laune durch die Welt gehe, dann werden mir Menschen auch eher mit einem Lächeln antworten."

6.6.5 Interview mit Anna-Sophie Fehst

Anna-Sophie Fehst ist Physiotherapeutin sowie Reha-Trainerin und Studioleiterin in einem Fitness-Studio. Schon als Leistungssportlerin im Bereich Tennis war ihr die Bedeutung von Sport und Gesundheit klar, vor allem nach körperlichen Rückschlägen. Das Zusammenspiel zwischen körperlicher Fitness und einer gesunden Lebensweise trägt für sie, auch in Hinblick auf die allgemeine Mentalität, zu einem positiven Wohlbefinden bei.

Macht sportliche Betätigung Menschen freundlicher? Wenn ja, wie und wodurch äußert sich das?	„Ja, Glücksgefühle werden freigesetzt. Die Menschen fühlen sich mit sich und in ihrer Haut wohler."
Wie hat sich der Umgangston unter den Teilnehmern/Mitgliedern des Fitnessstudios in den letzten Jahren verändert?	„Das lässt sich schwer verallgemeinern. Er ist schon eher etwas forscher geworden, vor allem bei den älteren Kunden."
Haben Sie beobachtet, dass regelmäßiges Training einen Einfluss auf das Sozialverhalten der Mitglieder hat?	„Auf jeden Fall. Im Studio ist man eine Gemeinschaft, das ist spürbar."

Welche Rolle spielt die Atmosphäre im Fitnessstudio für die Freundlichkeit unter den Nutzern?	„Die größte. Viele unserer Kunden wählen aufgrund der Atmosphäre uns als Studio aus, trotz etwas teurerer Monatspreise."
Gibt es bestimmte Trainingsformen oder -angebote, die besonders förderlich für ein freundliches Miteinander sind?	„Es sind die Kurse, bei denen das Gemeinschaftsgefühl noch deutlicher erkennbar ist als beim ‚normalem' Training."
Wie gehen Sie als Trainerin mit unfreundlichem Verhalten von Mitgliedern um?	„Ich bleibe bis zu einem gewissen Grad weiterhin freundlich, weil es mein eigener Anspruch ist. Je nach Schwere der Unhöflichkeit oder Unfreundlichkeit weise ich den Betreffenden aber auch freundlich darauf hin."
Welche Maßnahmen hat Ihr Fitnessstudio ergriffen, um ein freundliches Klima zu fördern?	„Ich schule meine Mitarbeiter in dem Bereich sehr regelmäßig. Manchmal braucht man heutzutage aber auch etwas Glück bei der Auswahl der Mitarbeiter."
Wie wichtig ist Ihrer Meinung nach die Vorbildfunktion der Trainer für die Freundlichkeit im Studio?	„Sie ist unumgänglich. ‚Wie es rein ruft, so kommt es zurück' – das ist täglich spürbar."

Wie gehen Sie mit kulturellen Unterschieden oder Sprachbarrieren unter den Mitgliedern um?	„Unsere Mitarbeiter behandeln alle Mitglieder gleich, unabhängig von kulturellen oder sprachlichen Unterschieden. Wir arbeiten kontinuierlich daran, das Verständnis und den respektvollen Umgang der Mitglieder gegenüber unseren Angestellten mit unterschiedlichen kulturellen Hintergründen zu fördern."
Welche Rolle spielen gemeinsame Aktivitäten oder Events für die Stimmung im Studio?	„Leider ist man heutzutage oftmals für sich und nimmt an vielen gemeinschaftlichen Aktivitäten nicht mehr so oft teil. Wenn sie jedoch stattfinden und viele nehmen teil, ist es immer eine schöne Erfahrung, die alle ein Stück mehr zusammenrücken lässt."
Haben Sie beobachtet, dass bestimmte Altersgruppen freundlicher oder unfreundlicher miteinander umgehen?	„Höflichkeit und Achtsamkeit kann man leider nicht mehr voraussetzen. Jedoch manche Ältere machen es auch den Jüngeren manchmal nicht leicht."
Wie könnte man die Rücksichtnahme bei der Nutzung von Geräten verbessern?	„Geräte sollten fair und ohne Eigensinn geteilt werden, auch wenn man gerade eine Pause macht oder das Gerät später wieder belegt sein könnte. Eine offene Kommunikation zwischen den Nutzern fördert gegenseitiges Verständnis."

Welche Vorschläge hätten Sie, um die Freundlichkeit zwischen Nutzern und Fitness-Trainern zu steigern?	„Die Trainer sollten aktiv durch den Fitnessbereich gehen und Mitglieder mit persönlichem Blickkontakt und Begrüßung wahrnehmen. Eine verstärkte Unterstützung während des Trainings, einschließlich der Korrektur von Übungen bei Schwierigkeiten, kann die Beziehung zwischen Trainern und Nutzern verbessern. Dazu gehört auch die Bereitschaft flexibel auf die Bedürfnisse der Mitglieder einzugehen und bei Bedarf Termine anzupassen."
Lässt sich Freundlichkeit erlernen bzw. trainieren? Wenn ja, wie?	„Definitiv ja, es gehört aber auch ein innerer Wille und Überzeugung dazu. Die Verhaltensweisen zu reflektieren oder durchzuspielen hat meinem Team geholfen."

6.6.6 Interview mit Frau Dr. phil. Anett C. Oelschlägel

Dr. Oelschlägel ist eine vielseitige Persönlichkeit, die als Gesellschaftswissenschaftlerin und Schriftstellerin tätig ist. Ihre Expertise als Ethnologin verleiht ihren Arbeiten eine besondere Tiefe und kulturelle Sensibilität. Wir pflegen einen anregenden Austausch über Literatur, der unsere gemeinsame Leidenschaft für das geschriebene Wort widerspiegelt.

Was beeinflusst Ihre Freundlichkeit?	„Meine Freundlichkeit ist beeinflussbar durch meine aktuelle Gefühlslage, Freude zum einen oder zum anderen Stress und Probleme, die ich in dem Moment habe, in dem ich sozial interagiere. Prinzipiell bin ich jemand, die sehr zugänglich ist und schon so zu Freundlichkeit neigt. Ich bin auch jemand, die man leicht überreden kann und die sich dann selbst aus Höflichkeit hintenanstellt. Aber wenn der Stress und die Probleme überhandnehmen und ich mich überfordert fühle, dann kann ich auch durchaus unfreundlich reagieren."
Ist Freundlichkeit eine individuelle persönliche Eigenschaft?	„Offene und zugängliche, neugierige Menschen, man nennt sie oft extrovertiert, neigen häufiger zu Freundlichkeit als eher introvertierte Menschen, die sich zurückziehen, denen soziale Interaktionen zu viel werden können. Was aber nichts damit zu tun haben muss, dass die eine Person ein freundliches und die andere ein unfreundliches Wesen hat. Manche Menschen brauchen einfach länger, bevor sie sich für einen Mitmenschen öffnen. Hat man einen introvertierten Menschen für sich gewonnen, dann kann er weitaus zuverlässiger sein und seine Freundlichkeit kann viel tiefer gehen, als eher zur Oberflächlichkeit nei-

gende extrovertierte Menschen, die sich täglich mit vielen Menschen umgeben. Die Frage ist also nicht, ob jemand freundlich ist oder nicht, sondern es gibt wohl eher verschiedene Freundlichkeitstypen. Freundlich ist jeder, denn jeder braucht seine Mitmenschen."

Welche Ansprüche freundlichen Verhaltens stellen Sie an sich selbst?
„In offiziellen Beziehungen habe ich den Anspruch an mich, höflich zu sein. In privaten Beziehungen habe ich den Anspruch an mich, freundlich zu sein. Wie es mir gelingt, das hängt aber auch von der Tagesform ab."

Welche Ansprüche freundlichen Verhaltens stellen Sie an andere?
„Davon ausgehend, dass man im Prinzip nicht das Recht hat, seine privaten Probleme an anderen auszulassen, stelle ich natürlich auch den Anspruch an mein Gegenüber – ob offiziell oder privat – höflich und freundlich zu sein."

Wem gegenüber sind Sie freundlich, wem gegenüber nicht?
„Ich versuche, allen gegenüber höflich und freundlich zu sein. Es gibt aber Grenzen, die nicht überschritten werden sollten, zum Beispiel wenn man bemerkt, dass man sich um die Freundlichkeit seines Gegenübers mit eigener Freundlichkeit bemüht und man bekommt keine Freundlichkeit zurück. In diesen Fällen neige ich eher zum Rückzug."

Was beeinflusst Ihre Freundlichkeit positiv?	„Zufrieden zu sein, glücklich zu sein, in meinem Leben. Dass Menschen freundlich und höflich und offen und neugierig auf mich zugehen, das alles beeinflusst meine Freundlichkeit wesentlich ins Positive."
Welches Verhalten anderer beeinflusst Ihre Freundlichkeit negativ?	„Abweisung, obwohl es für mich keinen sichtbaren oder nachvollziehbaren Grund dafür gibt. Das Gefühl, ausgenutzt zu werden. Desinteresse an meinem Befinden in der aktuellen Situation. Verschlossenheit mir gegenüber, obwohl ich versuche, Kontakt aufzunehmen. Wenn ich das Gefühl habe, ich kommuniziere mit jemandem, aber diese Person sieht alles nur aus ihrer eigenen Perspektive. Mein Gesprächspartner sieht sozusagen nur sich selbst und seine Interessen, und ich bin außen (vor). Das gilt übrigens auch, wenn ich dieses Verhalten gegenüber Dritten beobachte. Ich neige manchmal dazu, Dritte, denen gegenüber man sich unfreundlich verhält, zu unterstützen."
Was fühlen oder denken Sie, wenn Sie Freundlichkeit im Umgang mit anderen beobachten?	„Ich gehe auf Menschen oft mit einem Vertrauensvorschuss zu. Deshalb glaube ich, sowohl im Beobachten als auch im eigenen Erfahren positiv zu sein. Beobachte ich Freundlichkeit, dann zeigt mir

das, dass ich mich unter Menschen bewege, die in der Lage sind, positiv miteinander umzugehen. Es entsteht das Bedürfnis, mit diesen Menschen in Kontakt zu sein."

Was fühlen Sie oder denken Sie, wenn Sie Unfreundlichkeit im Umgang mit anderen beobachten?

„Ich habe das Bedürfnis, mich von unfreundlichen Menschen zu distanzieren, weil ich weiß, dass unfreundliches Verhalten, auch wenn es einen anderen betrifft, meine Gefühle und mein Wohlbefinden negativ beeinflusst.

Wie bereits gesagt, bemerke ich, dass eine Person unfreundlich behandelt wird, dann neige ich dazu, dieser Person zu helfen, und versuche, die beobachtete Unfreundlichkeit mit meiner eigenen Freundlichkeit auszugleichen."

Sind die Menschen Ihrer Meinung nach in den letzten Jahren unfreundlicher geworden? Wenn ja, seit wann?

„Tendenziell ja.

Seit meinem 18. Lebensjahr, dem Zeitpunkt, an dem ich erwachsen geworden bin, 1992, habe ich als DDR-Sozialisierte das Gefühl, dass die Menschen selbstbezogener und egoistischer geworden sind, aber nicht per se unfreundlicher, sondern dass man heute Freundlichkeit mehr davon abhängig macht, wie man von einer Person profitieren kann, beziehungsweise, ob man von einer Person profitieren kann oder nicht. Ich beobachte zunehmend, dass sich immer mehr Mitmenschen die eigene Freundlichkeit für Personen aufsparen, von denen sie sich einen Gewinn erhoffen. Personen gegenüber, von denen sie meinen, nicht profitieren zu können, wird Freundlichkeit auch gern mal vorenthalten. Das heißt, die Freundlichkeit hat sich in eine Einkaufs- und Verkaufsfreundlichkeit gewandelt."

Woran erkennt man besonders unfreundliches Verhalten in der Gesellschaft?

„Man erkennt es an zunehmender Verschlossenheit und am Desinteresse gegenüber Mitmenschen. Es mangelt zunehmend an Aufmerksamkeit für das Befinden anderer. Es fehlt oft die Einsicht, dass es allen nutzt und damit auch einem selbst, wenn man sich gegenseitig selbstlos unterstützt und hilft. Also, es läuft wieder auf dasselbe hinaus: Man ist freundlich und unterstützt diejenigen, von denen man profitieren kann. Die anderen, gerade die, die Unterstützung brauchen aber nur wenige Ressourcen zum Verteilen haben, die werden abgewehrt. Und das empfinde ich nicht nur als höchst unfreundlich, sondern auch als gesamtgesellschaftlich gefährlich. Denn jeder kommt irgendwann mal in die Lage, mehr Unterstützung zu benötigen, als sie oder er geben kann."

Was müsste passieren, damit Menschen wieder freundlicher werden?

„Mehr Neugier auf- und Offenheit füreinander, die sich wiederum daraus speist, dass wir eine Art Selbstverständnis in unserer pluralen, also vielfältigen Gesellschaft entwickeln. Unsere Gesellschaft war immer vielfältig. Nicht erst der Zuzug von Migranten hat sie dazu gemacht. Die Vielfalt entsteht durch die unterschiedlichen Eigenschaften und Besonderheiten jedes einzelnen Menschen. Wir leben schon immer in ganz verschiedenartigen gesellschaftlichen Gruppen zusammen und sollten das jeweils andere weder als Gefahr noch als Konkurrenz, sondern als Ergänzung und damit als Chance begreifen. Die Vielfalt ist der eigentliche Zauber jeder Gesellschaft. Lassen wir uns doch davon faszinieren und sehen sie als einen Grund, Mitmenschen zu entdecken und kennenzulernen.

Migranten, viele Kinder, Sozialleistungen, gesundheitliche Besonderheiten, alternative Lebensentwürfe und Lebensweisen, Armut, Arbeitslosigkeit – solche Eigenschaften führen bei uns viel zu schnell zu Vorurteilen. Anstatt zu sagen: ‚Okay, ich habe den Unterschied gefunden – Schublade auf, Person rein, verurteilt, abgestempelt', können wir uns gegenseitig Fragen stellen: Warum bist du so? Was machst du eigentlich wirklich? Und was macht dein Leben aus? Wofür stehst du? Hat man eine Person dagegen verurteilt, dann erübrigt sich jede weitere Frage: Das Urteil ist gefällt, warum soll ich mich noch interessieren?

Wenn die Leute aufeinander zugehen und sich gegenseitig Fragen stellen würden, dann hätten wir insgesamt einen freundlicheren Umgang miteinander und das wiederum sorgt dafür, dass wir uns auch selbst in unserer Gesellschaft wohler fühlen."

Wirkt sich Ihre eigene Freundlichkeit oder Unfreundlichkeit auf andere aus? Wenn ja, wie?

„Unter Freunden sollte man wissen, jeder hat mal einen schlechten Tag, steht auf dem falschen Fuß, d. h. also, unter Freunden sollte man auch damit klarkommen, dass jemand schlechte Laune hat und deswegen unfreundlich ist. Dann fragt man eben: ‚Was ist denn mit dir heute los?' und zeigt damit Interesse.

Gleichzeitig beobachte ich zunehmend, dass eigennütziges Verhalten bezüglich der Dosierung der eigenen Freundlichkeit und bezüglich der Unterstützung anderer dazu führt, dass ich zu jemandem sehr freundlich sein kann, aber dem Gegenüber der Kontakt mit mir nichts nutzt, weshalb er auf meine

Freundlichkeit nicht mit Freundlichkeit reagiert, sondern ganz andere Interessen im Kopf hat.

Ansonsten empfinde ich es als Geschenk – einen meiner Romane habe ich ‚denen' gewidmet, ‚die dennoch lächeln' – es gibt Menschen, die einen auf der Straße einfach mal so anlächeln; und ein solches Lächeln löst ein Glücksgefühl aus, das gerade dann, wenn es einem schlecht geht, unsagbar wertvoll ist. Dass es dieses Lächeln gibt, noch gibt, darüber freue ich mich sehr. Einfach mal jemanden anzulächeln, der gerade gestresst wirkt oder der überfordert zu sein scheint; oder wenn man sieht, eine Person hat gerade Probleme, das streut Freude in unsere Gesellschaft. Ein wildfremder Mensch kann uns auf diese Weise glücklich machen. Das ist auch selbstlose Freundlichkeit; keine profitable Freundlichkeit. Leider wird das immer seltener und ich würde mir genau das mehr wünschen."

In welchen Gegenden wohnen die freundlichsten Menschen

„Ich glaube in den Gegenden, in denen es den Menschen so gut geht, dass sie keine Existenzängste haben müssen. Dieser Zwang, täglich kämpfen zu müssen, um die finanzielle Existenz, um grundlegende Absicherungen, um den Job, und dazu noch in Konkurrenz zu anderen, immerzu, das macht die Menschen kaputt und am Ende auch unfreundlicher.

Auf der anderen Seite sind es wieder diejenigen Menschen, die einen Kampf selbst durchstehen mussten, die eher bereit sind, einem anderen, dem es ähnlich geht, zu helfen. Für ein Leiden, das man selbst hatte, macht man auch, wenn es einen anderen betrifft, eher die Augen auf. Auch das sind zwei verschiedene Arten von Freundlichkeit, eine aus der eigenen sozialen, beruflichen und finanziellen Sicherheit geborene Freundlichkeit und eine aus der eigenen Leidenserfahrung geborene Freundlichkeit und Hilfsbereitschaft."

Lässt sich Freundlichkeit erlernen bzw. trainieren? Wenn ja, wie und wo?

„Freundlichkeit erlernt man von den ersten Lebenstagen an. Davon bin ich überzeugt; und ich bin überzeugt, dass Kinderbetreuung dabei sehr hilfreich ist. Wenn sich bereits sehr junge Kinder einen Teil des Tages unter Gleichaltrigen befinden, erlernen sie frühzeitig einen gesunden und positiven sozialen Umgang miteinander; und damit erlernen sie auch frühzeitig Höflichkeits- und Freundlichkeitsrituale. Also Kindergarten, Vorschule, Schule und Hort sind die besten Orte, um soziale Kompetenzen über die eigene Familie hinaus

	zu erlernen. Die Kinder lernen früh, für welches Verhalten bekomme ich sozialen Lohn, für welches Verhalten werde ich geliebt und für welches Verhalten werde ich sozial bestraft, das heißt bekomme ich Widerstand. Diese sozialen Regeln frühzeitig in der Kinderbetreuung zu erlernen, halte ich für sehr gesund und produktiv."
Soll Freundlichkeit in der Schule Schulfach werden?	„Nein, ich denke, das gehört ins Fach Ethik."
Braucht es einen neuen Freundlichkeits-Ratgeber?	„Unbedingt, aber einen mit Humor, gern auch gewürzt mit ein bisschen Zynismus. Das macht Lust, auch über eigene eingespielte Muster und deren Sinn und Unsinn nachzudenken."

6.6.7 Interview mit Lucius Bobikiewicz

Lucius Bobikiewicz ist Unternehmer und Betreiber eines Coworking Spaces. Er ist Sohn einer multikulturellen Einwandererfamilie. Mutter und Vater kamen 1964 aus der Ukraine nach Deutschland. Seine Kinder leben heute in Großbritannien und Taiwan.

Welche Rolle spielen Vorurteile und Stereotype bei der Integration, und wie können diese abgebaut werden?	„Hilfreich ist ein Bewusstsein von beiden Seiten. Es braucht den Mut, öfter nachzufragen und bei jedem Missverständnis immer erst einmal davon auszugehen, dass es ein kulturelles Missverständnis sein könnte."

Welche Rolle spielen gemeinsame Aktivitäten und Begegnungsräume für ein freundlicheres Zusammenleben, und wie können diese gefördert werden?

„Die Begegnung im öffentlichen Raum und am Arbeitsplatz ist oft nicht ausreichend. Die wirkliche Verständigung kommt aus meiner Erfahrung nur in einem intimen Rahmen. Ich kann z. B. zehn Jahre mit einem türkischen Menschen auf dem Bau arbeiten und mich nicht über seine familiären oder religiös-spirituellen Werte verständigen."

Welche Rolle spielen lokale Gemeinschaften bei der Integration von Geflüchteten, und wie kann der Staat diese Initiativen unterstützen?

„Sie spielen eine große Rolle. Die zunehmende Individualisierung und Kommerzialisierung in unserer Gesellschaft sind ein großes Problem in diesem Zusammenhang.

Früher war es selbstverständlicher in Gemeinschaften, wie Kirche, Freiwilliger Feuerwehr oder im Heimatverein mitzumachen. Dort fand dann mehr gesellschaftlicher Austausch über die eigene Blase hinweg statt.

Zum Thema Integration: Hier sollte die Gesellschaft oder der Staat beide Seiten fördern, in solche Gemeinschaften einzutreten. Gerade soziale Initiativen haben einen hohen integrativen Faktor."

Wie können Bildungsangebote für Geflüchtete so gestaltet werden, dass sie nicht nur Wissen vermitteln, sondern auch soziale Kontakte fördern?	„Ich stelle bei Migranten immer wieder fest, dass Ihnen die Entscheidungsprozesse nicht klar und schwer nachvollziehbar sind. In der Praxis, wenn Migranten zum Beispiel in gemeinnützigen Organisationen mitarbeiten, würde sich meines Erachtens vieles zum Positiven verändern."
Wie können Menschen mit Migrationshintergrund selbst aktiv zur Förderung eines freundlichen Miteinanders beitragen?	„Es ist so, dass die Mehrheitsgesellschaft immer in der Bequemlichkeit verharrt. Die Minderheit trägt leider die Last, dass sie ihre Kultur und ihre Werte immer wieder erklären muss. Es wäre zwar wünschenswert, dass die Mehrheitsgesellschaft proaktiv auf sie zugeht, doch entspricht dies leider nicht der gängigen Praxis. Deshalb sollten Zugewanderte, auch wenn es schwerfällt, auf die Gesellschaft zuzugehen, aktiv Kontaktmöglichkeiten suchen, in Vereinen etc. aktiv werden."
Wie kann die Zusammenarbeit zwischen verschiedenen gesellschaftlichen Akteuren (z. B. Schulen, Unternehmen, NGOs) verbessert werden, um die Integration von Geflüchteten zu fördern?	„Es braucht mehr runde Tische. Teilweise fehlen koordinierende Stellen. Hilfreich wäre eine zentrale Anlaufstelle für Migranten, sodass Informationen nicht an verschiedenen, den Migranten oft unbekannten Stellen zur Abholung vor sich hinschlummern, sondern von einem zentralen Anlaufpunkt abgeholt werden können."

Welche speziellen Erfahrungen haben Sie in einer multikulturellen Familie gemacht?

„Als Sohn einer multikulturellen Familie habe ich selbst erfahren, wie hoch die Hürden sein können. Auch scheinbar kleine Hindernisse stellen für Menschen mit Migrationshintergrund manchmal beträchtliche Herausforderungen dar, zum Beispiel: Nicht wissen, an wen man sich wenden soll, oder die Regeln nicht verstehen. Ein Beispiel fällt mir ein aus meiner Jugendzeit, als ich meinen Eltern in einer Bank helfen musste, ein Missverständnis zu lösen. Ein Bankangestellter verstand das Anliegen meiner Eltern nicht. Auch meine Eltern konnten dem Angestellten nicht klarmachen, was ihr Anliegen war. Erst durch meine Intervention als hier sozialisierter Mensch konnte das Problem gelöst werden."

Wie kann ein interreligiöser Austausch, wie zum Beispiel durch einen Rat der Religionen, zu einem friedlichen und freundlichen Miteinander führen?

„Auf jeden Fall durch die Organisation von Begegnungen. Denn: man trifft da auf Menschen, bei denen ein grundsätzlicher guter Wille vorhanden ist.

Wichtig erscheint mir, dass es Begegnungen und Räume sind, in denen angstfrei Probleme angesprochen werden können. Dabei geht es nicht darum zu klären, welche Religion die richtige ist. Religiöse Institutionen sind auf jeden Fall prädestiniert dafür, Dialogräume zu schaffen."

Wie kann man das Konzept der deutschen Höflichkeit effektiv vermitteln, ohne die Herkunftskultur abzuwerten?	„Ich denke schon, dass eine Gesellschaft Verhaltensnormen einfordern sollte. Selbst Migranten erster und zweiter Generation sagen, dass die Gesellschaft manchmal nicht streng genug ist, um, bestimmte Verhaltensnormen einzufordern, zum Beispiel gegenüber unhöflichen migrantischen Jugendlichen. Ich glaube, es macht inen Unterschied, ob jemand aus Unwissenheit etwas Unhöfliches macht oder mit einer gewissen offensiven Ignoranz."
Wie kann man Missverständnisse aufgrund unterschiedlicher Höflichkeitskonzepte konstruktiv ansprechen und lösen?	„Es ist immer wieder der gleiche Mechanismus: Ständig nachfragen, wie das zu verstehen sei. Dadurch werden die Missverständnisse immer geringer."
Welche Möglichkeiten sehen Sie, einen freundlichen Umgang mit Kopftuch tragenden Frauen aus Arabien zu pflegen?	„Ich hatte schon öfters Begegnungen mit Frauen aus Arabien, die ein Kopftuch trugen. Kopftuch tragen bedeutet für Muslima nicht das, was in Deutschland manchmal gedacht wird: also, dass es devote Frauen seien. Es können sehr starke und selbstbewusste Frauen sein, die mit dem Tragen des Tuches zeigen, dass sie einer Gemeinschaft angehören.

Wenn ich eine Frau mit Kopftuch treffe, wie zum Beispiel im Dönerkebab, wo ich öfters einkaufe, grüße ich den Mann, indem ich ihm die Hand gebe. Die Frau grüße ich mit einer Hand-auf-mein-Herz-Geste. Sie erwidert es mit einem freundlichen Nicken."

6.6.8 Interview mit Ulf Zschille

Ulf Zschille ist Dipl.-Psychologe und lebt seit einigen Jahren in einer Beziehung mit einer in Deutschland lebenden Nigerianerin. Als sie sich kennenlernten, war sie arbeitslos, mit geringen Deutschkenntnissen und drei jugendlichen Kindern alleinerziehend. Durch ihre Beharrlichkeit und dank seiner Unterstützung verbesserte sie ihre Sprachkenntnisse, absolvierte eine Ausbildung zur Pflegehelferin und ist nunmehr in diesem Beruf tätig.

Welche Rolle spielt Sprache bei der Vermittlung von Höflichkeit, und wie kann man sprachliche Barrieren überwinden?

„In jedem Sprachführer für Touristen stehen die landessprachlichen Entsprechungen für Bitte, Danke und die Grußformeln auf den ersten Seiten. Das zeigt, wie wichtig Sprache als Ausdrucksmittel von Höflichkeit ist. Andererseits dient Sprache natürlich auch der Wissensvermittlung zu allen Aspekten der Höflichkeit. Daher sind sprachliche Fähigkeiten in Ausdruck und Verstehen auf Dauer unerlässlich. In Situationen, in denen

Wie können interkulturelle Begegnungen genutzt werden, um gegenseitiges Verständnis und Respekt zu fördern?

akute Sprachbarrieren auftauchen, können Mimik und Gestik die fehlenden Worte ersetzen und der Höflichkeit Ausdruck verleihen."

„Mittlerweile haben sich interkulturelle Begegnungen und Initiativen, die diesem Zweck dienen, in unserer Gesellschaft etabliert. Gegenseitige Einladungen zu Festen und gemeinsame Veranstaltungen werden von vielen wahrgenommen und geschätzt. Einander kennen, voneinander wissen sind Basis für Verständnis und Respekt. Die Begegnung mit dem anderen schärft den Blick für Gemeinsamkeiten und lässt Unterschiede – zumindest als Hindernisse – verblassen.

Auf persönlicher Ebene entstehen Bekanntschaften und Freundschaften, die das Leben bereichern und im Laufe der Zeit ein tieferes gegenseitiges Verständnis ermöglichen können."

Welche Rolle spielen Werte wie Respekt und wie können Unterschiede konstruktiv berücksichtigt werden?

„Die eigenen Vorstellungen von Respekt besitzen, wie andere Werte auch, eine für das Individuum und die Gemeinschaft zentrale Bedeutung. Respekt ist in allen Kulturen beheimatet. Unterschiedlich sind die ‚Rollen', denen Respekt zu zollen ist. Der Anführer, Vertreter von Kirche und Staat, der Lehrer, aber auch Vater, Mutter und andere Familienmitglieder können in diesem Sinne ‚Respektspersonen' sein.

In der individualisierten Gesellschaft muss man sich Respekt erarbeiten oder verdienen. Werden solche tradierten Vorstellungen von Respekt situativ verletzt, kommt es zu Störungen im Miteinander. Um den kulturellen Unterschieden nicht ausgeliefert zu sein, hilft die allgemeinste und universelle Form von Respekt: jeder Mensch verdient respektvollen Umgang, unabhängig von Herkunft, Stand, Alter, erbrachter Leistung usw."

Wie können Einheimische dazu beitragen, ein freundlicheres und offeneres Umfeld für Einwanderer zu schaffen?

„Persönliche Kontakte pflegen, Hilfe und Unterstützung anbieten, neugierig und aufgeschlossen bleiben ... Dazu gehört auch, sich des Eigenen zu versichern, eine ‚Selbstgewissheit' zu finden, die uns vor Ängsten in der Begegnung mit dem Fremden schützt."

Wie gehen Sie mit der scheinbaren Missachtung tradierter Höflichkeitsregeln durch spezielle Gruppen um?

„Einerseits ist es von Vorteil, meine Erwartungen bezüglich bestimmter Ausdrucksformen von Höflichkeit zu überprüfen und ggf. zu korrigieren. Andererseits kann ich, soweit es die Situation erlaubt, zu meinen erlernten und liebgewonnenen Ritualen der Höflichkeit stehen. Grundlage muss der respektvolle Umgang miteinander bleiben. Ein

	mehr intuitives und weniger formalistisches Herangehen erleichtert es mir, angemessen zu agieren."
Wie ist Ihre Meinung zu Ausgrenzung und Stigmatisierung, z. B. im Fall des „Alten weißen Mannes"?	„Für mich stellt sich die Frage, ob es wirklich sinnvoll ist, diesen Kampfbegriff zu nutzen. Denn auf diese Weise wird ein neuer Sündenbock gefunden, der den Blick auf Lösungswege eher vernebelt denn erhellt. Ich möchte mich davon lösen und einen anderen Blickwinkel einnehmen."
Welche Lösungs-Vorschläge haben Sie?	„Eine mögliche Antwort liegt in der Förderung eines inklusiven Dialogs, der die Lebenserfahrungen und Perspektiven älterer Männer wertschätzt, ohne dabei Machtmissbrauch und ungerechtfertigte Privilegien zu ignorieren.

Für mich stellt sich die Frage: Wie kann ein Mann, der die Vorteile des Alters und eines persönlichen wirtschaftlichen Erfolgs innerhalb bestimmter Strukturen zum Machtmissbrauch nutzt, anders bezeichnet werden? Diese Frage zielt auf die Notwendigkeit ab, zwischen individueller Verantwortung und systemischen Strukturen zu unterscheiden.

Eine mögliche Lösung könnte darin bestehen, spezifischere und weniger polarisierende Begriffe zu verwenden, die den Fokus auf konkrete Verhaltensweisen oder Positionen legen anstatt auf demografische Merkmale."

6.6.9 Interview mit Friedrich Wegner

Friedrich Wegner ist ein evangelischer Pfarrer und Seelsorger, der in verschiedenen Gemeinden in Deutschland tätig war und ist. Sein vielseitiges Wirken umfasst besondere Herausforderungen wie die Gründung und den Aufbau einer freien Schule in Sachsen-Anhalt, die Seelsorge in der Polizei und im Strafvollzug. Wegners Engagement geht über seine hauptamtliche Tätigkeit hinaus: Ehrenamtlich gründete er den Verein „Interreligiöser Dialog für einen Rat der Religionen" in Halle mit. Seine reichen Erfahrungen in der Gemeindearbeit, im Bildungsbereich und in der interreligiösen Verständigung machen ihn zu einem wertvollen Gesprächspartner zum Thema Freundlichkeit, insbesondere im Kontext von Spiritualität und gesellschaftlichem Zusammenhalt.

Wie kam – laut Bibel – Streit und Verwüstung zu den Menschen?	„Der erste große Streit zwischen Menschen in der Bibel ist der von Kain und Abel – ausgelöst durch den Neid, der sie auseinanderbringt. Später dann die Geschichte des Turmbaus zu Babel. Der Wunsch der Menschen, den Göttern im Himmel gleich zu sein, führte dazu, dass Gott ihre Sprache verwirrte. Denn das Streben nach Gottgleichheit führt in Verwirrung und widerspricht der Bestimmung der menschlichen Natur.

Die Bibel berichtet immer wieder von dem Versuch, die Beziehungen zwischen den Menschen sowie die Beziehung zwischen Gott und dem Menschen gut zu gestalten, das Leben zu fördern. Es hat auf diesem Weg Erfolge gegeben. Die Weltgeschichte besteht ja nicht nur aus Kriegen, wie uns gelegentlich gelehrt wird – sondern auch aus Verständigung, bis hin zur Gewaltfreiheit eines Gandhi oder M. L. King.

Die Bibel will uns auch erzählen: Wenn der Mensch sich überhebt, sein will wie Gott, dann gerät er in Streit. Es geht dann um Macht."

Was ist Spiritualität für Sie?

„Spiritualität ist für mich etwas, das mit Resonanz zu tun hat. Ich bewege, öffne mich und ich werde bewegt. Ich rufe und erhalte eine Antwort. Ich suche und finde.

Immer, wenn ich in solche Resonanz treten kann, geht's mir gut. Dann weiß ich, ich bin. Spiritualität hebt mich aus dem Alltag heraus zu etwas Höherem oder Tieferem."

Was leistet Spiritualität in der Beziehungs-Gestaltung?

„In der Menschheitsgeschichte führte Spiritualität die Menschen zusammen, ließ sie sich gemeinsam mit der Umwelt auseinandersetzen. Im Mittelpunkt stehen das Mahl, der Tanz, die Musik und die Bilder – allesamt mit religiösem Ursprung.

	Wozu wurden die Höhlenwände in Frankreich bemalt? Es sind spirituelle Handlungsorte, an denen die Menschen sich trafen und verständigten.
Wenn du Spiritualität lebst, fühlst du dich mit der Gruppe verbunden, die Ähnliches erfährt. Beispiele heute sind Fußballstadien oder große Konzerte, Festivals, Kirchentreffen. Dort lassen die Menschen ihre Verbundenheit aufleuchten. Alles, was Menschen in einem Gedanken zusammenführt, hat auch eine spirituelle Komponente."
Wie kann Spiritualität in besonderen bzw. schwierigen Lebenslagen hilfreich sein?	„Als gläubiger Mensch, der sich im spirituellen Sinne getragen fühlt, bin ich mir bewusst: Ich lebe im Vorletzten, nicht im Letzten. Diese Welt ist nicht die ganze Wirklichkeit. Es existiert eine höhere Macht – sei es Gott, das Lebendige oder eine andere transzendente Kraft – die über das Bekannte hinausreicht und mich zugleich hält und trägt."
Wie können christliche Werte wie Nächstenliebe und Barmherzigkeit in der heutigen Gesellschaft stärker gelebt und gefördert werden?	„Es ist eine Frage der Werte. Die Ausrichtung auf Erfolg (schneller, weiter, höher) gehört an die zweite Stelle. Wir müssen unsere Werte, bzw. Ziele, neu ausrichten."

Welche Rolle kann die Kirche bei der Förderung eines freundlicheren Miteinanders in der Gesellschaft spielen?	„Die Kirche könnte eine bedeutende Rolle spielen, wenn sie ihre inneren Werte stärker nach außen tragen würde: einen liebevolleren Umgang miteinander, die Würdigung des Einzelnen und die gegenseitige Achtung der individuellen Begabungen.
	Es gab und gibt durchaus kirchliche Gemeinschaften, denen es gelingt, diese Prinzipien vorbildlich zu leben. Allerdings stellt sich die Frage, ob eine Institution mit ihren bürokratischen Strukturen dazu wirklich in der Lage ist. Es ist wichtig zu bedenken: Jesus brachte uns Gottes Wort, nicht aber die Institution der Kirche."
Wie können wir in einer zunehmend säkularen Gesellschaft ethische Grundwerte vermitteln und stärken?	„Das Säkulare ist neu in der Weltgeschichte. Natürlich werden sich immer die Humanisten und andere Leute zu Wort melden und sagen: ‚Wir haben die Erklärung der Menschenrechte. Und wir haben Kant und die Aufklärung'. Die Vernunft soll die Ethik begründen. Die Bildung soll sie vermitteln.
	Das ist die Hoffnung der Aufklärung. Wie weit das gelingt, ist die Frage. Vielleicht ist es gerade heute Aufgabe von religiösen Gemeinschaften, ihre religiös begründeten Werte vorzuleben und so Orientierung zu ermöglichen. In

Welche biblischen Lehren oder Geschichten können uns als Inspiration für ein freundlicheres Zusammenleben dienen?

der europäischen Geschichte ist das oft über Mönchs-Gemeinschaften gelaufen – eine spirituelle Gruppe."

„Die Weihnachtsgeschichte hat sich in ihrer Wirkungsgeschichte als besonders inspirierend für ein freundlicheres Zusammenleben erwiesen. Sie vermittelt eine tiefgründige Botschaft: Die Macht zeigt sich in einer verletzlichen, zarten Form. Sie wird freundlich und zugänglich, ohne dabei ihre Essenz zu verlieren. Gerade diese Verbindung von Stärke und Sanftmut ist es, die die Menschen inspiriert und zueinander führt. In dieser Erzählung finden wir ein Vorbild dafür, wie Macht und Mitgefühl harmonisch vereint werden können. Dies regt uns an, in unserem eigenen Leben Stärke mit Freundlichkeit zu verbinden und aufeinander zuzugehen."

Wie kann der Einzelne im Alltag christliche Nächstenliebe praktizieren?

„Es gibt nichts Gutes, außer man tut es. Indem der Mensch zuhört, indem er hilft, indem er aufmerksam ist. Wo ist es gewünscht? Wo nicht? Die aufgedrängte Hilfe tut nicht gut."

Welche Möglichkeiten sehen Sie für eine stärkere Zusammenarbeit zwischen Kirche, Staat und Zivilgesellschaft zur Förderung des sozialen Zusammenhalts?	„Eine vielversprechende Möglichkeit wäre die Schaffung spiritueller Erprobungsräume, die den Menschen ein unverbindliches Kommen und Gehen ermöglichen. Diese Räume sollten so gestaltet sein, dass sie einladend wirken und niemanden abschrecken. Jeder sollte sich ermutigt fühlen, diese Orte der Spiritualität zu betreten und wieder zu verlassen, ohne Verpflichtungen oder Erwartungsdruck. Parallel dazu wäre es sinnvoll, das Ehrenamt zu stärken. In diesem Bereich können Kirchengemeinden oft auf einen reichen Erfahrungsschatz zurückgreifen. Das freiwillige Engagement bietet nicht nur die Möglichkeit, Gemeinschaft zu erleben, sondern auch persönlich zu wachsen und einen wertvollen Beitrag zur Gesellschaft zu leisten."
Wie können kirchliche Gemeinschaften als Vorbild für ein respektvolles und freundliches Miteinander dienen?	„Kirchliche Gemeinschaften können als Vorbild für ein respektvolles und freundliches Miteinander dienen, indem sie biblische Prinzipien in die Praxis umsetzen. Dies beginnt mit der aufmerksamen Wahrnehmung des Mitmenschen, dem wir unsere ungeteilte Aufmerksamkeit schenken. Ebenso wichtig ist das aktive Zuhören, bei dem wir

dem anderen geduldig und interessiert begegnen, ohne vorschnell zu urteilen.

Darüber hinaus geht es um das praktische Handeln, also konkrete Taten der Nächstenliebe, wie sie die Bibel lehrt. Eine besonders zentrale Rolle spielt dabei die Seelsorge. Sie bietet die Möglichkeit, Menschen in schwierigen Lebenssituationen beizustehen und sie einfühlsam zu unterstützen.

Diese Aspekte, die tief in der biblischen Lehre verwurzelt sind, können kirchliche Gemeinschaften kultivieren und vorleben. Indem sie diese Prinzipien in ihrem täglichen Miteinander umsetzen, setzen sie ein Beispiel für die gesamte Gesellschaft und zeigen, wie ein respektvoller und freundlicher Umgang miteinander aussehen kann."

Welche Rolle spielt Vergebung für ein freundlicheres gesellschaftliches Klima und wie kann sie gefördert werden?

„Wenn wir das gesellschaftlich betrachten, geht es nicht um Vergebung, sondern um Gerechtigkeit. Die Vorbedingung für Vergebung ist das Bekenntnis der Verfehlung, Schuld, also das Aussprechen der Wahrheit. Lasst uns wahrhaftiger und ehrlicher miteinander reden.

Im spirituellen Raum ist Vergebung der erste Schritt, um wieder frei zu sein. Nicht nur, dass mir vergeben wird, sondern dass ich vergebe."

Wie können wir eine „Kultur des Mitgefühls" in unserer Gesellschaft etablieren?	„Indem wir unsere Kultur des Erfolges reformieren. Was ist Erfolg? Was bringen wir unseren Kindern bei? Ellenbogen? Oder der Freund, die Freundin, die Gemeinschaft? Wann werde ich als erfolgreicher Mensch angesehen?"
Welche Bedeutung hat Demut für den zwischenmenschlichen Umgang und wie kann sie kultiviert werden?	„Demut setzt voraus, dass ich mutige Menschen habe. Es ist ein Akt des Mutes. Wenn sie nicht vorhanden ist, die Demut, dann ist es wichtig, die Menschen zunächst zu ermächtigen, dass sie wieder zu sich stehen können, dass sie ihre Angst loslassen und wieder Mut bekommen. Und dass sie auch den Mut haben, sich vor Größerem zu beugen. Sie brauchen nicht mehr die breite Brust zu zeigen, um sich selbst zu schützen."
Wie können wir in einer pluralistischen Gesellschaft Toleranz und gegenseitigen Respekt fördern, ohne die eigenen Überzeugungen aufzugeben?	„Indem wir die eigenen Überzeugungen kennen und bekennen. Aber sie nicht absolut setzen."

Welche Möglichkeiten sehen Sie, um den Dialog zwischen verschiedenen Glaubensrichtungen und Weltanschauungen zu fördern?

„Der erste Schritt ist, dass die Religionen voneinander wissen und ich diese auch kenne. Ohne Kenntnis der Religion kein Gespräch, ohne Dialog der Religion keine Verständigung, ohne Verständigung zwischen den Religionen kein Friede.

Wenn ich mich mit dem Muslim, dem Buddhisten oder Juden verständigen will, muss ich zunächst wissen, was ist das, was prägt ihn und ich muss mein Eigenes kennen. Dann können wir in einen Dialog treten. Dieser soll mit Respekt geführt werden und Frieden als Ziel haben. Der Staat ist dafür nicht zuständig, es sind die Menschen selber. Der Anschub zur Verständigung muss aus den Religionen selbst kommen."

Wie kann die Kirche junge Menschen für Werte wie Freundlichkeit und Nächstenliebe begeistern?

„Kirchliche Initiativen setzen bereits in vielen Kinder- und Jugendgruppen auf das Erleben von Gemeinschaft, um junge Menschen für Werte wie Freundlichkeit und Nächstenliebe zu begeistern. Der Schlüssel liegt darin, authentische Begegnungen zu ermöglichen, in denen diese Werte greifbar werden.

Als Erwachsene tragen wir die Verantwortung, diese Werte vorzuleben und den Jugendlichen als Vorbilder zu dienen. Es sind die persönliche Begegnung und das direkte Erleben, die von Werten überzeugen – nicht theoretische Belehrungen.

Kinder und Jugendliche sind aktiv auf der Suche nach einem Wertesystem, das ihnen hilft, die Welt zu verstehen und einzuordnen. Die Kirche kann hier eine wichtige Rolle spielen, indem sie einen Rahmen bietet, in dem junge Menschen positive Werte erfahren, hinterfragen und für sich annehmen können."

Welche Rolle spielen Rituale und Gemeinschaftserlebnisse für ein freundlicheres Miteinander und wie können diese gefördert werden?

„Rituale sind die Grundlagen menschlichen Zusammenlebens. Jeder hat seine Rituale. Wenn wir gemeinsame Rituale haben, dann begegnen wir uns dort in einem vertrauten und verstärkenden Rahmen. Denn das Ritual drückt etwas aus, das wir dann nicht immer wieder diskutieren müssen, um uns zu beheimaten, resonant und gemeinschaftlich zu fühlen."

Wie können wir als Gesellschaft eine Balance zwischen individueller Freiheit und gemeinschaftlicher Verantwortung finden?

„Da kann ich nur Rosa Luxemburg zitieren: ‚Die Freiheit ist auch immer die Freiheit der Andersdenkenden'. Ich muss der Freiheit ihren Raum lassen, damit wir miteinander leben können. Das muss ein Staat gewährleisten."

Welche konkreten Erwartungen sollte die deutsche Gesellschaft an Zugewanderte formulieren, um Integration und ein respektvolles Miteinander zu unterstützen?

„Sie tut das ja, indem sie dem Wunsch nach Beheimatung hier Raum gibt. Dazu gehört natürlich Sprache. Der Alltag, der vielleicht hier anders ist als in dem Herkunftsland, wird sich entwickeln. Es wird nicht immer gelingen. Damit müssen wir leben. Jedoch nicht förderlich ist, dass in den Medien immer nur das Misslungene vor Augen steht. Und das viel hundertfach Gelingende nicht. Wir regen uns schrecklich auf, auch zu Recht, über eine Subkultur in Kreuzberg, aber keiner über das Steueraufkommen der kleinen Unternehmer, die ihre Wurzeln in der Türkei haben. Sie bringen sich ja auch in die Gesellschaft ein.

Für die Integration von Zugewanderten sind Staat und Gesellschaft gefordert. Dabei ist es wichtig, dass die Schulen so ausgestattet sind, dass sie auch ihren Anteil leisten können. Es braucht mehr Räume und Arbeitskräfte, damit dies auch gelingen kann."

Wie können Zugewanderte aktiv in den Integrationsprozess eingebunden werden und welche Unterstützung benötigen

„Es wäre gut, wenn alle Kinder in unserer Gesellschaft eine gewisse Pflichtzeit im Kindergarten verbringen würden. Das Erlernen der Sprache wäre somit für zugewanderte, aber auch für deutsche Kinder leichter und für die Schule

sie von der Gesellschaft, um diese Erwartungen zu erfüllen?

würde es eine gute Grundlage bieten. Wir haben Jugendämter, die in extremen Fällen Hilfe geben."

Literatur

Baum T (2025) Webseite. https://www.agentur-fuer-freundlichkeit.de/freundlichkeit/. Zugegriffen am 27.01.2025

BBC (2022) Ten things we learned from the world's largest study of kindness. https://www.bbc.co.uk/programmes/articles/2zcD7zvfnkj6MKDgfhyTCBT/ten-things-we-learned-from-the-world-s-largest-study-of-kindness. Zugegriffen am 02.01.2025

Berking M (2015) Training Emotionaler Kompetenzen (Affect regulation training). Springer. https://link.springer.com/book/10.1007/978-3-642-54017-2. Zugegriffen am 04.01.2025

Borbonus R (2024) Über die Kunst, ein freundlicher Mensch zu sein. Econ, Berlin, S 170

Einhorrn S (2007) Die Kunst, ein freundlicher Mensch zu sein. Hoffmann und Campe, Hamburg, S 226

Ferrucci P (2006a) Nur die Freundlichen überleben. Ullstein, Berlin, S 36

Ferrucci P (2006b) Nur die Freundlichen überleben. Ullstein, Berlin, S 104

Feuerbach L (2016) FAZ Warum manche Muslime den Handschlag verweigern, 21.07.2016. https://www.faz.net/aktuell/gesellschaft/menschen/warum-manche-muslime-den-handschlag-verweigern-14349129.html. Zugegriffen am 01.12.2024

Haardt U (2025) Webseite yogaaktuell.de. https://www.yoga-aktuell.de/spiritualitaet/7-spirituelle-tipps-fuer-deine-beziehung/. Zugegriffen am 14.01.2025

Henkel S (2025) Webseite crossculture academy. https://crossculture-academy.com/de/kulturelle-unterschiede-arabische-laender/. Zugegriffen am 14.01.2025

Johannes 1:1–18 (2025) Webseite. Bibel.com. https://www.bible.com/de/bible/73/JHN.1.1-18.HFA. Zugegriffen am 12.01.2025

Johns Hopkins Medicine (2025) Webseite. https://www.hopkinsmedicine.org/health/wellness-and-prevention/forgiveness-your-health-depends-on-it. Zugegriffen am 14.01.2025

Kimich C (2015) Kindle Ausgabe Verhandlungstango. Kindle-Buch Pos. 2043. C.H. Beck, München.

Krawiec I zit. nach Forschelen B (2017) Kompendium der Zitate für Unternehmer und Führungskräfte. Springer Gabler, Berlin, S 528

Lakoff G, Wehling E (2016) Webseite „Auf leisen Sohlen ins Gehirn". https://www.carl-auer.de/auf-leisen-sohlen-ins-gehirn. Zugegriffen am 12.01.2025

Matthäus-Evangelium, Kapitel 22, Verse 37–39 (2025) Webseite. Bible.com. https://www.bible.com/de/bible/73/MAT.22.37-39.HFA. Zugegriffen am 14.01.2025

Picht G zit. n. Tenorth H-E (2017). Webseite Konrad-Adenauer-Stiftung (28. November 2017). https://www.kas.de/de/web/die-politische-meinung/artikel/detail/-/content/pichts-bildungskatastrophe-. Zugegriffen am 12.02.2025

Siddhartha G als „Buddha" bekannt zit. n. Zitelmann R (2019) Die Kunst des erfolgreichen Lebens. Finanzbuch, München, S 13

Sumsa G (2022) Nach dem Erwachen ist immer noch Montag. tredition, Hamburg, S 320

Tolle E (2020) Youtube. https://youtu.be/Ge9vw2Jgt94?si=JMdbJpkHc_xmE9OX. Zugegriffen am 05.11.2024

Tolstoi L zit. n. Zitelmann R (2019) Die Kunst des erfolgreichen Lebens. Finanzbuch, München, S 15

Williamson M (2014a) Das Gesetz d. göttlichen Ausgleichs, Kindle-Buch. Ansata, München, S 52

Williamson M (2014b) Das Gesetz des Göttlichen Ausgleichs, Kindle-Buch. Ansata, München, S 64

7

Geschichten aus dem Alltag

„Der Wiener Feuilletonist Alfred Polgar soll mal zu einem Kellner, der ihn besonders unfreundlich bediente, gesagt haben: ‚Herr Ober, Sie hätten Gast werden sollen …'" (Philipp zit. n. Forschelen 2017, S. 245)

Willkommen zu einer bunten Sammlung von Alltagsgeschichten, die uns schmunzeln lassen, zum Nachdenken anregen und manchmal sogar beide Reaktionen gleichzeitig hervorrufen. In diesem Abschnitt tauchen wir ein in die faszinierende Welt der zwischenmenschlichen Interaktionen, wo Missverständnisse, Vorurteile und unerwartete Wendungen an der Tagesordnung sind.

Wir erleben, wie Vorverurteilungen zu komischen Situationen führen, gut gemeinte Freundlichkeit missverstanden wird und Erwartungshaltungen unsere Wahrnehmung verzerren. Gleichzeitig entdecken wir Momente des gegenseitigen Lernens und der Erleuchtung über Generationen und Kulturen hinweg.

Diese Geschichten sind ein Spiegel unserer Gesellschaft und unserer Fähigkeit, aus Missverständnissen zu wachsen. Sie erinnern uns daran, dass im Alltäglichen oft das Außergewöhnliche verborgen liegt – man muss nur bereit sein, genau hinzusehen und über sich selbst zu lachen.

Lassen Sie sich von diesen Anekdoten überraschen und inspirieren, denn letztlich sind wir alle Hauptdarsteller in der großen Komödie des Lebens.

7.1 Vorverurteilungen und Missverständnisse

Wechselbad der Gefühle
Mein Kumpel Micha, ein echter Sportsfreund, erzählte mir neulich eine Geschichte, die so köstlich ist wie ein Proteinshake mit Schlagsahne-Geschmack:

Voller Elan meldete sich Micha in einem Fitnessstudio an, bereit, Muskeln und neue Freundschaften aufzubauen. Doch statt eines herzlichen Empfangs erwartete ihn eine Armee von schweigenden Fitnessrobotern. Jeder starrte verbissen auf sein Gerät, als gäbe es einen Preis für den intensivsten „Ich-sehe-dich-nicht"-Blick.

Michas Versuche, Kontakt aufzunehmen, waren so erfolgreich wie ein Spaghettiwerfen an einer Teflonwand. Kein Lächeln, kein Nicken, nichts. „Vielleicht", dachte er, „sind die Kopfhörer eine Art moderner Burggraben gegen unerwünschte soziale Interaktion."

Doch dann kam die große Wende! In der Sauna, wo Kopfhörer und Klamotten gleichermaßen verbannt waren, herrschte plötzlich eine Atmosphäre wie auf einem Klassentreffen. Jeder grüßte jeden, als wären sie alte Schulfreunde. Micha war verwirrt. Hatte die Hitze ihre Gehirne geschmolzen oder war das nackte Dasein der Schlüssel zur Freundlichkeit?

Neugierig wie ein Detektiv in einem Nudistencamp beschloss Micha, der Sache auf den Grund zu gehen. Er fragte einen der Fitness-Enthusiasten nach diesem Jekyll-und-Hyde-Verhalten.

Die Antwort war so einfach wie genial: Beim Training sei man so fokussiert wie ein Schachgroßmeister kurz vor dem Schachmatt. Jedes „Hallo" könnte die mühsam aufgebaute Konzentration zerstören wie ein Kartenhaus im Wind. In der Sauna dagegen, wo die einzige Anstrengung darin bestehe, nicht auf der Bank festzukleben, sei endlich Zeit für ein Pläuschchen.

Die Moral von der Geschicht': Micha lernte: Vorschnelles Urteilen ist wie Bankdrücken ohne Aufwärmen – es kann ziemlich schmerzhaft enden. Manchmal steckt hinter vermeintlicher Unfreundlichkeit einfach nur höchste Konzentration. Und wer weiß, vielleicht ist nackte Haut tatsächlich der beste Eisbrecher!

Verkaufs-Unfreundlichkeit – ein Lächeln auf Bestellung
Stellen Sie sich vor: Sie betreten einen Laden, bereit, Ihr hart verdientes Geld gegen Waren einzutauschen, und werden von einem Verkäufer begrüßt, dessen Gesichtsausdruck Sie an saure Milch erinnert. Bevor Sie nun empört den Laden verlassen oder eine schlechte Bewertung hinterlassen, halten Sie inne und betrachten Sie das Schauspiel der menschlichen Natur vor Ihnen.

Der einsame Ladenhüter sieht vielleicht deshalb so unfreundlich aus, weil seine Kollegin krank ist. Er jongliert Kunden, Kasse und Lagerbestand in einem Alleingang, der ihn an die Grenzen seiner Belastbarkeit bringt. Oder könnte es sein, dass im Geschäft aus Kostengründen die Heizung heruntergedreht wurde, und er gegen die Kälte ankämpft?

Nicht zu vergessen sind die privaten Sorgen, die jeder von uns mit sich herumträgt. Familiäre Probleme, finanzielle Sorgen oder gesundheitliche Beschwerden – all das kann sich auf unser Verhalten auswirken, ohne dass wir es wollen oder uns dessen bewusst sind.

Zudem wissen wir alle, wie schwer es sein kann, freundlich zu sein, wenn man innerlich mit Groll, Wut oder Resignation kämpft. Oft sind es Kleinigkeiten, die das Fass zum Überlaufen bringen – ein falsch geparkter Einkaufswagen, eine endlose Reihe von Fragen oder einfach nur ein stressiger Tag.

Daher sollten wir, bevor wir einen mürrischen Verkäufer verurteilen, einen Moment innehalten und daran denken:

> Hinter jeder scheinbar unfreundlichen Fassade steckt ein Mensch mit einer Geschichte!

Ein wenig Verständnis und Mitgefühl können manchmal Wunder bewirken – vielleicht sogar ein Lächeln auf ein zuvor grimmiges Gesicht zaubern. Und wer weiß, vielleicht macht diese kleine Geste den Tag nicht nur für den Verkäufer, sondern auch für uns selbst ein bisschen besser.

Missverständnisse im Schulalltag: Wenn Stereotypen die Kommunikation trüben

In einer Schule offenbarte sich bei der Planung der ersten Klassenfahrt für 10- bis 12-jährige Schüler ein klassisches Beispiel für interkulturelle Missverständnisse: Als ein muslimisches Mädchen nicht an der Fahrt teilnehmen durfte, vermuteten die Lehrer sofort religiöse Gründe. Sie luden den Vater zu einem Gespräch ein, um die Rahmenbedingungen der Klassenfahrt zu erklären, einschließlich der Trennung von Mädchen und Jungen in den Schlafräumen.

Der Vater, ein arabischer Muslim, blieb jedoch bei seiner Ablehnung, was die Lehrer in ihrem Stereotyp bestärkte. In einem letzten Versuch baten sie einen lokalen Imam um Vermittlung. Im Gespräch mit dem Imam offenbarte der Vater den wahren Grund seiner Sorge: Seine Tochter litt unter Schlafwandeln, und er fürchtete, sie könnte zum Gespött der Klasse werden, wenn dies während der Fahrt beobachtet würde.

Diese Situation zeigt eindrücklich, wie Stereotypen auf beiden Seiten zu Fehlinterpretationen führen können. Die Schule ging automatisch von religiös-kulturellen Motiven aus, während der Vater aus Scham über ein in seiner Kultur möglicherweise stigmatisiertes Verhalten die wahren Gründe zunächst verschwieg. Die Auflösung des Missverständnisses verdeutlicht die Wichtigkeit offener Kommunikation und die Notwendigkeit, vorschnelle Annahmen zu hinterfragen, um interkulturelle Barrieren zu überwinden.

Maskenduell an der Grenze: Wenn Ängste aufeinandertreffen

In einem Zug von der Schweiz nach Deutschland spielte sich während der Coronazeit eine Szene ab, die sowohl die Spannungen als auch die unerwarteten Gemeinsamkeiten offenbarte. Am Grenzübergang, wo die deutschen Maskenregeln in Kraft traten, wurde ich unfreiwilliger Zeuge eines Gesprächs, das als Konfrontation begann und in einer überraschenden Erkenntnis endete.

Der erste Protagonist, nennen wir ihn Herrn Vorsicht, trug seine Maske bereits und sprach den zweiten, Herrn Freiheit, an, der gerade erst widerwillig seine Maske aufsetzte. Was folgte, war ein verbaler Schlagabtausch, der die Komplexität der Gefühle rund um das Thema Maskentragen deutlich machte. „Wollen Sie nicht Ihre Maske richtig aufsetzen?", eröffnete Herr Vorsicht das Gespräch, mit einem Ton, der zwischen Sorge und Vorwurf schwankte.

Herr Freiheit, sichtlich irritiert, konterte: „Entschuldigung, wieso sprechen Sie mich in diesem Ton an? Ich würde gerne wissen, wovor Sie Angst haben?"

Die Antwort kam prompt: „Haben Sie denn nicht gelesen, wie ansteckend das ist?"

An diesem Punkt hätte das Gespräch in einen typischen Maskenstreit ausarten können, wie wir ihn alle schon oft erlebt oder beobachtet haben. Doch Herr Freiheit sagte etwas Unerwartetes: „Wollen Sie vielleicht auch meine Angst kennenlernen?"

Herr Vorsicht, überrascht von dieser Offenheit, antwortete: „Wenn's sein muss."

Was folgte, war ein Moment der Ehrlichkeit, der die Gemeinsamkeiten hinter den scheinbaren Gegensätzen enthüllte. Herr Freiheit erklärte: „Ich habe auch Angst, aber nicht vor der Ansteckung, sondern davor, dass mir übel wird, weil ich zu wenig Luft bekomme hinter der Maske. Was meinen Sie, haben wir nicht beide dieselbe Angst? Denn Angst ist Angst, und es gibt keine bessere oder schlechtere Angst."

Diese Szene illustriert eindrucksvoll, wie komplex und vielschichtig die Emotionen waren, die hinter unseren Handlungen und Reaktionen in der Pandemie standen. Was als Konfrontation begann, endete in einem Moment des gegenseitigen Verständnisses. Es zeigt, dass hinter den oft verhärteten Fronten in der Maskendebatte oft ähnliche menschliche Ängste und Sorgen standen – sei es die Angst vor Krankheit oder die Angst vor den Folgen der Einschränkung.

Vielleicht liegt in solchen Momenten des ehrlichen Austauschs der Schlüssel zu mehr Verständnis und weniger Polarisierung in unserer Gesellschaft. Denn am Ende des Tages waren wir alle Menschen, die versuchten, mit einer beispiellosen Situation umzugehen – jeder auf seine Weise, aber alle mit dem Wunsch nach Sicherheit und Wohlbefinden.

Vom Rumpeln zur Rücksichtnahme: Eine Kaffeepause mit den Lärmvirtuosen

Stellen Sie sich vor: Es ist ein friedlicher Morgen, und plötzlich ertönt das Konzert der „Rumpelbrüder". Diese Transport-Arbeiter, wahre Virtuosen des Lärms, wuchten ihre Paletten-Wagen auf die Lkw-Ladefläche, als gälte es, einen neuen Dezibel-Rekord aufzustellen. Man könnte meinen, sie hätten eine persönliche Fehde mit der Stille.

Aber anstatt uns über diese akustische Herausforderung zu ärgern: Wie wäre es, einen anderen Weg einzuschlagen? Stellen Sie sich vor, Sie marschieren zu diesen Krawallmachern, bewaffnet mit einem Tablett voll dampfender Kaffeebecher. „Guten Morgen, meine Herren! Ich dachte, nach so viel Krafteinsatz haben Sie sich eine kleine Stärkung verdient!"

Vielleicht entdecken wir dann, dass hinter der rabiaten Fassade einfach nur müde Menschen stecken, die ihren ersten Kaffee noch nicht hatten. Oder wir erfahren von ihrem geheimen Traum, eine Schlagzeugband zu gründen – wer weiß?

Die Psychologin Ruth Cohn würde hier zustimmend nicken und sagen: „Störungen haben Vorrang" (Cohn 2025).

Also, anstatt die Ohren auf Durchzug zu stellen, könnten wir die Gelegenheit beim Schopfe packen und aus der Störung eine Begegnung machen. Wer weiß, vielleicht verwandeln sich unsere Rumpelbrüder durch ein bisschen Freundlichkeit und Koffein in sanfte Riesen, die ihre Paletten mit der Grazie von Balletttänzern bewegen. Und sollte das nicht klappen, haben wir zumindest eine amüsante Geschichte für den nächsten Kaffeeklatsch.

Also, das nächste Mal, wenn Sie vom Lärm geweckt werden, denken Sie daran: Es könnte der Beginn einer wunderbaren Freundschaft sein – oder zumindest der Anfang eines deutlich leiseren Arbeitstages.

7.2 Falsch verstandene Freundlichkeit

Freundliche Miene zu falschem Spiel
In der Welt des modernen Einkaufens gibt es eine besondere Spezies von Kunden, die die hohe Kunst der unfreundlichen Freundlichkeit perfektioniert hat. Ihr Habitat? Das lokale Fachgeschäft. Ihr Ziel? Maximale Beratung bei minimalem Gewissen.

Der Ablauf ist so präzise wie ein Schweizer Uhrwerk: Zunächst betritt unser Protagonist, nennen wir ihn Herrn Schnäppchenjäger, das Computergeschäft mit der Unschuldsmiene eines Kindes, das gerade nicht in die Keksdose gegriffen hat. Mit großen Augen und scheinbar grenzenloser Neugier lässt er sich vom geduldigen Fachverkäufer alle Feinheiten des neuesten Laptopmodells erklären.

Stunden vergehen, in denen der Verkäufer sein gesamtes Fachwissen ausbreitet, während Herr Schnäppchenjäger eifrig nickt und sich Notizen macht – vermutlich inklusive der Artikelnummer für die spätere Online-Suche. Nachdem der letzte Pixel erklärt und die letzte Taste gedrückt wurde, bedankt sich unser Held überschwänglich für die „unglaublich hilfreiche Beratung" und verspricht, „sich das Ganze nochmal durch den Kopf gehen zu lassen".

Kaum zu Hause angekommen, fliegen die Finger über die Tastatur. Zack, der gleiche Computer, 50 € billiger, mit kostenlosem Versand. Ein Klick, und das Schnäppchen ist gesichert. Herr Schnäppchenjäger lehnt sich zufrieden zurück, stolz auf seine Cleverness.

Doch halt! Was ist das? Ein leises Flüstern in seinem Hinterkopf erinnert ihn daran, dass sein Verhalten vielleicht nicht ganz … nun ja, freundlich war. Aber hey, Geschäft ist Geschäft, oder? Und wenn die Innenstädte dadurch ein bisschen leerer werden – umso besser! Mehr Platz zum Spazierengehen zwischen all den „Zu vermieten"-Schildern.

Also, liebe angehende Schnäppchenjäger, wenn ihr das nächste Mal ein Fachgeschäft betretet, denkt daran: Freundlichkeit ist überbewertet, besonders wenn es ums Geldsparen geht. Und wer braucht schon lebendige Innenstädte? Online-Shopping ist ohnehin viel bequemer – vor allem, wenn man vorher eine kostenlose Privatvorführung im Laden genossen hat.

Fazit: Wer wirklich unfreundlich sein möchte, sollte es mit einem Lächeln tun. Es ist die perfekte Tarnung für das schlechte Gewissen – falls man denn eines hat.

Extrem-Individualismus

In unserer modernen Welt hat der Extrem-Individualismus ganz neue Blüten getrieben. Da sitzen wir in unseren rollenden Ritterrüstungen, auch bekannt als Autos, und brettern einsam durch die Gegend. Fahrgemeinschaften? Pah! Wer will schon Small Talk im Stau machen?

In Cafés und Restaurants haben wir die hohe Kunst der Einzeltisch-Besetzung perfektioniert. Wer braucht schon Gesellschaft, wenn man sein Smartphone hat? Schließlich ist es viel spannender, die Likes auf Instagram zu zählen, als sich mit echten Menschen zu unterhalten.

Zuhause geht der Spaß erst richtig los. Familien-TV-Abend? Wie altmodisch! Stattdessen haben wir in jedem Zimmer einen eigenen Fernseher. So kann Mama ihre Seifenoper schauen, Papa die Sportübertragung genießen und die Kinder können sich ungestört von Katzenvideos berieseln lassen.

Wer braucht schon gemeinsame Erlebnisse oder gar Gespräche über das Gesehene?

In unseren modernen Wohnsilos, pardon, Apartmentkomplexen, haben wir die Kunst der Nachbarschafts-Ignoranz zur Perfektion gebracht. Wer seinen Nachbarn kennt, hat eindeutig zu viel Freizeit!

Aber halt! Haben wir uns mit unserem Ego-Trip vielleicht ein bisschen zu weit aus dem Fenster gelehnt? Fühlt sich dieses Leben in der selbst gewählten Isolation wirklich so toll an, wie wir dachten? Vielleicht ist es an der Zeit, das Ruder herumzureißen?

Also, liebe Mitmenschen, lasst uns mutig sein und einen revolutionären Schritt wagen: Reden wir wieder miteinander! Lachen wir gemeinsam! Teilen wir Erlebnisse! Wer weiß, vielleicht entdecken wir dabei sogar, dass andere Menschen gar nicht so übel sind. Gemeinsam sind wir nicht nur stark, sondern auch viel weniger gelangweilt.

Schluss mit der selbst gewählten Einsamkeit – lasst uns die Freude der Gemeinschaft wiederentdecken!

Das Mysterium des freundlichen Blicks

Haben Sie schon einmal versucht, auf der Straße freundlich zu lächeln, nur um festzustellen, dass Ihr Gegenüber Sie anstarrt, als hätten Sie gerade verkündet, vom Mars zu stammen? Willkommen in der wundersamen Welt der zwischenmenschlichen Blickkommunikation!

Es scheint, als hätten manche Menschen eine regelrechte Phobie vor freundlichen Gesichtern entwickelt. Vielleicht fürchten sie, dass hinter jedem Lächeln ein Verkäufer lauert, der ihnen die neueste Ausgabe des „Glücksboten" andrehen will. Oder sie vermuten, dass der freundlich Blickende gleich mit einem Schreibblock bewaffnet auf sie zustürmen und sie nach ihrer Meinung zu Gartenzwergen befragen wird. Die Gründe für diese merkwürdigen Reaktionen sind vielfältig:

In einer Welt, in der wir gewohnt sind, mit gesenktem Blick durch die Straßen zu huschen, kann ein freundliches Lächeln durchaus verstörend wirken. „Was will diese Person von mir? Habe ich Spinat zwischen den Zähnen? Oder noch schlimmer – kennt sie mich etwa und ich habe sie vergessen?"

Unsere Spiegelneuronen, die normalerweise dafür sorgen, dass wir Emotionen anderer Menschen nachempfinden können, scheinen bei manchen auf „Verwirrungsmodus" geschaltet zu sein. Statt das Lächeln zu erwidern, produzieren sie einen Gesichtsausdruck irgendwo zwischen „Hab ich den Herd angelassen?" und „Ist das da ein Ufo?"

Für Menschen mit sozialer Angst kann ein freundlicher Blick wie eine Bedrohung wirken. In ihren Köpfen läuft sofort das schlimmstmögliche Szenario ab: „Oh nein, jetzt muss ich Belangloses plaudern und dabei werde ich mich blamieren und alle werden lachen und ich werde nie wieder das Haus verlassen können!" (Wolf 2023).

Also, liebe Freunde des freundlichen Blicks, lassen Sie sich nicht entmutigen! Vielleicht ist Ihr Lächeln genau der Sonnenschein, den jemand an diesem Tag braucht – auch wenn die erste Reaktion eher an eine Schockstarre erinnert. Leider sind Menschen durch Ablenkungen manchmal nicht im gegenwärtigen Moment und können deshalb auch nicht auf das spontane Angebot eines Lächelns reagieren.

Auch wenn von hundert Versuchen nur einer gelingt – dieser kann ein Moment des unmittelbaren Erkennens sein und ein Hochgefühl auslösen. Wer weiß, vielleicht lösen Sie damit eine Revolution der Freundlichkeit aus. Denken Sie immer daran: Ein Lächeln kostet nichts, kann aber Wunder bewirken – oder zumindest für unterhaltsame Momente sorgen!

Das große Mitteilungsbedürfnis

Ach, in was für wunderbaren Zeiten wir doch leben! Jeder von uns ist ein wandelnder Nachrichtensender, immer auf Sendung, immer bereit, die neuesten „Breaking News" zu verbreiten. Ob es nun die Katze des Nachbarn ist, die schon wieder auf dem falschen Balkon gelandet ist, oder die bahnbrechende Erkenntnis, dass Klopapier tatsächlich aus Papier besteht – wir müssen es einfach teilen!

In der Corona-Zeit erreichte dieses Phänomen geradezu epische Ausmaße. Plötzlich wurde jeder zum Virologen, Epidemiologen und Gesundheitsminister in Personalunion. WhatsApp-Gruppen explodierten förmlich vor lauter „wichtigen" Informationen. „Hast du gehört? Mein Cousin dritten Grades kennt jemanden, dessen Friseur einen Artikel gelesen hat, dass Brokkoli vor Corona schützt!" Halleluja, wir sind gerettet!

Aber halt! Bevor wir uns kopfüber in den nächsten Gemüseladen stürzen, lasst uns innehalten und an das Reiz-Reaktions-Schema denken. Es erinnert uns daran, dass wir zwischen Reiz und Reaktion eine Wahl haben. Ja, Sie haben richtig gehört: Wir müssen nicht jede Information teilen, nur weil wir sie besitzen!

Stellen Sie sich vor, Sie wären ein Geheimagent (zugegeben, vielleicht mit etwas weniger Action und mehr Sofa). Ihre Mission, sollten Sie sie annehmen: Dem Mitteilungsdrang zu widerstehen! Anstatt in die Ferne zu schweifen und jede noch so obskure Nachricht weiterzuleiten, wie wäre es, wenn wir mal vor der eigenen Haustür kehren? Vielleicht entdecken wir dabei sogar, dass unser Nachbar gar nicht der Alien ist, für den wir ihn immer gehalten haben.

Lasst uns statt Leidens- lieber Freudenbrüder und -schwestern werden, anstatt uns gegenseitig mit Hiobsbotschaften zu bombardieren. Statt „Hast du schon gehört …?" könnten wir fragen: „Hast du heute schon gelacht?" Oder noch besser: „Möchtest du einen Witz hören?"

Also, liebe Mitteilungswillige, das nächste Mal, wenn Ihr Finger zuckend über dem „Teilen"-Button schwebt, atmen Sie tief durch und fragen Sie sich: „Muss die Welt wirklich wissen, dass mein Toast heute Morgen leicht angebrannt war?" Wenn die Antwort „Nein" lautet (und glauben Sie mir, das tut sie meistens), dann gratuliere ich Ihnen! Sie haben soeben einen Schritt in Richtung digitaler Entgiftung gemacht.

Erinnern wir uns: Das Land braucht keine Leidensgenossen, sondern Freudenspender. Also, lassen Sie uns gemeinsam lachen, statt zu lamentieren. Und wer weiß, vielleicht entdecken wir dabei, dass das wahre Glück nicht in der Ferne liegt, sondern direkt vor unserer Nase – ganz ohne Push-Benachrichtigung.

7.3 Erwartungshaltungen

Spieglein, Spieglein in der Hand
In der modernen Welt des öffentlichen Nahverkehrs entfaltet sich täglich ein faszinierendes Schauspiel. Ob in Zügen, Bussen oder Straßenbahnen – überall sieht man Menschen, die wie gebannt auf ihre kleinen, leuchtenden Rechtecke starren. Es ist, als hätte sich das Märchen von Schneewittchen in unsere Zeit verirrt, nur dass die arglistige Königin nicht mehr allein ist mit ihrer Frage: „Spieglein, Spieglein an der Wand, wer ist die schönste im ganzen Land?"

Stattdessen scheinen Hunderte von „Königinnen" und „Königen" gleichzeitig ihre magischen Spiegel zu befragen. Doch statt einer weisen Antwort erhalten sie meist nur das eigene Selfie zurück, garniert mit ein paar Likes und Herzchen. Wie es wohl ausginge, wenn all diese selbstverliebten Herrscherinnen plötzlich erführen, dass es da draußen jemanden gibt, der „tausendmal schöner als sie" ist?

Vielleicht würden sie dann endlich aufblicken und bemerken, dass die wahre Schönheit nicht im Bildschirm zu finden ist, sondern in der Welt um sie herum. Oder sie würden einfach weiterscrollen, auf der ewigen Suche nach dem perfekten Filter, der sie zur „Schönsten im ganzen digitalen Land" macht. Eines ist sicher: Die sieben Zwerge hätten heutzutage alle Hände voll zu tun, um all die heruntergefallenen Smartphones aufzuheben.

Friedlicher Ungehorsam mit Augenzwinkern
Stellen Sie sich eine Welt vor, in der Kriege einfach ausfallen, weil niemand Lust hat hinzugehen. Klingt utopisch? Genau das ist der Ausgangspunkt des humorvollen Liedes „Stell dir vor es ist Krieg" von Simon & Jan.

Die beiden Liedermacher malen uns ein herrlich absurdes Bild: Statt in den Krieg zu ziehen, vögeln die Vögel fröhlich vor sich hin, Karl-Heinz löst gemütlich Sudokus, und alle rufen begeistert „Ja ja ja!" zum Frieden. Doch wie es so schön heißt: „Irgend so'n Arsch geht dann doch wieder hin" – tja, Spielverderber gibt's überall.

Die Kernbotschaft des Liedes basiert auf der Idee, dass Konflikte und unerwünschte Situationen durch gemeinsames Nichtbeteiligen verhindert werden könnten. Dies wird nicht nur am Beispiel des Krieges illustriert, sondern auch auf alltäglichere Szenarien wie Arbeit und Unterhaltung übertragen.

Der Text unterstreicht die potenzielle Kraft des Einzelnen, Veränderungen herbeizuführen, indem er sich weigert, an destruktiven oder unerwünschten Aktivitäten teilzunehmen.

Die wiederholte Phrase „Stell dir vor" lädt den Zuhörer ein, über alternative Realitäten nachzudenken und die Möglichkeit des friedlichen Widerstands in Betracht zu ziehen. Dabei wird auch die Schwierigkeit solcher Vorstellungen anerkannt: „Ach, das alles sagt sich so leicht, wenn die Vorstellungskraft halt nicht reicht".

Insgesamt regt der Text zum Nachdenken über die Macht des Individuums in der Gesellschaft an und hinterfragt kritisch die Bereitschaft zur Konformität. Er betont die Notwendigkeit eines kollektiven Bewusstseins und Handelns, um bedeutende Veränderungen herbeizuführen, sei es in Bezug auf Frieden, Arbeitsbedingungen oder soziale Normen (Simon und Jan 2024).

7.4 Freundliches voneinander Lernen

Omas Unfreundlichkeits-Schule: Ein generationsübergreifendes Lernspiel
In einer Zeit, in der Höflichkeit manchmal als altmodisch gilt, hatte eine einfallsreiche Großmutter eine brillante Idee. Statt sich über die Unfreundlichkeit ihrer Enkel weiter zu beschweren, drehte sie den Spieß einfach um.

„Wisst ihr", sagte sie mit einem Augenzwinkern, „Ich habe nie gelernt, unfreundlich zu sein. Könnt ihr es mir beibringen?"

Die Kinder, zunächst verwirrt, wurden schnell zu eifrigen „Lehrern". Als Oma plötzlich barsch „Her mit der Butter, wird's bald!" rief, statt höflich darum zu bitten, war das Eis gebrochen. Was folgte, war ein köstliches Rollenspiel. Die Enkel, nun in der Position der „Höflichkeitsexperten", begannen instinktiv, freundlicher zu reagieren. Selbst kleine Rückschläge, wie ein vorschnelles „Mensch, Oma, kommst du jetzt endlich?", wurden sofort selbst korrigiert.

Dieses kluge Spiel verbreitete sich wie ein Lauffeuer – von den Eltern bis in die Schule. Es wurde zu einem Paradebeispiel für generationsübergreifendes Lernen, bei dem jeder etwas vom anderen lernen konnte.

Omas geniale Idee zeigte: Manchmal braucht es nur einen Perspektivwechsel und eine Prise Humor, um wichtige Lektionen spielerisch zu vermitteln. Und wer weiß – vielleicht wird „Omas Unfreundlichkeits-Schule" bald zum neuen Trendsetter in Sachen Höflichkeitserziehung!

Die schenkende Tante: Eine Lektion in Großzügigkeit
In der geteilten Stadt Berlin lebte einst meine Tante Ilse, eine wahre Meisterin der Kunst des Schenkens. Ihre Wohnung hätte man bestenfalls als „rustikal-charmant" bezeichnen können – mit einer Ofenheizung, die mehr Charakter

als Wärme verströmte, und einem Bad, in dem das Wasser so kalt war, dass selbst die Eisbären im Berliner Zoo mitleidig geschaut hätten.

Doch trotz dieser spartanischen Umgebung war Tante Ilse ein wandelnder Geschenke-Automat für ihre Verwandten im Osten. Während wir uns fragten, ob sie vielleicht heimlich eine Heißwasser-Allergie hatte, verteilte sie Präsente, als wäre sie der Weihnachtsmann persönlich – nur ohne Bart und mit deutlich besserem Modegeschmack.

Damals, in meiner jugendlichen Weisheit, dachte ich: „Tantchen, kauf dir doch mal einen Boiler! Dein Badezimmer ist kälter als der Kalte Krieg!" Aber nein, Tante Ilse lächelte nur geheimnisvoll und packte das nächste Geschenk ein.

Erst später wurde mir klar, was Tante Ilse schon lange wusste: Es geht nicht nur um warmes Wasser, sondern um die Zufriedenheit, die man empfindet, wenn man anderen etwas Gutes tut. Diese Erkenntnis kam, als ich selbst anfing, Freude am Schenken zu finden. Tante Ilse hatte offenbar schon früh verstanden, dass es im Leben mehr gibt als materielle Annehmlichkeiten – nämlich die Freude, die man anderen bereiten kann.

Heute, wenn ich Geschenke verteile, denke ich oft an Tante Ilse und ihr frostiges Badezimmer. Und wer weiß, vielleicht war ihr kühles Bad ja der Grund für ihre Großzügigkeit – schließlich gibt es keine bessere Motivation zum Geschenke-Einkaufen als der Wunsch, dem eigenen Badezimmer zu entkommen!

So hat uns Tante Ilse nicht nur mit Präsenten, sondern auch mit einer wertvollen Lektion beschenkt: Wahre Freude liegt im Geben. Und wer weiß, vielleicht hat sie sich am Ende doch noch einen Boiler gegönnt – als Geschenk an sich selbst, versteht sich.

Hättest du geschwiegen …

Der junge Journalist Max war nervös, als er vor der imposanten Villa seines Onkels in Augsburg stand. Er hatte den ehrwürdigen ehemaligen Oberstudienrat seit Jahren nicht mehr gesehen, und die Ehrfurcht vor dessen Wissen und Weisheit ließ ihn sich klein und unbedeutend fühlen. Onkel Heinrich empfing ihn mit einem warmen Lächeln und führte ihn in sein Studierzimmer, das vom Boden bis zur Decke mit Büchern gefüllt war. Max fühlte sich sofort eingeschüchtert von der geballten Gelehrsamkeit, die ihn umgab.

Um seine Unsicherheit zu überspielen, begann Max, von seinen jüngsten journalistischen Erfolgen zu erzählen. Er berichtete von waghalsigen Recherchen, exklusiven Interviews und seinen angeblichen Eroberungen in der Medienwelt.

„Stell dir vor, Onkel Heinrich", prahlte Max, „letzte Woche habe ich sogar ein Interview mit dem Bundespräsidenten geführt! Und danach hat mich die Pressesprecherin zum Essen eingeladen. Ich sage dir, die war ganz schön angetan von mir!"

Mit jedem Wort wurde Max' Geschichte ausschweifender und unglaubwürdiger. Er erzählte von Verfolgungsjagden mit Politikern, geheimen Treffen mit Whistleblowern und wie er angeblich einen internationalen Skandal aufgedeckt hatte.

Onkel Heinrich hörte geduldig zu, während er seinen Neffen über den Rand seiner Lesebrille hinweg beobachtete. Als Max schließlich verstummte, herrschte für einen Moment Stille im Raum. Dann beugte sich der alte Oberstudienrat vor, sah seinem Neffen tief in die Augen und sagte mit sanfter Stimme: „Ach, mein lieber Max. Hättest du geschwiegen, wärst du ein Philosoph geblieben."

Max' Gesicht lief rot an, als er die Bedeutung der Worte seines Onkels verstand. In diesem Moment wurde ihm klar, dass wahre Weisheit nicht in großspurigen Erzählungen liegt, sondern in der Fähigkeit, zuzuhören und zu schweigen.

Von diesem Tag an beschloss Max, weniger zu reden und mehr zu beobachten – eine Lektion, die ihm in seiner journalistischen Karriere noch oft von Nutzen sein sollte.

Das unfreundliche Drehbuch

Henriette war eine junge Frau mit einem besonderen Talent: Sie war unfreundlich wie kaum jemand sonst. Dieses „Talent" bereitete ihr jedoch zunehmend Kopfzerbrechen. In ihrer Verzweiflung beschloss sie, etwas dagegen zu unternehmen.

Mit Eifer stürzte sich Henriette in die Welt der Benimm-Ratgeber. Die Bibliothekarin staunte nicht schlecht, als Henriette einen ganzen Stapel Bücher mit Titeln wie „In 10 Schritten zum Sonnenschein" oder „Lächeln leicht gemacht" auslieh. Zuhause verschlang sie einen Ratgeber nach dem anderen. Auch im Internet suchte sie nach Hilfe und schaute sich unzählige Videos an, in denen freundliche Menschen erklärten, wie man freundlich wird.

Doch all ihre Bemühungen schienen vergebens. Kaum ärgerte sie sich über eine Kleinigkeit – sei es eine zu lange Warteschlange im Supermarkt oder ein falsch geparktes Auto – schon war sie wieder in ihrer alten, grimmigen Art gefangen. Ihre Mitmenschen zuckten zusammen, wenn sie nur in ihre Nähe kam.

Eines Nachts hatte Henriette einen merkwürdigen Traum. Sie fand sich plötzlich als Regisseurin auf einem opulenten Film-Set wieder, umgeben von einer Aura aus Kreativität und Glamour.

Mit weit aufgerissenen Augen und klopfendem Herzen ließ sie ihren Blick über die Kulisse schweifen, die einem

Boulevard einer Stadt original nachgestellt war. Fasziniert schaute sie den makellos, perfekt geschminkten und elegant gekleideten Schauspielern zu. Sie bestaunte das perfekt taghell ausgeleuchtete Set, während ein Gefühl unbegrenzter Möglichkeiten sie durchströmte.

Doch überrascht stellte sie fest, dass die Gespräche im Drehteam sie beunruhigten: Die Schauspieler lästerten abfällig über die unfähigen Requisiteure. Diese schimpften über die schattenwerfenden Beleuchter. Die Frau aus der Schminke stritt mit dem Aufnahmeleiter. Dabei zeigten sie vorwurfsvoll auf Henriette.

Als noch ein Techniker über ein Kabel stolperte und dabei ein Kamerastativ umriss, kam der Chefkameramann auf Henriette zugerannt. Er und alle anderen fixierten sie mit durchdringenden Blicken. Der Kameramann durchbrach das gespenstische Schweigen und sagte forsch: „Sehen Sie, was Sie angerichtet haben? Sie sind die Regisseurin dieser Inszenierung. Sie haben das Drehbuch geschrieben. Wenn Sie sich für Unfreundlichkeit entschieden haben, kann das niemand von außen ändern. Weder wir noch alle Schutzengel oder Gott selbst. Nur Sie können Ihr Drehbuch umschreiben. Der erste Schritt liegt bei Ihnen. Danach können wir alle helfen."

Henriette erwachte schweißgebadet. Die Worte des Kameramanns hallten in ihrem Kopf nach. War es möglich, dass sie selbst für ihre Unfreundlichkeit verantwortlich war? Hatte sie unbewusst beschlossen, diese Rolle zu spielen?

In den folgenden Tagen dachte Henriette viel über ihren Traum nach. Sie begann zu verstehen, dass all die Ratgeber und Videos ihr nicht helfen konnten, solange sie nicht selbst bereit war, sich zu ändern.

Langsam aber sicher begann Henriette, ihr „Drehbuch" umzuschreiben. Sie fing an, bewusst freundlicher zu sein – nicht, weil ein Buch es ihr sagte, sondern weil sie es wirklich wollte. Es war nicht einfach, und manchmal fiel sie in alte Muster zurück. Doch mit der Zeit wurde es leichter.

Monate später traf Henriette zufällig ihre Bibliothekarin wieder. Diese war erstaunt über die Veränderung. „Sie wirken so viel freundlicher und ausgeglichener", bemerkte sie. Henriette lächelte und antwortete: „Nun, ich habe gelernt, dass wahre Freundlichkeit von innen kommt. Manchmal braucht es einfach einen Traum, um aufzuwachen."

Literatur

Philipp B zit. n. Forschelen (2017) Kompendium der Zitate für Unternehmer und Führungskräfte. Springer Gabler, Barlin, S 245

Cohn R (2025) Webseite: Ruth Cohn Institute for TCI-international. https://www.ruth-cohn-institute.org/suche.html?keywords=Vorrang. Zugegriffen am 10.02.2025

Wolf D (2023) Webseite. https://www.palverlag.de/soziale-angst.html. Zugegriffen am 15.01.2025

Simon E, Jan T (2024) Webseite Youtube. https://youtu.be/dv9i-C6eL1p0?si=VzW0zWhcCiy8UlOv. Zugegriffen am 15.01.2025

8

Lösungen

„Sei immer ein wenig freundlicher als notwendig." (Barrie zit. n. Forschelen 2017, S. 247)

In diesem Kapitel geht es vor allem um das wünschenswerte freundliche Verhalten von Menschen und gesellschaftlichen Organisationen. Freundliches Verhalten fördert nicht nur das individuelle Wohlbefinden, es trägt auch zur Stärkung des sozialen Zusammenhalts bei. Es hilft, Konflikte und Barrieren abzubauen und Verständnis für unterschiedliche Perspektiven zu fördern.

Wir widmen uns in diesem Kapitel den Lösungen für ein freundlicheres Miteinander, betrachten, wie wünschenswertes Verhalten unsere Beziehungen stärkt und die Gesellschaft positiv beeinflusst. Wir untersuchen, wie destruktiver Egoismus überwunden und eine Kultur des Wohlwollens geschaffen werden kann. Dabei beleuchten wir Aspekte wie wertschätzende Gesprächskultur, verantwortungsvolle Mediennutzung und eine verbindende Politik. Ziel ist es,

Wege zu einer achtsamen und freundlichen Kultur des Miteinanders aufzuzeigen.

8.1 Die Kraft der Freundlichkeit in der Gegenwart

Freundlichkeit zwischen Menschen ist in der heutigen Zeit von besonderer Bedeutung, da sie als Gegenpol zu den zunehmenden gesellschaftlichen Spannungen und der digitalen Entfremdung fungiert.

Arianna Freni meint auf der Webseite Openup, dass Freundlichkeit weit mehr als nur ein Verhalten sei: „Freundlichkeit ist ein lebendiges System, das von einem einzigen Funken ausgeht und sich wie eine sich selbst nährende Spirale von einem Menschen zum anderen ausbreitet" (Freni 2022).

Die Kraft der Freundlichkeit fördert nicht nur Glückshormone, sie sorgt auch für ein längeres Leben, steigert das Vergnügen und reduziert den Stress.

Und Achtung: Freundlichkeit kann auch höchst ansteckend sein! Sie verbreitet sowohl bei den Gebern als auch bei den Empfängern Optimismus.

Beginnen wir im nächsten Abschnitt zunächst mit den wünschenswerten freundlichen Verhaltensweisen.

8.1.1 Wünschenswerte freundliche Verhaltensweisen

Freundliche Verhaltensweisen sind vielfältig und können in verschiedenen sozialen Kontexten unterschiedlich zum Ausdruck kommen. Nachfolgend möchte ich die für mich wünschenswertesten Verhaltensweisen für die heutige Zeit darstellen:

Aufmerksamkeit

„Aufmerksamkeit ist das Medium, durch das die Freundlichkeit strömen kann", meint der Philosoph und Psychotherapeut Piero Ferrucci. (Ferrucci 2006a, S. 102)

Wir alle möchten beachtet werden. Wenn wir einen Menschen beachten, messen wir ihm automatisch Bedeutung bei. Dadurch verleihen wir ihm nicht nur Stärke, wir sind ihm auch nahe. Wenn wir an unsere unvergesslichen und wunderbaren Augenblicke im Leben denken, dann waren wir in diesen sicherlich ganz da und aufmerksam.

Ferrucci meint, dass es ohne Aufmerksamkeit keine Freundlichkeit, keine Wärme, keine Vertrautheit und auch keine Beziehung gibt:

„Allein im ‚Hier und Jetzt' können wir einander umsorgen, lieben und erfreuen." (Ferrucci 2006a)

Das bedeutet jedoch auch, den Gesprächspartnern die volle Aufmerksamkeit zu widmen, ohne Ablenkungen durch Smartphones oder andere Störungen.

Zur „äußeren" Aufmerksamkeit gehört aber auch noch ein oft übersehener Aspekt – und zwar die innere Aufmerksamkeit. Damit ist aktive Gedanken-Hygiene gemeint: Wenn wir nur unterwegs sind, um Menschen zu beurteilen, dann sind wir weder zu uns noch zum Subjekt unserer Bewertung freundlich. Ein altehrwürdiges Zitat bringt es auf den Punkt:

„Achte auf deine Gedanken, denn sie werden Worte. Achte auf deine Worte, denn sie werden Handlungen. Achte auf deine Handlungen, denn sie werden Gewohnheiten. Achte auf deine Gewohnheiten, denn sie werden dein Charakter. Achte auf deinen Charakter, denn er wird dein Schicksal." (Guski zit. n. Jüdische Allgemeine 2018)

Dieses Zitat birgt so viel Weisheit, dass es besser gar nicht ausgedrückt werden kann. Unsere Denkweise bestimmt unser aktuelles Sein und bestimmt auch unseren Blick auf Vergangenheit und Zukunft.

Auf jeden Fall sollten wir unsere Gedanken stets auf Bewertungen überprüfen. Dysfunktionales Denken kann nicht nur unsere Entscheidungen und unsere Beziehungen beeinflussen, sondern es hat auch Auswirkungen auf unsere Kreativität, Kompetenz und Kooperationsfähigkeit.

Ähnlich verhält es sich mit Urteilen. Der Autor Thomas Kautenburger meint dazu in seinem Hörbuch „Festplatte Unterbewusstsein", dass wir den Menschen gedanklich in einzelne Ur-Teile zerlegen und nur den negativen Teil herausnähmen. Hören wir damit am besten gleich auf. Falls wir doch wieder einmal in die Verlegenheit kommen sollten zu urteilen, dann ziehen wir doch bitte wirklich alle Ur-Teile eines Menschen heran (Kautenburger 2012, Hörbuch Festplatte Unterbewusstsein).

Eine volle Aufmerksamkeit heißt für mich auch, offen für die Überraschungen der Gegenwart zu sein. Das heißt konkret, dass ich meine Vorstellung von dem, womit ich rechne, beiseitestelle und dadurch dem gegenwärtigen Augenblick meine volle Aufmerksamkeit schenke.

Ferrucci meint, dass dieses Eintauchen in die Gegenwart die notwendige Bedingung für jede Art von Beziehung ist:

> „Denn wo bin ich, wenn ich zerstreut und abwesend bin? Und wer tritt an meiner Stelle in Kontakt mit dem Gegenüber, wenn ich nicht da bin?" (Ferrucci 2006b, S. 98)

Ganz praktisch kann man das Unaufmerksame spüren, wenn wir mit einem Freund oder Kollegen sprechen und dieser schaut ständig auf sein Handy. Die Bitte an den Handynutzer, mir die ungetrübte Aufmerksamkeit zu schenken, kann das Gespräch in eine freundlichere Ebene heben.

Rücksichtnahme

Rücksichtnahme bedeutet, die Bedürfnisse, Gefühle und Interessen anderer zu respektieren und zu berücksichtigen. In Bezug auf heutiges freundliches Verhalten ist Rücksichtnahme von zentraler Bedeutung, da sie eine empathische und respektvolle Interaktion zwischen Menschen fördert. Rücksichtnahme schafft eine entspannte Atmosphäre und erleichtert den Umgang miteinander. Sie zeigt sich in alltäglichen Handlungen wie einem freundlichen Gruß, dem Angebot von Hilfe oder der Beachtung der persönlichen Grenzen anderer.

Rücksichtnahme erfordert oft, dass man eigene Ansprüche und Wünsche zurückstellt, um auf die Bedürfnisse anderer einzugehen. Diese Fähigkeit zur Empathie ist entscheidend, um Missverständnisse zu vermeiden und harmonische Beziehungen aufzubauen. Laut Karrierebibel ist Rücksichtnahme keine Selbstverständlichkeit, sondern eine Notwendigkeit für das soziale Miteinander. Sie ermöglicht es uns, Kompromisse zu finden und Konflikte friedlich zu lösen (Mai 2024).

In der heutigen Gesellschaft wird Rücksichtnahme auch als wichtiger Soft Skill angesehen, insbesondere im Berufsleben. Sie trägt zu einem positiven Betriebsklima bei und fördert die Zusammenarbeit in Teams. Wenn Mitarbeiter gegenseitig Rücksicht nehmen, verbessert sich nicht nur die Kommunikation, sondern auch das allgemeine Wohlbefinden am Arbeitsplatz.

Nachfolgend möchte ich einige ganz konkrete rücksichtsvolle Verhaltensweisen nennen:

In unserem täglichen Leben bieten sich zahlreiche Gelegenheiten, durch kleine Gesten der Freundlichkeit und Rücksichtnahme zu einer angenehmeren Gesellschaft beizutragen. Diese wünschenswerten Verhaltensweisen sind einfach umzusetzen und haben eine große Wirkung auf unser Zusammenleben.

Türen: Eine grundlegende Form der Höflichkeit ist es, anderen die Tür aufzuhalten. Diese simple Geste signalisiert Aufmerksamkeit und Respekt gegenüber unseren Mitmenschen und erleichtert ihnen den Weg. Sie schafft einen Moment der Verbundenheit im oft hektischen Alltag.

Straßenverkehr: insbesondere auf Fuß- oder Gehwegen ist rücksichtsvolles Verhalten von großer Bedeutung. Beim Vorbeifahren an Spaziergängern sollte man sein Tempo mäßigen, um Störungen oder gar Gefährdungen zu vermeiden. Dies gilt besonders für Radfahrer oder E-Scooter-Nutzer, die sich den Raum mit Fußgängern teilen.

Körpersprache: In Gesprächen zeigt sich Zuvorkommenheit durch eine dem Gesprächspartner zugeneigte Körperhaltung. Diese nonverbale Kommunikation signalisiert Interesse und Aufmerksamkeit und fördert eine positive Gesprächsatmosphäre. Sie ist ein wesentlicher Bestandteil respektvoller Interaktion.

Telefonieren: In öffentlichen Räumen, wie auf der Straße, ist es ein Zeichen der Rücksichtnahme, beim Telefonieren eine gedämpfte Stimme zu verwenden. Dies schützt nicht nur die Privatsphäre des Telefonierenden, sondern verhindert auch eine Störung anderer Personen in der Umgebung.

Autoradio: Ähnliches gilt für das Autofahren bei geöffneten Fenstern. Hier ist es angebracht, die Lautstärke des Autoradios zu reduzieren. Dies vermeidet eine Lärmbelästigung von Passanten oder anderen Verkehrsteilnehmern und trägt zu einer angenehmeren akustischen Umgebung bei.

Diese Verhaltensweisen mögen auf den ersten Blick unbedeutend erscheinen, doch in ihrer Summe tragen sie erheblich zu einem harmonischen Miteinander bei. Sie fördern gegenseitigen Respekt und Achtsamkeit und sind Ausdruck einer kultivierten, rücksichtsvollen Gesellschaft. Indem wir diese freundlichen Gesten in unseren Alltag integrieren, leisten wir einen wichtigen Beitrag zu einem positiven sozialen Klima.

Abfall: In einer Zeit, in der Umweltbewusstsein und Nachhaltigkeit zunehmend an Bedeutung gewinnen, ist der verantwortungsvolle Umgang mit Abfall ein wesentlicher Aspekt freundlichen und rücksichtsvollen Verhaltens in der Gesellschaft. Eine der grundlegendsten, aber oft vernachlässigten Verhaltensweisen ist es, keinen Müll achtlos wegzuwerfen. Insbesondere das Fallenlassen von leeren Flaschen, Verpackungen und anderen Abfällen auf Straßen, in Parks oder in der Natur ist nicht nur umweltschädlich, sondern auch ein Zeichen mangelnden Respekts gegenüber der Gemeinschaft und unserer Umwelt.

Ein wünschenswertes freundliches Verhalten in diesem Kontext beinhaltet, den eigenen Abfall stets bis zum nächsten Mülleimer mitzunehmen oder ihn nach Hause zu tragen, um ihn dort ordnungsgemäß zu entsorgen. Dies gilt für alle Arten von Abfällen, von Zigarettenkippen über Kaugummis bis hin zu Verpackungen und Flaschen. Besonders in Naturgebieten, wo Mülleimer oft rar sind, ist es wichtig, alle mitgebrachten Gegenstände auch wieder mitzunehmen.

Dieses verantwortungsvolle Verhalten trägt nicht nur zur Sauberkeit und Attraktivität unserer Umgebung bei, sondern ist auch ein Ausdruck von Respekt gegenüber anderen Menschen, der Natur und zukünftigen Generationen. Es fördert ein Gefühl der gemeinsamen Verantwortung für unsere Umwelt und kann andere dazu inspirieren, ebenso achtsam zu handeln.

Indem wir uns dieser einfachen, aber wichtigen Verhaltensweise bewusst sind und sie in unserem Alltag praktizieren, leisten wir einen bedeutenden Beitrag zu einer freundlicheren, respektvolleren und nachhaltigeren Gesellschaft. Es ist ein kleiner Schritt für den Einzelnen, aber ein großer Schritt für unser gemeinsames Wohlbefinden und die Erhaltung unserer Umwelt.

Am Ende dieses Abschnitts möchte ich noch einen Grundsatz der Pfadfinder nennen, der mir stets in Erinnerung geblieben ist:

> „Egal wo wir hingehen, wir verlassen einen Ort immer besser als wir ihn vorgefunden haben". (Rieder 2024)

Dieser Grundsatz betont die Verantwortung jedes Pfadfinders, die Umwelt zu respektieren und darauf zu achten, dass keine Abfälle zurückgelassen werden.

Zusammenfassend lässt sich sagen, dass Rücksichtnahme eine grundlegende Eigenschaft ist, die freundliches Verhalten prägt und entscheidend für das Funktionieren von Gemeinschaften und sozialen Beziehungen ist. Sie fördert ein respektvolles Miteinander und ist unerlässlich für eine inklusive und unterstützende Gesellschaft.

Höfliche bzw. freundliche Ausdrucks- und Umgangsformen

In unserer modernen Gesellschaft spielen höfliche und freundliche Ausdrucks- und Umgangsformen eine zentrale Rolle für ein harmonisches Miteinander. Diese Formen der Interaktion sind nicht nur Ausdruck von Respekt und Wertschätzung, sondern tragen auch wesentlich zu einer positiven Atmosphäre in sozialen und beruflichen Kontexten bei.

Das Grüßen ist eine der grundlegendsten Formen der Höflichkeit. Es signalisiert Aufmerksamkeit und Anerkennung des Gegenübers. Ein freundlicher Gruß, sei es ein einfaches „Guten Morgen" oder ein herzliches „Hallo", kann den Ton für eine positive Interaktion setzen. In vielen Kulturen wird das Grüßen als essenzieller Bestandteil sozialer Etikette betrachtet und seine Unterlassung kann als unhöflich empfunden werden.

Eng verbunden mit dem Grüßen ist das Lächeln. Ein aufrichtiges Lächeln ist eine universelle Geste der Freundlichkeit und Offenheit. Es kann Barrieren abbauen,

Spannungen lösen und eine einladende Atmosphäre schaffen. Studien haben gezeigt, dass ein Lächeln nicht nur die Stimmung des Lächelnden selbst verbessert, sondern auch positive Reaktionen bei anderen hervorruft.

„Wussten Sie, dass man fünfundsechzig Muskeln dazu braucht, um ein böses Gesicht zu machen, aber nur zehn, um zu lächeln?" (Griesbeck 2015, Pos. 702)

schreibt der Autor Josef Griesbeck in seinem lesenswerten Buch „Das Benimm-ABC – Knigge für junge Leute".

Die Verwendung von „Bitte" und „Danke" sind weitere Schlüsselelemente höflicher Kommunikation. Diese einfachen Worte drücken Respekt und Wertschätzung aus. „Bitte" signalisiert eine höfliche Anfrage oder Bitte, während „Danke" Anerkennung und Dankbarkeit für eine Handlung oder Geste zum Ausdruck bringt. Regelmäßiger Gebrauch dieser Worte fördert ein Klima gegenseitiger Achtung und Freundlichkeit.

Pünktlichkeit ist eine oft unterschätzte Form der Höflichkeit. Sie zeigt Respekt für die Zeit und Pläne anderer Menschen. In vielen Kulturen und besonders im beruflichen Umfeld wird Pünktlichkeit hoch geschätzt. Rechtzeitiges Erscheinen zu Terminen oder Verabredungen vermittelt Zuverlässigkeit und Wertschätzung gegenüber anderen.

Diese Ausdrucks- und Umgangsformen mögen auf den ersten Blick trivial erscheinen, doch ihre konsequente Anwendung kann erheblich zur Qualität unserer täglichen Interaktionen beitragen. Sie schaffen eine Grundlage für respektvolle und angenehme zwischenmenschliche Beziehungen und sind wesentliche Bausteine einer höflichen und freundlichen Gesellschaft.

In einer zunehmend digitalisierten und oft unpersönlichen Welt gewinnen diese traditionellen Formen der Höflichkeit besonders an Bedeutung. Sie erinnern uns daran, dass hinter jeder Interaktion ein Mensch steht, der Respekt und Freundlichkeit verdient. Durch die bewusste Pflege dieser Umgangsformen können wir alle zu einem positiveren und angenehmeren sozialen Umfeld beitragen.

Hilfsbereitschaft
Hilfsbereitschaft ist eine der fundamentalsten und wertvollsten Eigenschaften in zwischenmenschlichen Beziehungen. Sie ist ein wesentlicher Bestandteil freundlichen Verhaltens und trägt maßgeblich zu einem harmonischen Zusammenleben in der Gesellschaft bei. In einer Welt, die oft von Individualismus und Wettbewerb geprägt ist, gewinnt die Bereitschaft, anderen zu helfen, zunehmend an Bedeutung.

Hilfsbereitschaft zeigt sich in vielen Formen und Situationen des Alltags. Es kann sich um kleine Gesten handeln, wie das Halten einer Tür für jemanden, der die Hände voll hat, oder um größere Unterstützungsleistungen, wie die Hilfe bei einem Umzug oder in einer persönlichen Krise. Unabhängig von der Größenordnung der Hilfe ist es die dahinterstehende Einstellung, die zählt: die Bereitschaft, Zeit, Energie oder Ressourcen für das Wohlergehen anderer einzusetzen.

Psychologen betonen die positiven Auswirkungen von Hilfsbereitschaft sowohl für den Helfenden als auch für den Empfänger der Hilfe. Für den Helfenden kann das Gefühl, etwas Gutes getan zu haben, das Selbstwertgefühl stärken und zu einer erhöhten Lebenszufriedenheit führen. Studien haben gezeigt, dass Menschen, die regelmäßig anderen helfen, tendenziell glücklicher und gesünder sind. Für den Empfänger der Hilfe kann die Erfahrung von Unterstützung das Gefühl von Verbundenheit und sozialer Einbindung stärken (Mental Health Foundation 2024).

Im beruflichen Kontext ist Hilfsbereitschaft ein wichtiger Faktor für ein positives Arbeitsklima und effektive Teamarbeit. Kollegen, die bereit sind, einander zu unterstützen, schaffen eine Atmosphäre der Kooperation und des gegenseitigen Vertrauens. Dies kann zu einer erhöhten Produktivität und Arbeitszufriedenheit führen.

Es ist wichtig zu betonen, dass Hilfsbereitschaft nicht mit Selbstaufopferung verwechselt werden sollte. Gesunde Grenzen zu setzen und die eigenen Bedürfnisse nicht zu vernachlässigen ist ebenso wichtig. Hilfsbereitschaft sollte aus freien Stücken erfolgen und nicht aus einem Gefühl der Verpflichtung oder Schuld heraus.

In einer zunehmend vernetzten Welt bieten sich viele Möglichkeiten, Hilfsbereitschaft zu zeigen – sei es durch ehrenamtliches Engagement, Nachbarschaftshilfe oder die Unterstützung von Hilfsprojekten. Solche Aktivitäten stärken nicht nur den sozialen Zusammenhalt, sondern können auch ein Gefühl von Sinnhaftigkeit und Erfüllung vermitteln.

Zusammenfassend lässt sich sagen, dass Hilfsbereitschaft eine der wertvollsten freundlichen Verhaltensweisen ist. Sie fördert nicht nur das Wohlbefinden des Einzelnen, sondern trägt auch zu einer mitfühlenderen Gesellschaft bei.

Toleranz

Toleranz ist eine fundamentale Tugend und eine wesentliche Komponente freundlichen Verhaltens in unserer zunehmend diversen und globalisierten Gesellschaft. Sie ist zum einen ein Schlüssel zu harmonischem Zusammenleben. Zum anderen beschreibt sie die Fähigkeit und Bereitschaft, Überzeugungen, Handlungsweisen oder Lebensweisen zu akzeptieren, die von den eigenen abweichen. In einer Welt, die von kultureller, religiöser und ideologischer Vielfalt geprägt ist, spielt Toleranz eine entscheidende Rolle für ein friedliches und respektvolles Miteinander.

Die UNESCO definiert Toleranz als „Respekt, Akzeptanz und Anerkennung der Vielfalt unserer Weltkulturen, unserer Ausdrucksformen und Gestaltungsweisen unseres Menschseins" (UNESCO 1995).

Diese Definition unterstreicht, dass Toleranz weit über bloße Duldung hinausgeht. Sie impliziert eine aktive Haltung der Offenheit und des Interesses gegenüber dem „Anderen".

In der Praxis zeigt sich Toleranz in vielfältiger Weise. Sie beginnt bei der Akzeptanz unterschiedlicher Meinungen in Diskussionen und erstreckt sich bis hin zum respektvollen Umgang mit Menschen anderer Kulturen, Religionen oder Lebensstile. Tolerantes Verhalten äußert sich in der Bereitschaft, zuzuhören und zu verstehen, anstatt vorschnell zu urteilen oder abzulehnen.

Psychologen betonen die Bedeutung von Toleranz für die persönliche und gesellschaftliche Entwicklung. Tolerante Menschen sind oft flexibler im Denken und offener für neue Erfahrungen. Dies fördert nicht nur die eigene Persönlichkeitsentwicklung, sondern trägt auch zu einem innovativen und kreativen gesellschaftlichen Klima bei (Simon 2018).

Im beruflichen Kontext ist Toleranz ein wichtiger Faktor für erfolgreiche Teamarbeit und interkulturelle Zusammenarbeit. Unternehmen, die eine Kultur der Toleranz pflegen, profitieren von der Vielfalt ihrer Mitarbeiter und deren unterschiedlichen Perspektiven und Erfahrungen.

Es ist wichtig zu betonen, dass Toleranz nicht mit Gleichgültigkeit oder der Aufgabe eigener Werte verwechselt werden sollte. Vielmehr geht es darum, eine Balance zu finden zwischen der Bewahrung eigener Überzeugungen und der Offenheit gegenüber anderen Sichtweisen. Toleranz hat dort ihre Grenzen, wo die Rechte und die Würde anderer Menschen verletzt werden.

Die Förderung von Toleranz ist eine gesamtgesellschaftliche Aufgabe. Bildungseinrichtungen spielen dabei eine Schlüsselrolle, indem sie kritisches Denken, interkulturelle Kompetenz und Empathie fördern. Auch Medien und öffentliche Diskurse tragen eine große Verantwortung in der Gestaltung eines toleranten gesellschaftlichen Klimas.

Abschließend lässt sich sagen, dass Toleranz eine unverzichtbare Grundlage für ein friedliches und produktives Zusammenleben in einer pluralistischen Gesellschaft ist. Sie ermöglicht es uns, von der Vielfalt zu profitieren und gemeinsam an Lösungen für globale Herausforderungen zu arbeiten.

Zivilcourage
Zivilcourage, auch als engagierte mutige Handlung (Bürgermut) bekannt, ist eine bemerkenswerte Form der Freundlichkeit, die weit über alltägliche Höflichkeit hinausgeht. Sie zeichnet sich durch mutiges Eintreten für die eigenen Überzeugungen und den Schutz anderer aus, selbst wenn dies mit persönlichen Risiken oder Nachteilen verbunden ist. Im Kern geht es bei Zivilcourage darum, aktiv gegen Unrecht, Diskriminierung oder Gewalt vorzugehen und somit einen wesentlichen Beitrag zum sozialen Zusammenhalt zu leisten.

Die Freundlichkeit, die sich in Zivilcourage manifestiert, ist von besonderer Bedeutung, da sie nicht nur auf individueller Ebene wirkt, sondern das Potenzial hat, positive Veränderungen in der gesamten Gesellschaft anzustoßen. Indem Menschen Zivilcourage zeigen, stellen sie den Schutz und die Unterstützung anderer in den Vordergrund. Sie tragen aktiv dazu bei, eine gerechtere und sicherere Umgebung für alle zu schaffen. Diese Form des Handelns zeugt von tiefem Mitgefühl und von Empathie für die Situation anderer Menschen.

8.2 Destruktiven Egoismus transformieren

Wie schon im Abschn. 3.6.1 beschrieben, möchte ich auch in diesem Teil des Buches dem Thema Egoismus einen Extra-Abschnitt widmen; hier jedoch mit Ideen und Lösungsvorschlägen, wie diese Eigenschaft oder dieser Zustand beherrscht oder transformiert werden kann.

Zur persönlichen Entwicklung und zur Verbesserung zwischenmenschlicher Beziehungen ist das Überwinden des destruktiven Egoismus ein wichtiger Schritt. Jedoch werde ich am Ende des Abschnitts auch zeigen, dass ein gesunder Egoismus hilfreich sein kann.

Psychologen und Sozialwissenschaftler haben verschiedene Methoden und Übungen identifiziert, die dabei helfen können, eine weniger selbstzentrierte Haltung einzunehmen.

Eine zentrale Strategie ist die Entwicklung von Empathie und Mitgefühl. Durch aktives Zuhören und die bewusste Anstrengung, die Perspektive anderer zu verstehen, kann man lernen, über die eigenen Bedürfnisse hinauszublicken (Gorlas 2023).

Achtsamkeitspraktiken wie Meditation oder Gebete können helfen, die Fixierung auf das eigene Ego zu reduzieren und ein größeres Bewusstsein für die Bedürfnisse anderer zu entwickeln.

Ein weiterer wichtiger Schritt kann die Verbindung zur Natur sein. Die Kraft der Natur bietet eine einzigartige Möglichkeit, Eingebung und neue Energie zu tanken. In der Ruhe und Schönheit natürlicher Umgebungen finden wir oft den mentalen Freiraum, der es uns ermöglicht, klarer zu denken und unsere wahren Bedürfnisse zu erkennen. Diese Naturverbundenheit kann uns helfen, unsere Authentizität wiederzuentdecken und zu stärken.

Dann fällt es uns auch leichter, zwischen echter Freundlichkeit und einer Scheinfassade zu unterscheiden. Wenn Freundlichkeit zur bloßen Maske wird und unsere wahren Gefühle und Bedürfnisse überdeckt, entstehen „Potemkinsche Dörfer" in zwischenmenschlichen Beziehungen. Diese falsche Freundlichkeit kann nicht nur für uns selbst belastend sein, sondern ist auch für andere irreführend und letztlich schädlich.

Ein Beispiel für solch eine Scheinfassade ist das ständige Anhören sich wiederholender Kummer-Geschichten eines Mitmenschen, ohne Grenzen zu setzen. Indem wir uns selbst vernachlässigen und dem anderen eine falsche Zuneigung vorspielen, sind wir weder zu uns selbst noch zu unserem Gegenüber wirklich freundlich. Stattdessen sollten wir lernen, authentisch und ehrlich zu kommunizieren, auch wenn dies bedeutet, manchmal „Nein" zu sagen oder unbequeme Wahrheiten auszusprechen. Nur so können wir echte, tiefgehende Beziehungen aufbauen und gleichzeitig unsere eigene psychische Gesundheit und Integrität bewahren.

Die Transformation von destruktivem Egoismus erfordert auch eine tiefgreifende Selbstreflexion, um aus dem schmerzhaften Kreislauf von Angriff, Abwehr, Opferrolle und Gegenangriff auszubrechen. Dieses endlose Spiel hält uns in einem selbst geschaffenen Gefängnis gefangen, in dem das kleine „Ego" mit dem größeren „Selbst" im Konflikt steht.

Während das kleine Ego stets darauf bedacht ist, sein Reich zu verteidigen und alles für sich zu beanspruchen, steht es oft im Widerspruch zu unserem wahren, größeren Selbst. Paradoxerweise verstärkt der direkte Kampf gegen dieses Ego nur dessen Macht. Der Schlüssel liegt darin, das kleine Ego zu verlassen, ohne es zu bekämpfen. Dieser subtile, aber bedeutsame Unterschied ermöglicht es uns, andere Perspektiven einzunehmen und unser Bewusstsein zu erweitern.

Das ist natürlich ein Prozess und verlangt Übung. Auch ich arbeite schon seit Jahren daran. Mittlerweile gelingt es mir immer besser herauszufinden, wer gerade „spricht". Dadurch kann ich entscheiden, ob ich die (Ego)-Idee beachte oder ob ich um eine „weisere" bitte. Das Ego spricht oft zuerst und sehr laut. Dahinter und oft leiser ist jedoch die Stimme unseres wahren Selbst zu hören – dieses will uns stets nachhaltig führen.

Zum Abschluss noch ein Wort zum Altruismus, der als Gegenpol zum Egoismus verstanden und als selbstloses Handeln zum Wohle anderer bezeichnet wird. Doch auch diese scheinbar noble Haltung kann problematische Aspekte aufweisen. Während echte Selbstlosigkeit wertvoll ist, kann oberflächlicher Altruismus zu einer subtilen Form der Selbsttäuschung werden.

Es ist wichtig zu erkennen, dass oberflächlicher Altruismus oft nur ein Versuch ist, das selbst gebaute Gefängnis zu verschönern. Man hängt metaphorisch gesprochen hübsche Gardinen auf oder absolviert Selbstverbesserungskurse, um nach außen hin als besserer Mensch zu erscheinen. Doch wahre Transformation geht tiefer. Sie erfordert eine ehrliche Auseinandersetzung mit unseren Motiven und eine Bereitschaft, über unser begrenztes Ego hinauszuwachsen.

Die kontinuierliche Praxis der oben genannten Methoden kann schrittweise zu einer offeneren, mitfühlenderen Haltung führen. Dabei ist zu betonen, dass die Überwindung von destruktivem Egoismus ein Prozess ist, der Zeit und Geduld erfordert, aber langfristig zu erfüllteren Beziehungen und zu einem größeren Gefühl der Verbundenheit mit anderen führen kann.

8.3 Emotionale und soziale Kompetenz erlangen

Emotionale und soziale Kompetenz sind eng miteinander verknüpfte Fähigkeiten, die für zwischenmenschliche Beziehungen und den Umgang mit sich selbst und anderen von großer Bedeutung sind. Beide tragen wesentlich zur Freundlichkeit bei.

Emotionale Kompetenz umfasst die Fähigkeit, eigene Gefühle wahrzunehmen, zu verstehen und angemessen auszudrücken, sowie Empathie für die Gefühle anderer zu entwickeln. Diese Fähigkeiten sind grundlegend für freundliches Verhalten, da sie es ermöglichen, auf die emotionalen Bedürfnisse anderer einzugehen.

Soziale Kompetenz beinhaltet Fähigkeiten wie Teamfähigkeit, Kommunikationsfähigkeit, Konfliktfähigkeit und Empathie. Diese Fähigkeiten ermöglichen es, positive Beziehungen aufzubauen und in sozialen Situationen angemessen zu reagieren, was direkt zu freundlichem Verhalten beiträgt. Eigenschaften wie Hilfsbereitschaft, Respekt und Wertschätzung als Teile der sozialen Kompetenz, stehen direkt mit Freundlichkeit in Verbindung.

Emotional kompetente Kinder zeigen laut der Webseite „Papilio", dem Partner für emotional-starke Kinder, ein ausgeprägteres positives Sozialverhalten und haben häufiger soziale Kontakte, was auf ein freundlicheres Verhalten hindeutet (Hepke 2025).

Die Entwicklung dieser Kompetenzen ist ein lebenslanger Prozess. Durch bewusstes Üben und Reflektieren können Sie Ihre emotionalen und sozialen Fähigkeiten kontinuierlich verbessern.

Welche Übungen am besten helfen, emotionale Kompetenz zu entwickeln, erfahren Sie in Abschn. 6.5 Übungen zur Entwicklung emotionaler Kompetenz.

8.4 Betroffenheit transformieren

Wenn wir das zuvor Beschriebene beachten, dann wird es ein Leichtes sein, die Betroffenheit zu transformieren.

Wie schon in Abschn. 3.7 angemerkt, kann Betroffenheit sowohl eine emotionale Reaktion auf äußere Ereignisse als auch eine innere Motivation zur Handlung sein. Sie umfasst Mitgefühl und Engagement und kann sowohl individuell als auch kollektiv erlebt werden.

Die Transformation von Betroffenheit ist ein Prozess, der zu persönlichem und gesellschaftlichem Wachstum führen kann. Auf individueller Ebene fördert Betroffenheit Engagement, persönliche Entwicklung und erhöhte Empathie. Gesellschaftlich kann sie Bewusstsein schaffen sowie Solidarität und politische Veränderungen anstoßen. Strategien zur Transformation umfassen positive Umdeutung, Handlungsorientierung, Kommunikation, Bildung und Selbstfürsorge. In Organisationen kann die Transformation von Betroffenheit Partizipation, Innovation und Resilienz fördern. Insgesamt bietet die konstruktive Umwandlung von Betroffenheit Chancen für positive Veränderungen auf verschiedenen Ebenen.

Individuelle Betroffenheit transformieren
Wie ist es in der Praxis möglich, aus einem Gefühl der Betroffenheit herauszufinden bzw. es zu transformieren? Gibt es gar ein Gegenteil von Betroffenheit?

Das Gegenteil von Betroffenheit kann in verschiedenen Kontexten unterschiedlich interpretiert werden. Einige Antonyme sind Gleichgültigkeit oder Apathie.

Laut Yogawiki werden als positive Gegenteile von Betroffenheit Neutralität, Offenheit, Optimismus, Zuversicht und Freude genannt (Bretz 2024). Diese Begriffe stehen für eine Haltung, die weniger emotional aufgeladen ist und eher durch Gelassenheit und positive Erwartungshaltungen geprägt ist.

In einem negativen Sinne könnten Apathie, Antriebslosigkeit, Herzlosigkeit und Gefühlskälte als Gegenteile zur Betroffenheit gesehen werden, da sie das Fehlen von emotionaler Reaktion oder Mitgefühl ausdrücken.

Diese Unterscheidung zeigt, dass das Gegenteil von Betroffenheit nicht nur eine Frage der Abwesenheit von Emotion ist, sondern auch die Art und Weise betrifft, wie Menschen auf ihre Umwelt und die Ereignisse um sie herum reagieren. So kann z. B. eine Betroffenheit das Resultat einer Verletzung zentraler persönlicher Werte sein.

Wenn mich etwas betroffen macht – z. B. die Haltung meines Arbeitsgebers mir gegenüber – schreit es in mir nach Veränderung. Meine Betroffenheit macht mich so auf etwas aufmerksam, das verändert werden muss.

Entscheidend ist es nun, nicht in ihr zu verweilen, sondern die Betroffenheit zu nutzen, um etwas zum Positiven zu bewegen. Im obigen Fall könnte das ein Feedback-Gespräch mit meinem Arbeitgeber oder eine berufliche Veränderung bedeuten. Andernfalls droht ein Herabgleiten in ein Gefühl der Resignation.

Wird Betroffenheit jedoch nur dazu genutzt, um Aufmerksamkeit bei anderen zu erlangen oder auf Grund des großen Mitteilungsbedürfnisses immer wieder von den vielen eigenen kleinen und großen Missständen zu erzählen, dann ist diese Betroffenheit destruktiv und mental abstoßend.

Vor dieser Masche heißt es sich zu schützen. Vor allem, wenn sie in Schuldzuweisungen mündet, befindet sich der Betroffene auf dem Holzweg.

Gesellschaftliche Transformation von Betroffenheit
Damit wir aus einer „Kultur der Betroffenheit" beispielsweise wegen der Unzufriedenheit mit den politischen Verhältnissen herausfinden, ist es entscheidend, den Fokus auf gemeinschaftliches Engagement und positive Interaktionen zu legen. Dabei ist es wichtig, sich im eigenen Kompetenzraum, je nach den eigenen Möglichkeiten, sinnstiftend einzubringen.

Die Förderung von bürgerschaftlichem Engagement und Ehrenamt kann hierbei eine zentrale Rolle spielen. Initiativen wie das Förderprogramm „initiativ!" der Deutschen Stiftung für Engagement und Ehrenamt unterstützen gemeinwohlorientierte Projekte, die darauf abzielen, Menschen zusammenzubringen und gemeinschaftliche Werte zu stärken. Solche Programme bieten finanzielle Unterstützung für Projekte, die das Engagement und die Zusammenarbeit in der Gemeinschaft fördern, was zu einem stärkeren sozialen Zusammenhalt führen kann (Holze 2024).

Ein Beispiel dafür beschreibe ich in meinem Buch „Vereint mit Potenzial", siehe https://link.springer.com/book/10.1007/978-3-658-40590-8.

Ein weiterer Ansatz ist die Einbindung lokaler Gemeinschaften in transformative Projekte, wie es durch bürgerschaftliches Crowdfunding ermöglicht wird. Diese Form der Finanzierung fördert die Zusammenarbeit zwischen verschiedenen Interessengruppen und stärkt das Gefühl der gemeinsamen Verantwortung und Einheit innerhalb der Gemeinschaft.

Durch die aktive Teilnahme an solchen Projekten können Menschen lernen, über individuelle Betroffenheit hinauszusehen und sich auf gemeinsame Ziele zu konzentrieren.

Darüber hinaus spielt die Förderung von Kommunikation und Vernetzung eine wichtige Rolle. Plattformen, die den Austausch von Ideen und die Organisation von Veranstaltungen ermöglichen, tragen dazu bei, soziale Isolation zu reduzieren und eine partizipative Demokratie zu fördern.

Diese Ansätze unterstützen nicht nur den Übergang zu einer Kultur des Wohlwollens, sondern tragen auch dazu bei, dass Menschen sich gehört und wertgeschätzt fühlen.

Hierzu nennt der Soziologe Steffen Mau ein ganz praktisches Beispiel. Seiner Meinung nach wollen die Menschen, dass Probleme gelöst werden. Verunsicherungen in der Bevölkerung werden durch ein uneinheitliches politisches Hin und Her, z. B. in der Energiewende, noch verstärkt (Mau zit. n. Frehler 2023).

Eine Lösung, um Bürger an politischen Entscheidungsprozessen teilhaben zu lassen und damit auch die

Betroffenheit zu mindern, sieht Mau in der Bürgerbeteiligung (Mau zit. n. Frehler 2023).

Eine Ortschaft, die Windräder errichtet und dabei gleichzeitig Bürgerstrom einführt, würde bei den Anwohnern auf deutlich höhere Akzeptanz stoßen als ein ortsfremder Investor ohne Bezug zur Gemeinde.

> „Man muss den Leuten also das Gefühl geben, Teilnehmer an einem Prozess zu sein, anstatt von oben herab zu bestimmen. Dabei kommt vielleicht nicht immer die optimale Lösung heraus, aber in der Gesellschaft steigt die Akzeptanz für die Entscheidung." (Mau zit. n. Frehler 2023)

Insgesamt erfordert der Wandel hin zu einer Kultur des Wohlwollens eine bewusste Anstrengung, um positive Interaktionen zu fördern und gemeinschaftliches Engagement zu stärken. Durch gezielte Programme und Initiativen kann dieser Wandel unterstützt werden, wodurch ein stärkeres Gefühl der Gemeinschaft und des gegenseitigen Respekts entsteht.

8.5 Kultur des Wohlwollens etablieren

Ich verstehe unter „Wohlwollen" ein freundliches und wohlgesonnenes Verhalten gegenüber anderen. Das kann sich z. B. in einer freundlichen und zugewandten Grundhaltung anderen gegenüber äußern. Ich stelle mir Situationen vor, die von Güte, Mitgefühl und dem aufrichtigen Wunsch geprägt sind, das Wohl und Glück anderer zu fördern, ohne dabei eigene Vorteile zu erwarten.

Der Newsletter „Wohlwollen: ein Modus, der Nähe, Distanz, Grenzen und Freiheit braucht" von Fendel & Partner beschreibt „Wohlwollen" als ein wichtiges Element in der Zusammenarbeit, Kommunikation und Konfliktlösung.

Der Begriff „Wohlwollen" wird hier als der „Wille zu einem Wohl" definiert, der sich aus dem jeweiligen Kontext ergibt. Es ist eine bewusste Entscheidung, die nicht erzwungen werden kann, sondern aus freiem Willen geschehen muss. Wohlwollen bedeutet, offen für den Prozess und die Beteiligten zu sein und darauf zu vertrauen, dass jeder selbst weiß, was gut für ihn ist.

Die Autoren betonen, dass Wohlwollen Nähe, aber auch die richtige Distanz und Respekt für Grenzen erfordert. Es schafft einen sicheren Raum für Kreativität und Innovation und kann in der Konfliktlösung hilfreich sein. Wohlwollen fördert positive Resonanz, erleichtert Entscheidungen und kann eine inspirierende Atmosphäre schaffen.

Insgesamt wird Wohlwollen als ein vielseitiges und wirksames Instrument in sozialen Interaktionen dargestellt, das zwar nicht direkt messbar, aber in seinen Auswirkungen deutlich spürbar ist. Die Autoren sehen in der Kultivierung von Wohlwollen ein großes Potenzial für Organisationen und zwischenmenschliche Beziehungen (Fendel 2024).

Mir stellte sich beim Schreiben dieses Abschnitts immer wieder die Frage, welchen Sinn es überhaupt macht, sich betroffen zu fühlen? Ist es nicht viel besser und gesünder, eine Kultur des Wohlwollens zu etablieren? Deshalb ist mein Vorschlag für das nächste Wort des Jahres:

> **WOHLWOLLEN**

8.6 Wertschätzende Gesprächskultur

Der Dialog ist ein fundamentales Element der menschlichen Kommunikation, das sowohl in persönlichen als auch in gesellschaftlichen Kontexten von großer Bedeutung ist.

Er kann als schriftliches oder mündliches Gespräch von mindestens zwei Personen stattfinden, bei dem die Gesprächspartner sich abwechseln. Der Dialog soll dem Austausch von Ansichten dienen und das gegenseitige Verständnis fördern.

Der Dialog – Basis für ein respektvolles Zusammenleben
Der Dialog zwischen Menschen ist aus mehreren Gründen entscheidend für die Förderung von Freundlichkeit:

1. **Verbindung und Empathie:** Ein Dialog schafft Verbindungen zwischen Menschen. Durch offene und respektvolle Kommunikation können Empathie und Verständnis gefördert werden. Das führt meistens zu freundlicheren Interaktionen. Wenn Menschen sich gehört und verstanden fühlen, sind sie eher bereit, freundlich zu handeln (Kauschke 2024).
2. **Positive Atmosphäre:** Freundlichkeit in der Kommunikation trägt dazu bei, eine positive Atmosphäre zu schaffen. Wenn Menschen freundlich miteinander sprechen, wird die gesamte Interaktion angenehmer, was dazu führt, dass alle Beteiligten sich wohler fühlen und offener für weitere Gespräche sind.
3. **Vorbildfunktion:** Freundlichkeit kann ansteckend sein. Wenn eine Person freundlich ist, inspiriert dies oft andere, ebenfalls freundlich zu sein. Ein freundlicher Dialog kann somit eine Kettenreaktion auslösen, die das Verhalten in einer Gemeinschaft positiv beeinflusst.
4. **Reduzierung von Konflikten:** Ein respektvoller und freundlicher Dialog kann dazu beitragen, Missverständnisse zu vermeiden und Konflikte zu reduzieren. Wenn Menschen in der Lage sind, ihre Meinungen höflich auszudrücken und zuzuhören, können Spannungen abgebaut und Lösungen gefunden werden, meint Bayu Prihandito auf seinem Blogg: „Die Macht der Freundlichkeit in alltäglichen Unterhaltungen" (Prihandito 2024).

5. **Gesellschaftlicher Zusammenhalt:** In einer Zeit, in der viele Menschen sich isoliert oder entfremdet fühlen, kann freundlicher Dialog dazu beitragen, Gemeinschaften zu stärken und den sozialen Zusammenhalt zu fördern. Freundlichkeit schafft ein Gefühl der Zugehörigkeit und des Miteinanders.

Insgesamt ist der Dialog zwischen Menschen ein wichtiges Werkzeug, um Freundlichkeit zu fördern und eine positive, unterstützende Umgebung zu schaffen. Indem wir freundlich kommunizieren, können wir die Beziehungen zu anderen stärken und eine freundlichere Gesellschaft aufbauen.

Aspekte für einen förderlichen Dialog
- Aktives und wertschätzendes Zuhören ohne zu unterbrechen oder dem anderen ins Wort zu fallen:

Die Gesprächspartner sollten aufmerksam zuhören und sich wirklich für die Meinungen und Gedanken des anderen interessieren.

Eine Grundvoraussetzung ist in diesem Zusammenhang die Offenheit für unterschiedliche Perspektiven. Denn:

Ein guter Dialog erfordert die Bereitschaft, andere Sichtweisen zu akzeptieren und zu verstehen. Dies fördert ein tieferes Verständnis und kann zu neuen Einsichten führen.

Leider ist es, vor allem in Talk-Shows des Fernsehens, zu einer Unsitte geworden, Gesprächspartnern ins Wort zu fallen oder sie anderwärtig zu diskreditieren oder vorzuführen. Besonders unfreundlich wird es, wenn eine ganze Gruppe von Menschen über ein Opfer herfällt. Diese von Sensationsgier geleitete Vorgehensweise widerspricht jeglicher Gesprächskultur.

Sie fördert weder das Gefühl der Wertschätzung, noch des Respekts.

Wertschätzung und Respekt sind jedoch elementar und entscheidend für eine Kommunikation auf Augenhöhe.

Gerade wenn große Meinungsverschiedenheiten bestehen, sollte der Dialog in einem respektvollen Ton geführt werden.

- Die Wirkung der nonverbalen Kommunikation:

Körpersprache, Mimik und Gestik spielen eine wichtige Rolle im Dialog. Sie können die verbale Kommunikation unterstützen oder ihr widersprechen.

Am Ende eines Dialogs kann es hilfreich sein, die wichtigsten Punkte noch einmal zusammenzufassen und zu reflektieren, um sicherzustellen, dass beide Parteien das Gespräch verstanden haben, und die Perspektive der anderen Seite anzuerkennen, auch wenn sie sie nicht teilen.

Dialog und Demokratie

Der Dialog ist eine wesentliche Grundlage für eine funktionierende Demokratie. Er ermöglicht den Austausch von Meinungen, Ideen und Perspektiven, was für demokratische Prozesse unerlässlich ist.

Für die Autoren des Buches „Die Kunst des Miteinander-Reden", Bernhard Pörksen und Friedemann Schulz von Thun, sind das Aushandeln von Kompromissen und das Erlangen eines Konsens' erstrebenswert. Für sie lohnt es sich: „… ins Gespräch mit der begründeten Hoffnung einzutreten, dass der gute Dialog ein Geburtsort der Vernunft ist" (Pörksen und Schulz von Thun 2020a, S. 203).

8.7 Verantwortungsvolle Mediennutzung

Nachdem wir in Kap. 3 die Medien und ihre Berichterstattung oftmals als einen Angriff auf unsere Freundlichkeit beschrieben haben, geht es nun um das Positive der Medien, gesetzt dem Fall, wir wenden Sie entsprechend an.

Die Medienlandschaft im deutschsprachigen Raum ist sehr vielfältig und umfasst sowohl traditionelle als auch neue digitale Medienformen. Dabei gibt es Überschneidungen zwischen den verschiedenen Kategorien, da viele Medienunternehmen mittlerweile crossmedial arbeiten.

Wie vielfältig die Medienlandschaft ist, sehen Sie an der nachfolgenden Liste der wichtigsten Medien in Deutschland:

8.7.1 Die aktuelle Medienwelt in Deutschland

Im deutschsprachigen Raum existiert eine Medienlandschaft, die sich aus verschiedenen Arten von Medien zusammensetzt. An erster Stelle stehen die Printmedien, zu denen Tageszeitungen, Wochenzeitungen, Magazine und Bücher gehören. Trotz des digitalen Wandels spielen insbesondere regionale und überregionale Tageszeitungen wie die Süddeutsche Zeitung oder die Frankfurter Allgemeine Zeitung nach wie vor eine wichtige Rolle in der Informationsvermittlung.

Im Bereich der Rundfunkmedien gibt es sowohl öffentlich-rechtliche als auch private Anbieter. Die öffentlich-rechtlichen Sender wie ARD und ZDF werden durch Rundfunkbeiträge finanziert und haben einen gesetzlichen Bildungs- und Informationsauftrag. Private Rundfunksender finanzieren sich hingegen hauptsächlich durch Werbung. Neben dem klassischen Fernsehen und Radio haben sich in den letzten Jahren auch Streaming-Dienste und Mediatheken etabliert.

Digitale und Online-Medien gewinnen zunehmend an Bedeutung. Hierzu zählen Nachrichtenportale, Online-Ausgaben von Printmedien, Blogs, Podcasts und Social-Media-Plattformen. Diese bieten oft interaktive und multimediale Inhalte und erreichen besonders jüngere Zielgruppen.

Audiovisuelle Medien wie Filme und Videos sowie rein auditive Medien wie CDs und MP3s ergänzen das Medienangebot. Visuelle Medien wie Fotos und Plakate spielen ebenfalls eine Rolle in der Informations- und Werbekommunikation. Interaktive Medien wie Computerspiele und Apps gewinnen stetig an Popularität.

Die Medienlandschaft im deutschsprachigen Raum zeichnet sich durch eine Mischung aus lokalen, regionalen und überregionalen Angeboten aus. Dabei gibt es sowohl breit aufgestellte Massenmedien als auch spezialisierte Fachmedien und wissenschaftliche Publikationen.

8.7.2 Neue Möglichkeiten im medialen Raum

Die Vielfalt der modernen Medienlandschaft bietet zahlreiche Chancen für persönliche Entwicklung, soziale Interaktion und gesellschaftliche Teilhabe. Gleichzeitig ist es wichtig, einen verantwortungsvollen und reflektierten Umgang mit Medien zu pflegen, um deren Potenziale optimal zu nutzen und mögliche Risiken zu minimieren.

Die meisten Menschen, die ich kenne, nutzen Medien gerne, jedoch ohne die wie im Kap. 3 beschriebenen Schattenseiten zu kennen bzw. zu berücksichtigen.

Nachfolgend möchte ich einige Vorteile der Medien der heutigen Zeit aufzeigen, die sich auf verschiedene Lebensbereiche erstrecken:

Informationszugang und Wissensaneignung
In der modernen Medienlandschaft haben Menschen einen beispiellosen Zugang zu Informationen. Das Internet ermöglicht es, jederzeit und überall auf eine riesige Fülle an Wissen zuzugreifen. Dies fördert das lebenslange Lernen und die politische Bildung, da Medien nach der Schule die wichtigste Quelle für Informationen und Erfahrungen zu politischen Prozessen darstellen.

Förderung von Kreativität und Selbstausdruck
Digitale Medien bieten vielfältige Möglichkeiten zur kreativen Entfaltung. Kinder und Jugendliche können beispielsweise durch Texte, Bilder und Videos ihre Gefühle und Gedanken zum Ausdruck bringen. Dies fördert nicht nur die Kreativität, sondern unterstützt auch die Entwicklung kommunikativer Fähigkeiten.

Soziale Vernetzung und Beziehungspflege
Soziale Medien erleichtern die Pflege bestehender Beziehungen und den Aufbau neuer Kontakte. Sie ermöglichen es, mit Menschen aus verschiedenen Ländern in Kontakt zu treten und andere Kulturen kennenzulernen.

Wie „klein" die Welt durch die mediale Vernetzung geworden ist, zeigt das folgende Beispiel: Mein Sohn Daniel interessiert sich schon seit Jahren für Welt-Musik. Er verfolgte über seine Satelliten-Schüssel gern Sendungen aus Mexiko, Indien, Spanien … Irgendwann fasste er den Mut, einen eigenen Radiosender mit seiner Lieblingsmusik rund um die Welt zu kreieren. Seit dieser Zeit spielt er in seinem Sender Musik von allen Kontinenten. Auf diese Weise leistet der Sender einen Beitrag, den Weltfrieden zu fördern und Vorurteile gegenüber Fremdem abzubauen.

Er lernte dadurch nicht nur die Vielfalt der Musik kennen, sondern auch interessierte Hörerinnen und Hörer aus der ganzen Welt. Mit einigen steht er in einem regen Austausch (Banse 2025).

Auch innerhalb von Familien können soziale Medien die Bindungen stärken, etwa durch Familien-Chats in Messengern.

Förderung von Medienkompetenz
Der Umgang mit verschiedenen Medien fördert wichtige Kompetenzen wie das Sortieren und kritische Analysieren von Informationen sowie die Entwicklung einer eigenen

Haltung. Diese Fähigkeiten sind in der heutigen digitalisierten Welt von großer Bedeutung und werden als neue Kulturtechnik betrachtet.

Partizipation und gesellschaftliches Engagement
Laut der Webseite: „SCHAU HIN! Was Dein Kind mit Medien macht" bieten Medien, insbesondere soziale Netzwerke, neue Möglichkeiten zur gesellschaftlichen Teilhabe. Nutzer können sich an Initiativen, Petitionen oder Spendenaufrufen beteiligen und andere darauf aufmerksam machen. Es fördert das bürgerschaftliche Engagement und stärkt demokratische Prozesse (Neumann 2025).

Unterhaltung und Entspannung
Nicht zuletzt dienen Medien auch der Unterhaltung und Entspannung. Sie bieten vielfältige Möglichkeiten zur Freizeitgestaltung, vom Fernsehen über Streaming-Dienste bis hin zu interaktiven Spielen.

Bei aller Faszination für die bunten Bilder aus fernen Ländern und die geballten Erfahrungen zu politischen Vorgängen, ist es wichtig zu betonen, dass Medien nicht durch ihren Vorsprung an Neuigkeiten über uns herrschen sollen. Vielmehr sollten sie dem realen Leben zu Diensten sein.

8.7.3 Strategien für einen verantwortungsvollen und zeitsparenden Medienkonsum

Ein verantwortungsvoller und zeitsparender Medienkonsum ist in der heutigen digitalen Welt eine wichtige Fähigkeit. Hier sind einige Strategien und Mittel, um diesen zu erreichen:

Bewusste Zielsetzung und Zeitmanagement

Definieren Sie klare Ziele für Ihre Mediennutzung.

Fragen Sie sich, ob Sie soziale Medien für Geschäftszwecke, Bildung, Unterhaltung oder zur Pflege von Beziehungen nutzen. Planen Sie feste Zeiten für die Mediennutzung ein und halten Sie sich daran. Dies hilft, der Versuchung zu widerstehen, ständig nach Updates zu suchen.

Reduzierung von Ablenkungen

Studien mehrerer Universitäten raten zu folgendem: Deaktivieren Sie nicht-essenzielle Benachrichtigungen auf Ihrem Smartphone. Dies verringert Unterbrechungen und den Drang, sofort auf Ihr Gerät zu schauen. Halten Sie Ihr Telefon nachts stumm geschaltet und außer Reichweite, um Ihren Schlaf zu verbessern (Healthy Screens 2025).

Auswahl und Verwaltung des Medieninhalts

Wählen Sie bewusst die Inhalte aus, die Sie konsumieren. Folgen Sie Konten und Seiten, die Ihre realen Interessen widerspiegeln und Sie inspirieren. Entfolgen oder schalten Sie Accounts stumm, die Negativität oder unrealistische Standards fördern. Dies kann dazu beitragen, dass Ihre Online-Zeit produktiver und erfüllender wird.

Förderung von Offline-Aktivitäten

Investieren Sie Zeit in persönliche Beziehungen, Hobbys und reale Erlebnisse. Ein ausgewogenes Verhältnis zwischen Online- und Offline-Aktivitäten ist entscheidend für das Wohlbefinden. Planen Sie regelmäßige „Digital Detox"-Zeiten ein, in denen Sie sich vollständig von sozialen Medien und digitalen Geräten fernhalten.

Kritisches Denken und Informationsüberprüfung

Üben Sie sich darin, Online-Inhalte kritisch zu hinterfragen. Überprüfen Sie Informationen, bevor Sie sie teilen, um der Verbreitung von Fehlinformationen vorzubeugen.

Dies trägt zu einer positiveren Online-Umgebung bei und spart Zeit, die sonst mit dem Konsum unzuverlässiger Inhalte verschwendet werden würde.

Nutzung von Produktivitätstechniken
Wenden Sie Techniken wie die Pomodoro-Methode an, bei der Sie konzentrierte Arbeitsperioden mit kurzen Pausen abwechseln. Während der Arbeitsphasen vermeiden Sie jegliche Mediennutzung, in den Pausen können Sie kurz Ihre Geräte checken.

Achtsamkeit und Selbstreflexion
Praktizieren Sie Achtsamkeit in Bezug auf Ihre Mediennutzung. Reflektieren Sie regelmäßig darüber, wieviel Zeit Sie online verbringen und ob dies mit Ihren Zielen und Prioritäten übereinstimmt. Diese Selbstreflexion ermöglicht Ihnen, zu bewussteren und effizienteren Mediengewohnheiten zu finden.

Durch die Anwendung dieser Strategien können Sie einen verantwortungsvolleren und zeitsparenderen Umgang mit Medien entwickeln. Es ist wichtig zu bedenken, dass es sich um einen fortlaufenden Prozess handelt, der Geduld und Anpassung erfordert. Letztendlich geht es darum, die Technologie so zu nutzen, dass sie Ihr Leben bereichert, anstatt es zu beherrschen.

Da die Mediennutzung besonders für Kinder und Jugendliche wichtig ist, widme ich diesem Thema nachfolgend einen Extra-Abschnitt:

8.7.4 Verantwortungsvolle Mediennutzung von Kindern und Jugendlichen

Beginnen wir zunächst mit der Frage, wie Erwachsene Kinder dazu ermutigen können, soziale Medien verantwortungsvoll zu nutzen: Die Förderung eines verantwortungsvollen

Umgangs mit sozialen Medien bei Kindern erfordert einen ganzheitlichen Ansatz, der Aufklärung, Begleitung und klare Strukturen kombiniert.

Eltern und Erziehende sollten zunächst eine offene Kommunikationskultur etablieren, in der Kinder ohne Scheu über ihre Online-Erfahrungen sprechen können. Diese Gespräche sollten regelmäßig stattfinden und aktuelle Trends sowie potenzielle Risiken thematisieren. Dabei ist es wichtig, dass Erwachsene selbst als Vorbild fungieren und einen ausgewogenen Medienkonsum vorleben.

Die Medienerziehung sollte bereits im frühen Alter beginnen und altersgerecht gestaltet sein. Kinder benötigen Unterstützung beim Erlernen kritischen Denkens, um Informationen zu hinterfragen und „Fake News" zu erkennen. Gleichzeitig ist es essenziell, die Bedeutung von Privatsphäre und Online-Sicherheit zu vermitteln. Eltern sollten gemeinsam mit ihren Kindern Sicherheitseinstellungen überprüfen und besprechen, welche Informationen online geteilt werden sollten.

Ein positiver Aspekt der Medienerziehung liegt in der Förderung kreativer und bildender Nutzungsmöglichkeiten sozialer Medien. Kinder können ermutigt werden, diese Plattformen für den Wissensaustausch oder zur Unterstützung anderer zu nutzen. Dabei sollten Eltern die Wichtigkeit respektvoller Online-Kommunikation betonen.

Klare Grenzen und Regeln bezüglich der Nutzungsdauer sind unerlässlich. Diese sollten jedoch mit attraktiven Offline-Alternativen und gemeinsamen Aktivitäten einhergehen. Das Einrichten handyfreier Zonen, wie etwa im Schlafzimmer, kann dabei helfen, eine gesunde Balance zwischen Online- und Offline-Leben zu schaffen.

Reduzierter Medienkonsum und Freundlichkeit
Der Zusammenhang zwischen Medienkonsum und Sozialverhalten, insbesondere Freundlichkeit, ist Gegenstand

verschiedener Studien im deutschsprachigen Raum. Die Forschung zeigt, dass die Art und Weise der Mediennutzung sowie der familiäre und soziale Kontext eine entscheidende Rolle spielen. Das zeigt auch der Bericht der 21. Internationalen Bindungskonferenz: „Gestörte Bindungen in digitalen Zeiten" (Butzmann 2022).

Elterliche Unterstützung und eine gute Eltern-Kind-Beziehung korrelieren mit geringerer Internetnutzung und selteneren problematischen Verhaltensweisen bei Jugendlichen. Bindungssicherheit wird als wichtiger Faktor für einen gesunden Umgang mit digitalen Medien identifiziert, während unsichere Bindungsmuster einen problematischen Medienkonsum begünstigen können. Die Medienbindung der Eltern beeinflusst direkt die Medienbindung und Nutzungszeiten ihrer Kinder (Butzmann 2022).

Eine weitere Studie zeigt, dass der Konsum von „Kindness Media", also Medieninhalten, die Freundlichkeit und Hilfsbereitschaft zeigen, positive Emotionen wie Glück, Ruhe und Dankbarkeit steigern sowie zu großzügigerem Verhalten führen kann (Fryburg 2020).

Dies legt nahe, dass die bewusste Auswahl positiver Medieninhalte, anstelle eines generell hohen Medienkonsums, die Freundlichkeit fördern kann.

Fazit: Wir sind freundlich zu unseren Mitmenschen, wenn wir übermäßigen Medienkonsum, insbesondere von sozialen Medien, reduzieren. Dadurch lenken wir uns weniger ab und können bessere zwischenmenschliche Beziehungen führen.

Des Weiteren ist es wichtig, dass Eltern und Erziehende aktiv involviert bleiben und eine vertrauensvolle Beziehung zu ihren Kindern pflegen. Nur so können sie effektiv auf neue Herausforderungen reagieren und Kinder dabei unterstützen, soziale Medien sicher und verantwortungsvoll zu nutzen.

Einfluss sozialer Medien auf das Buchlesen

Die sozialen Medien haben das Leseverhalten in Deutschland in den letzten Jahren deutlich beeinflusst, jedoch nicht ausschließlich negativ. Laut einer Studie der Krankenkasse DAK-Gesundheit und des Universitätsklinikums Hamburg-Eppendorf nutzt knapp ein Viertel der 10- bis 17-Jährigen Social-Media-Dienste wie TikTok, Instagram oder WhatsApp in einem problematisch hohen Ausmaß.

Dies entspricht etwa 1,3 Mio. Jugendlichen und damit dreimal so vielen wie vor der Corona-Pandemie. Die durchschnittliche Nutzungsdauer sozialer Medien beträgt an Schultagen 150 min und an Wochenenden sogar 224 min (Scharf 2024).

Trotz dieser hohen Nutzungszahlen zeigt sich das Leseverhalten von Kindern und Jugendlichen erstaunlich stabil. Die KIM-Studie 2020, die das Medienverhalten von 6- bis 13-Jährigen untersucht, ergab sogar einen leichten Anstieg der regelmäßigen Leseaktivität um 4 Prozentpunkte im Vergleich zur vorherigen Erhebung. Allerdings könnte dies auch auf Pandemie-Effekte zurückzuführen sein. Interessanterweise nimmt die Leseaktivität mit steigendem Alter ab, da andere Freizeitoptionen in den Vordergrund treten (Rathgeb 2020).

Ein bemerkenswerter Trend ist das Phänomen „BookTok" auf der Plattform TikTok. Unter dem Hashtag #booktok, der allein in Deutschland 1,4 Mrd. Aufrufe verzeichnet, teilen Nutzer Buchempfehlungen und -rezensionen. Dies hat zu einem neuen Interesse am Lesen geführt, insbesondere bei jungen Menschen. Bücher, die auf BookTok empfohlen werden, entwickeln sich häufig zu Bestsellern. So wurden im Jahr 2022 bereits 4,7 Mio. Bücher im Zusammenhang mit #BookTok verkauft, was die enorme Reichweite und den Einfluss dieser Community auf den Buchmarkt verdeutlicht. Siehe: https://www.tiktok.com/tag/BookTok (Tiktok-Booktok 2025).

Grundsätzlich lässt sich sagen, dass soziale Medien zwar die Art und Weise, wie gelesen wird, verändert haben, aber nicht zwangsläufig zu einem generellen Rückgang des Lesens geführt haben. Vielmehr haben sie neue Wege eröffnet, um Menschen für Bücher zu begeistern und den Austausch über Literatur zu fördern.

Macht das Lesen von Büchern freundlicher?
Das Lesen von Büchern, insbesondere Romanen, kann tatsächlich einen positiven Einfluss auf die Freundlichkeit und Empathiefähigkeit von Menschen haben.

Die Forschungsergebnisse der Psychologen Emanuele Castano und David Comer Kidd, veröffentlicht in der renommierten Fachzeitschrift Science, deuten darauf hin, dass das Eintauchen in die Gedanken- und Gefühlswelt fiktiver Charaktere die Fähigkeit fördert, sich in andere hineinzuversetzen. Dieser Prozess trägt zur Steigerung der Empathie bei, was als Grundlage für freundliches Verhalten betrachtet werden kann (Kidd und Castano 2013).

Eine interessante Beobachtung ist, dass Personen, die eine größere Anzahl von Romanautoren kennen, tendenziell bessere Ergebnisse in Empathietests erzielen. Dies legt einen Zusammenhang zwischen der Beschäftigung mit Literatur und einer erhöhten Fähigkeit zur Einfühlung nahe. Darüber hinaus kann das Lesen von Büchern die sogenannte „Theory of Mind" verbessern – eine kognitive Fähigkeit, die es ermöglicht, die Perspektive anderer Menschen zu verstehen und Mitgefühl zu entwickeln.

Es ist jedoch wichtig zu betonen, dass diese positiven Effekte nicht automatisch oder garantiert eintreten. Faktoren wie die Art des gelesenen Materials, die Intensität des Lesens und individuelle Unterschiede spielen eine bedeutende Rolle. Trotz dieser Einschränkungen legen die Forschungsergebnisse nahe, dass regelmäßiges Lesen, vor allem von Belletristik, das Potenzial besitzt, Menschen empathischer und somit tendenziell freundlicher zu machen.

Kampagne „Schock Deine Eltern – lies ein Buch"
Der Spruch „Schock deine Eltern – lies ein Buch" wird von einem Projekt der Anneliese Brost Stiftung verwendet. Das Projekt zielt darauf ab, Kindern zusätzliche Freizeitmöglichkeiten, Bildung und Spaß durch Bücher zu bieten (Trutnau 2025).

Ziele des Projekts sind u. a.:

- den Schülern wöchentlichen Zugang zur Bücherei zu ermöglichen,
- eine „Bücher-AG" einzurichten,
- das Interesse am Lesen zu wecken,
- Gruppengefühl zu fördern und neue Freundschaften zu ermöglichen.

Des Weiteren werden im Rahmen des Projekts Bücher gelesen, besprochen und künstlerisch vertieft.

8.7.5 Prüfender Blick auf Medien

Medienkritik ist in der heutigen Informationsgesellschaft wichtiger denn je. Sie ermöglicht es uns, Medieninhalte und -strukturen kritisch zu hinterfragen und zu bewerten. Da wir täglich mit einer Flut von Informationen konfrontiert werden, ist ein prüfender Blick auf Medien unerlässlich. Nur so sind wir in der Lage, Qualität von Manipulation zu unterscheiden.

Wahrheitsgehalt hinterfragen
Wie real ist das, was uns tagtäglich über die Medien erreicht? Es ist zum einen ratsam, kritisch mit Medieninhalten umzugehen. Zum anderen ist es hilfreich, Quellen zu bewerten und zuverlässige von unzuverlässigen Quellen unterscheiden zu lernen. Aus meiner eigenen Erfahrung als freier

Journalist weiß ich, wie schwierig es sein kann, unter permanentem Zeitdruck einen tiefgründig recherchierten, ausgewogenen Beitrag zu produzieren, der alle Seiten zu Wort kommen lässt.

Zweifel an der scheinbar gesicherten Faktenlage
Der Kommunikationspsychologe Schulz von Thun meint zur Faktenlage zwar, dass Skepsis ohne den Hauch eines Beleges paranoisch oder manipulativ sei. Jedoch betont er auch:

> „[…] dass der Zweifel an der gesicherten Faktenlage oft durchaus berechtigt sein kann […]. Wir sollten eine Behauptung oder einen vorgeblich wissenschaftlichen Befund unter dem Motto („Etliche Studien beweisen …") mit Vorsicht zur Kenntnis nehmen." (Pörksen und Schulz von Thun 2020b, S. 171)

Denn der Zweifel sei prinzipiell

> „[…] ein durchaus ehrenwerter Mitspieler im menschlichen, wissenschaftlichen und politischen Miteinander." (Pörksen und Schulz von Thun 2020b, S. 171)

Jenseits der Argumente: Neue Wege für konstruktive Diskussionen
In der heutigen Medienlandschaft, insbesondere in Talkshows, erleben wir oft ein fruchtloses Aufeinanderprallen von Argumenten. Zuschauer bleiben genervt zurück, während die Diskutanten in ihren Positionen verharren. Dieses Phänomen könnte man als die „Hilflosigkeit des Argumentes" bezeichnen. Es wird zunehmend deutlich, dass man mit reiner Argumentation kaum noch überzeugen kann.

Das Problem liegt darin, dass sich die Denkweisen oft frontal gegenüberstehen und keine menschliche Verbindung zulassen. Die argumentativen Glaubenssätze erscheinen starr und tragen wenig zu einer konstruktiven Diskussion bei. Stattdessen führen Argumente oft zu Spaltungen. Sie stoßen ab, anstatt Brücken zu schlagen. Um dieses Dilemma zu überwinden, ist ein Paradigmenwechsel in der Gestaltung von Talkshows notwendig. Anstatt den Fokus auf das Gewinnen von Debatten zu legen, sollte der Mensch in den Mittelpunkt gestellt werden. Dies erfordert einen behutsamen, empathischen Ansatz des Aufeinander-Zugehens.

Konkret könnte dies bedeuten:

1. Aktives Zuhören fördern: Moderatoren sollten Teilnehmer ermutigen, die Perspektiven anderer wirklich zu verstehen, bevor sie antworten.
2. Persönliche Erfahrungen einbeziehen: Anstatt nur abstrakte Argumente auszutauschen, könnten Gäste eingeladen werden, ihre persönlichen Erfahrungen zu teilen, die ihre Sichtweisen geprägt haben.
3. Gemeinsame Ziele identifizieren: Trotz unterschiedlicher Ansichten gibt es oft gemeinsame übergeordnete Ziele. Diese zu finden und zu betonen, kann eine Basis für konstruktiven Dialog schaffen.
4. Fragen statt Behauptungen: Teilnehmer könnten ermutigt werden, mehr Fragen zu stellen, um die Denkweise des anderen zu verstehen, anstatt nur eigene Behauptungen aufzustellen.
5. Reflexionspausen einführen: Kurze Momente der Stille oder geleitete Reflexionen können helfen, emotionale Reaktionen zu dämpfen und tieferes Nachdenken zu fördern.

Durch solche Ansätze könnten Talkshows von reinen Arenen der Konfrontation zu Plattformen des gegenseitigen Verständnisses und der konstruktiven Problemlösung werden. Dies würde nicht nur die Qualität der Sendungen verbessern, sondern auch einen wichtigen Beitrag zur Förderung eines respektvolleren gesellschaftlichen Diskurses leisten.

Konstruktiver Umgang mit Verschwörungs-Theorien

Bleiben wir noch beim Zweifeln bzw. bei den Zweiflern: Es kann durchaus auch freundlich sein, hilfreiche Argumente für Diskussionen mit Menschen, die an Verschwörungstheorien glauben, in petto zu haben. Dieser Personenkreis geht davon aus, dass bestimmte Ereignisse oder Zustände das Ergebnis geheimer Pläne mächtiger Gruppen sind, die im Verborgenen agieren. Sie suchen nach vermeintlichen Zusammenhängen zwischen unverbundenen Ereignissen und misstrauen offiziellen Erklärungen und öffentlichkeitswirksamen Autoritäten. Sie glauben an eine „verborgene Wahrheit" hinter öffentlichen Darstellungen und interpretieren Fakten so, dass sie in ihr Weltbild passen. Oft sind sie resistent gegenüber Gegenbeweisen und rationalen Argumenten. Ihr Denken ist geprägt von Misstrauen, Paranoia und dem Wunsch, komplexe Sachverhalte durch einfache Erklärungsmuster zu deuten. Ist es möglich, mit einem Menschen, der fest an Verschwörungs-Theorien glaubt, freundlich zu diskutieren, ohne ihn zu stigmatisieren oder ihn auszugrenzen?

Friedemann Schulz von Thun, renommierter Kommunikationspsychologe, bietet hierzu einen interessanten Ansatz. Er schlägt vor, eine Brücke für eine wertschätzende Beziehungsgestaltung zu bauen, selbst wenn man die Ansichten des Gegenübers für abwegig hält. In seinem Buch „Die Kunst des Miteinander-Redens" präsentiert er ein Beispiel, wie man auf jemanden reagieren könnte, der die Mondlandung für einen Schwindel hält:

„Ihren Verdacht halte ich für abwegig und unbegründet – auch wenn ich zugeben muss, dass ich, genau wie Sie, nicht dabei gewesen bin! Aber in einem gebe ich Ihnen recht: Vieles, was auf der Welt geschieht, ist für uns Normalbürger schwer durchschaubar." (Pörksen und Schulz von Thun 2020c, S. 187)

Dieser Ansatz erkennt die Skepsis des Gegenübers an, ohne dessen Theorie zu bestätigen. Er schafft eine gemeinsame Basis, indem er zugibt, dass viele Ereignisse für Außenstehende schwer zu durchschauen sind.

Schulz von Thun geht noch weiter und schlägt vor, einzuräumen, dass nicht alles so sein muss, wie es in den Medien dargestellt wird. Er betont die Wichtigkeit einer gesunden Skepsis:

> „Gut, wenn sich der mündige Bürger eine Portion wachsamer Skepsis bewahrt – und das sehe ich bei Ihnen im besonderen Maße gegeben …" (Pörksen und Schulz von Thun 2020c, S. 187)

Dieser Ansatz zielt darauf ab, die Person hinter der Theorie zu würdigen, ohne die Theorie selbst zu unterstützen. Er ermöglicht einen respektvollen Dialog, der die Tür für weitere Gespräche offenhält.

Die Herausforderung besteht darin, eine Balance zwischen Verständnis und kritischem Denken zu finden. Indem wir die Motivation hinter Verschwörungstheorien anerkennen – oft ein Wunsch nach Erklärungen in einer komplexen Welt – können wir vielleicht einen Weg finden, gemeinsam die Wahrheit zu suchen, anstatt in getrennten Realitäten zu leben.

8.7.6 Medien Feedback geben

Durch einen bewussten und kritischen Umgang mit Medieninhalten sowie durch die Nutzung der zur Verfügung stehenden rechtlichen und kommunikativen Mittel können sich Nutzer und Konsumenten effektiv gegen Falschinformationen und ungerechtfertigte Angriffe in den Medien zur Wehr setzen.

Wird in den Medien über etwas falsch oder nur „halb wahr" berichtet, ist der Ärger bei den Betroffenen groß. Mein Tipp: Schlucken Sie den Groll darüber nicht herunter und werden unfreundlich, sondern werden Sie aktiv. Wenn Sie sich über Inhalte oder die Art und Weise, wie in Sendungen mit Gästen umgegangen wird, geärgert haben, verfallen Sie nicht in Resignation, machen Sie Ihren Unmut in einem Leserbrief Luft.

Welche Möglichkeiten bestehen, sich gegen falsche Nachrichten, Anschuldigungen oder Beleidigungen zu wehren, erfahren Sie nun. Als Nutzer oder Konsument gibt es verschiedene Möglichkeiten, sich gegen falsche Nachrichten, Anschuldigungen oder Beleidigungen in den Medien zu wehren:

Gegendarstellung und Richtigstellung
Eine der einfachsten Methoden ist das Verfassen einer Gegendarstellung oder die Forderung nach einer Richtigstellung. Bei nachweislich falschen Behauptungen haben Betroffene in vielen Ländern ein Recht darauf, dass das Medium eine Richtigstellung veröffentlicht, siehe https://engel-zimmermann.de/en/blog/the-truth-and-nothing-but-the-truth-what-to-do-when-false-information-circulates-through-the-press/. Dies sollte zunächst direkt mit der Redaktion besprochen werden, bevor rechtliche Schritte eingeleitet werden.

Beschwerde bei Medienaufsichtsbehörden
Bei Verstößen gegen journalistische Standards oder Persönlichkeitsrechte können sich Betroffene an zuständige Medienaufsichtsbehörden oder Presseräte wenden. Diese prüfen den Fall und können eine öffentliche Rüge aussprechen.

Rechtliche Schritte

Als letztes Mittel können rechtliche Schritte wie eine Unterlassungsklage oder Schadensersatzforderungen in Betracht gezogen werden. Dies sollte jedoch gut abgewogen werden, da es die Beziehung zur Redaktion nachhaltig belasten und hohe Kosten verursachen kann.

Nutzung sozialer Medien

Soziale Medien bieten die Möglichkeit, die eigene Sichtweise darzustellen und Falschdarstellungen öffentlich zu korrigieren. Dabei sollte man sachlich bleiben und Fakten präsentieren. Sie könnten hier z. B. einen offenen Brief verfassen und diesen auf verschiedenen Kanälen veröffentlichen.

Fact-Checking und Quellenprüfung

Um Falschinformationen zu erkennen, ist es wichtig, Quellen zu überprüfen und Fact-Checking-Dienste zu nutzen. Websites wie Snopes.com oder FactCheck.org können dabei helfen, die Glaubwürdigkeit von Informationen einzuschätzen.

Unterstützung suchen

Bei schwerwiegenden Fällen kann es hilfreich sein, sich Unterstützung von Organisationen zu holen, die sich auf den Schutz von Persönlichkeitsrechten oder die Bekämpfung von Desinformation spezialisiert haben.

Doch wie sinnvoll ist dieses Vorgehen, und vor allem, wie ernst wird Feedback von Medien-Herausgebern genommen?

Meines Erachtens ist es durchaus sinnvoll, Medien Feedbacks zu geben. Allerdings gibt es einige wichtige Punkte zu beachten:

Wertschätzendes Feedback
Viele Medienunternehmen schätzen Leserkommentare und Feedback. Die WELT zum Beispiel betont, dass sie sich „[…] für deutlich mehr direkten Austausch […]" mit ihrer Leserschaft entschieden hat und Redakteure aktiv auf Fragen und Hinweise reagieren (Melas 2023).

Dies deutet darauf hin, dass Feedback ernst genommen wird. Zugleich profitieren auch die Medien selbst davon. Denn das Feedback kann Herausgebern helfen, ihre Inhalte und Prozesse zu optimieren. Es ermöglicht „kontinuierliche Anpassung und Verbesserung" und trägt dazu bei, dass „Projekte auf Kurs bleiben und Unternehmen ihre Ziele erreichen" (TeamEcho GmbH 2025).

Für den Feedback-Geber ist es wichtig, beim Verfassen einen konstruktiven Ansatz zu wählen. Um die Wahrscheinlichkeit zu erhöhen, dass sein Feedback ernst genommen wird, sollte es konstruktiv und respektvoll formuliert sein. Viele Publikationen haben Richtlinien für Kommentare, um eine produktive Diskussionskultur zu fördern.

8.7.7 Transformation des öffentlich-rechtlichen Rundfunks

Der öffentlich-rechtliche Rundfunk in Deutschland ist ein wesentlicher Bestandteil des dualen Rundfunksystems. Seine Aufgabe ist es, eine „Grundversorgung" mit einem umfassenden Programmangebot aus Informationen, Bildung, Unterhaltung und Kultur für alle Bürger sicherzustellen.

Traditionell genießt der öffentlich-rechtliche Rundfunk in Deutschland ein hohes Vertrauen in der Bevölkerung. Allerdings zeigt die Mainzer Langzeitstudie Medienvertrauen, dass dieses Vertrauen in jüngster Zeit zurückgegangen ist (Quiring 2023).

Wie können es die Medienmacher schaffen, aus der Vertrauens-Krise, wie in Kap. 3 beschrieben, wieder herauszukommen?

Vertrauensaufbau – Wege aus der Krise
Damit die Zuschauer und Zuhörer wieder mehr Vertrauen in den öffentlich-rechtlichen Rundfunk bekommen, sind mehrere Ansätze erforderlich. Zentral ist dabei die Stärkung der Transparenz, sowohl in Bezug auf redaktionelle Entscheidungsprozesse als auch auf finanzielle Aspekte.

Eine offene Fehlerkultur, bei der Irrtümer eingestanden und korrigiert werden, kann ebenfalls zur Glaubwürdigkeit beitragen.

Die Einrichtung von Ombudsstellen als Vermittler zwischen Publikum und Redaktionen hat sich als wirksames Instrument erwiesen, um Beschwerden zu bearbeiten und die Arbeitsweise der Medien zu erklären.

Zudem sollten die öffentlich-rechtlichen Sender verstärkt den Dialog mit ihrem Publikum suchen, etwa durch interaktive Formate oder Einblicke in den Redaktionsalltag.

Eine ausgewogene und vielfältige Berichterstattung, die verschiedene gesellschaftliche Perspektiven berücksichtigt, kann das Repräsentationsgefühl der Zuschauer stärken.

Eine Transformation des öffentlich-rechtlichen Rundfunks, wie sie im Manifest für Meinungsvielfalt und Bürgernähe vorgeschlagen wird, könnte signifikante positive Auswirkungen auf die Freundlichkeit der Nutzer haben (Skambraks 2024).

Medienmanipulation stoppen
In ihrem Podcast „Soul Talk" Nr. 36 sprechen Steffen Kirchner und Adrian Winkler zum Thema Medienmanipulation und wie man damit umgeht.

Die Podcast-Macher diskutieren darüber, wie sich der Konsum von Medien über die Jahre verändert hat. Dabei legen sie das Augenmerk darauf, welche Auswirkungen er auf unser tägliches Denken und Handeln hat. Es geht ihnen dabei nicht darum, „[…] eine ‚richtige‘ oder ‚falsche‘ Art des Medienkonsums vorzuschlagen […]", sondern vielmehr darum: „[…] sich selbst bewusst zu fragen: Wie beeinflusst das, was ich lese und höre, mein Leben und meine Wahrnehmung?" (Kirchner und Winkler 2024a, Podcast).

Steffen Kirchner berichtet aus seinem eigenen Umgang mit Medien und rät dazu, das mediale Schauspiel wie ein Theaterstück oder Hörspiel zu beobachten, warnt aber davor, Teil des Schauspiels zu werden (Kirchner und Winkler 2024b, Podcast).

Den Podcast-Machern ist es wichtig, auf einen gesunden Umgang mit den Medien zu achten, d. h., das Einprasseln und ständige Wiederholen negativer Botschaften den ganzen Tag über zu vermeiden. Denn aus ihrer Sicht ist es dem Gehirn egal, ob es am Tag 50 verschiedene negative Botschaften oder „nur" fünf negative Botschaften bekommt. Die negativen Impulse bewirken jedes Mal Angst und Stress. Und es entsteht der Eindruck, dass die Welt immer schlechter wird (Kirchner und Winkler 2024c, Podcast).

Steffen Kirchner und Adrian Winkler wünschen sich von den Medien mehr Empathie für die Menschen da draußen. Sie seien mit ihnen – den Medienmachern – eine große Familie. Deshalb brauche es verbindende und keine weiteren trennenden Beiträge in den Medien.

Schaffung eines lösungsorientierten Journalismus
In einer Zeit, in der das Vertrauen in die Medien zunehmend schwindet, stellt sich die drängende Frage, wie dieses Vertrauen wiederhergestellt werden kann. Richard David Precht und Harald Welzer haben sich in ihrem Buch „Die vierte Gewalt" intensiv mit dieser Problematik auseinandergesetzt und bieten interessante Lösungsansätze.

Ein Kernpunkt ihrer Überlegungen ist die Notwendigkeit eines lösungsorientierten Journalismus. Sie argumentieren: „So notwendig ein problemorientierter Journalismus gerade in seinem aufklärerischen und informationellen Anspruch ist, so notwendig scheint heute seine Ergänzung um einen lösungsorientierten Journalismus." Dieser Ansatz soll dem oft vorherrschenden Katastrophenjournalismus entgegenwirken, der laut den Autoren den Eindruck erweckt, „[…] dass permanent nur Katastrophales sich ereigne […]" (Precht und Welzer 2024a, S. 249).

Precht und Welzer betonen die Bedeutung von Medienkompetenz, nicht nur auf Seiten der Konsumenten, sondern vor allem bei den Medienschaffenden selbst. Sie fordern einen verantwortungsvollen politischen Journalismus, der nicht auf Sensationen aus ist, sondern professionell und kompetent berichtet (Precht und Welzer 2024b, S. 252).

Ein weiterer wichtiger Aspekt ist die Unabhängigkeit des Journalismus. Die Autoren unterstreichen:

> „Jedenfalls sollte der Informationsjournalismus von keinem Finanzier, keiner Machtgruppe, keiner politischen Partei und keiner gewinnorientierten Eigentümerin abhängig sein." (Precht und Welzer 2024c, S. 259)

Nur so kann eine freie und vertrauenswürdige Berichterstattung gewährleistet werden. Diese Ansätze bieten einen Weg, um das Vertrauen vieler Menschen in die Leitmedien wiederherzustellen. Es liegt nun an den Medienschaffenden und -institutionen, diese Ideen aufzugreifen und umzusetzen, um ihre wichtige Rolle in der demokratischen Gesellschaft zu stärken und das Vertrauen der Öffentlichkeit zurückzugewinnen.

8.7.8 Medien-Fasten

Bestimmt kennen Sie das auch: Wenn ich im Frühjahr körperlich für einige Zeit faste, kommen Gedanken wie: „Wird es mir vor Hunger schlecht gehen? Wie werde ich ohne Essen den Tag überstehen?"

Eine ähnliche Situation entsteht vermutlich, wenn man sich an ein technisches Gerät derart gewöhnt hat, dass es zum unverzichtbaren Begleiter wird. In solchen Fällen können sogar Entzugserscheinungen auftreten, sollte das Gerät verlegt oder gar verloren gehen.

Wir merken oft erst dann, wie abhängig wir von etwas geworden sind, wenn es plötzlich nicht mehr zur Verfügung steht. Das kann der kaputte Fernseher zur Fußball-Weltmeisterschaft oder das Handy zum Telefonieren sowie zum Empfangen und Versenden von Nachrichten sein.

Besonders betroffen sind Menschen, die täglich viele Stunden zur Unterhaltung vor der Flimmerkiste oder vor dem Computer verbringen. Oft ist ihnen gar nicht bewusst, wie süchtig sie schon danach sind. Und das ist alles andere als freundlich zu sich selbst zu sein.

Als Rechtfertigung höre ich dann oft die Meinung, dass man sich ja über das Geschehen in der Welt informieren müsse und es auch entspannend sei. Andererseits höre ich von eben jenen Medien-Viel-Nutzern, dass sie eigentlich nur aus purer Langeweile zu Fernsehen und sozialen Medien greifen würden.

Diese Gewohnheit kann schnell zu einer erheblichen Zeitverschwendung führen, insbesondere wenn die konsumierten Inhalte von destruktiven Themen wie Gewalt oder einer allgemeinen Weltuntergangsstimmung geprägt sind. Sendungen dieser Art können die Stimmung nachhaltig beeinträchtigen und den gesamten Tag negativ beeinflussen.

Deshalb mein Tipp: Jedes Gerät hat einen Knopf, um es ein-, aber auch jederzeit wieder auszuschalten. Sie sind der Besitzer des Gerätes und haben allein die Macht darüber.

Ein „Digital Detox", also eine bewusste Auszeit von digitalen Medien, kann positive Auswirkungen auf die mentale Gesundheit haben. Dies äußert sich unter anderem in verbesserter Kommunikationsfähigkeit, gesteigerter Präsenz im gegenwärtigen Moment und reduzierten Stress- und Angstgefühlen.

Diese neue Art des Fastens kann dazu beitragen, eine gesündere Balance zwischen der digitalen und der realen Welt zu finden. Im Folgenden möchte ich einige der wichtigsten positiven Auswirkungen aufzeigen, die ein regelmäßiges Digital-Fasten für die mentale Gesundheit hat:

Reduzierung von Stress und Angst
Die ständige Erreichbarkeit und der Informationsüberfluss durch digitale Geräte können zu erhöhtem Stress und zu Angstzuständen führen. Ein Fasten vom Digitalen ermöglicht es, sich von diesen Stressoren zu lösen und dem Gehirn eine Pause zu gönnen. Durch die Reduzierung der konstanten Reize und Benachrichtigungen kann man zur Ruhe kommen und Ängste abbauen.

Verbesserung der Schlafqualität
Das blaue Licht von Bildschirmen kann die Produktion des Schlafhormons Melatonin stören. Durch das Ausschalten aller Geräte, besonders in den Abendstunden, kann sich der natürliche Schlaf-Wach-Rhythmus wieder einpendeln. Dies führt zu einer verbesserten Schlafqualität und einem erholteren Gefühl am nächsten Tag.

Ich stelle beispielsweise mein WLAN in der Wohnung nachts aus. Dadurch werde ich nicht verleitet, noch in sozialen Medien zu surfen.

Steigerung von Produktivität und Kreativität
Ohne die ständigen Ablenkungen durch Handy oder Fernsehen kann man sich besser auf wichtige Aufgaben konzentrieren. Ein digitales Fasten fördert die Fähigkeit, tiefer in Themen einzutauchen und kreative Lösungen zu finden.

Nutzung von Zeitbegrenzungs-Tools
Viele Smartphones und Social-Media-Plattformen bieten integrierte Funktionen zur Überwachung und Begrenzung der Nutzungszeit. Aktivieren Sie diese Tools und setzen Sie sich realistische tägliche Limits. Produktivitäts-Apps können ebenfalls hilfreich sein, indem sie den Zugang zu sozialen Medien während der Arbeitszeit oder, wenn Sie sich konzentrieren müssen, blockieren.

Das digitale Fasten bietet die Chance, unsere Gewohnheiten zu hinterfragen und neue Wege zu finden, unsere Zeit sinnvoll und erfüllend zu gestalten. Es ermöglicht uns, die reale Welt wieder intensiver wahrzunehmen und unsere zwischenmenschlichen Beziehungen zu stärken.

8.8 Neue Politik, die verbindet

Nachdem ich mich in Abschn. 3.12 mit einer unfreundlichen Politik, die spaltet, beschäftigt habe, soll es in diesem Abschnitt um Lösungsansätze für eine verbindende Politik gehen. Doch bevor wir in das Thema einsteigen, vorab noch ein wichtiger Hinweis, um falschen Erwartungshaltungen vorzubeugen:

Die politischen Herausforderungen sind oft so komplex, sodass der Ruf nach einfachen Lösungen utopisch erscheint sowie Veränderungen ihre Zeit brauchen. Dennoch möchte ich im Folgenden einige Ideen für eine freundlichere Politik aufzeigen. Beginnen möchte ich mit einem Plädoyer für die Demokratie:

Die Demokratie als Regierungsform bietet eine Vielzahl positiver Aspekte, die sowohl das individuelle Leben der Bürger als auch die Gesellschaft als Ganzes beeinflussen. Studien zeigen, dass Menschen in stabilen Demokratien ein höheres Maß an Lebenszufriedenheit und Wohlbefinden aufweisen. Dies geht mit besseren Gesundheitsergebnissen einher, einschließlich niedrigerer Kindersterblichkeitsraten (Weingartmair 2022).

Ein Kernmerkmal demokratischer Systeme ist der Schutz von Menschen- und Bürgerrechten, insbesondere für Minderheiten. Demokratien fördern zudem stärkere zwischenmenschliche Beziehungen und soziales Kapital, was zu einem robusteren gesellschaftlichen Zusammenhalt führt.

Trotz ihrer Unvollkommenheiten bietet die Demokratie somit ein Fundament für eine gerechtere, stabilere und prosperierendere Gesellschaft, in der die Rechte und das Wohlergehen der Bürger im Mittelpunkt stehen.

Um zu wissen, wohin wir wollen, sollten wir zunächst wissen, woher wir kommen. Zu den Anfängen der Demokratie mehr im nächsten Abschnitt.

8.8.1 Ursprung der Demokratie

Der Ursprung der Demokratie lässt sich auf das antike Griechenland, insbesondere auf Athen, zurückführen. Die Entwicklung erfolgte schrittweise im 7. und 6. Jahrhundert v. Chr., wobei zwei Reformer eine besonders wichtige Rolle spielten: Solon und Kleisthenes. Solon, der im Jahr 594 v. Chr. zum höchsten Beamten in Athen berufen wurde, legte mit seinen Reformen den Grundstein für die spätere attische Demokratie. Er entschuldete die Bauern, schaffte die Schuldknechtschaft ab und führte ein Vier-Klassen-Wahlrecht ein. Solon vereinheitlichte zudem Münzen und Maße und führte spezialisierte Gerichte ein, die erstmals zwischen vorsätzlichen und unbeabsichtigten Taten unterschieden.

Kleisthenes führte 508/507 v. Chr. weitere tiefgreifende Reformen durch. Er reorganisierte die athenische Landschaft in 139 Demen (lokale Selbstverwaltungseinheiten) und schuf ein System von Phylen (Stämmen), das die Macht der adligen Familien brach und eine einheitliche Bürgerschaft schuf. Diese Neuordnung bildete die Basis für den „Rat der 500", der den von Solon eingeführten „Rat der 400" ersetzte (Vorländer 2017).

Weitere wichtige Entwicklungen waren die Entmachtung des Adelsrats (Areopag) und die Einführung von Diäten (Tagegeldern) für Bürger durch Perikles, um allen die Teilnahme am politischen Leben zu ermöglichen.

In der voll entwickelten athenischen Demokratie übte das Volk direkt die Gesetzgebungs-, Regierungs-, Kontroll- und Gerichtsgewalt aus. Jeder Bürger konnte an der Volksversammlung sowie an den Gerichtsversammlungen teilnehmen und war befugt, ein Amt zu bekleiden. Es ist jedoch wichtig zu beachten, dass Frauen, Sklaven und Metöken (Bewohner ohne Bürgerstatus) von der politischen Teilhabe ausgeschlossen blieben.

Die Entwicklungen in Athen legten den Grundstein für das Konzept der Demokratie, wie wir es heute kennen, und hatten einen tiefgreifenden Einfluss auf die politische Philosophie und Praxis in der westlichen Welt.

8.8.2 Werte der ursprünglichen Demokratie

Die ursprüngliche athenische Demokratie vertrat mehrere grundlegende Werte, die das politische System prägten:

1. Isonomia (Gleichheit vor dem Gesetz): Dieses Prinzip bedeutete, dass alle Bürger vor dem Gesetz gleich waren und die gleichen politischen Rechte hatten.

2. Direkte Beteiligung: Die Bürger übten direkt die Gesetzgebungs-, Regierungs-, Kontroll- und Gerichtsgewalt aus, ohne Zwischeninstanzen wie Parlamente oder Parteien.
3. Freiheit der Rede (Parrhesia): Jeder Bürger hatte das Recht, in der Volksversammlung zu sprechen und seine Meinung zu äußern.
4. Losverfahren: Viele Ämter wurden durch Los besetzt, was als fairer galt, das Wahlen und Korruption vorbeugen sollte.
5. Rechenschaftspflicht: Beamte mussten nach ihrer Amtszeit Rechenschaft ablegen und konnten für Fehlverhalten bestraft werden (Vorländer 2017).
6. Gemeinwohlorientierung: Es wurde erwartet, dass Bürger im Interesse der Polis handelten, nicht nur für persönliche Vorteile.
7. Rotation der Ämter: Regelmäßiger Wechsel in politischen Positionen sollte Machtkonzentration verhindern.
8. Bürgermiliz: Die Verteidigung der Polis war Aufgabe aller Bürger, nicht einer professionellen Armee.

8.8.3 Notwendige Änderungen

In Gesprächen mit Freunden und Bekannten kristallisiert sich immer wieder ein Thema heraus: der Wunsch nach Veränderungen in der Politik. Doch Veränderung ist nicht gleich Veränderung. In Diskussionen beobachte ich bei einigen meiner Gesprächspartner eine zwiespältige Haltung gegenüber Veränderungen. Einerseits sehnen sie sich nach Verbesserungen und Fortschritt, andererseits hängen sie am Vertrauten und Bewährten. Doch unsere Welt unterliegt einem ständigen Wandel und nichts bleibt für immer so, wie es einmal war.

Diese Ambivalenz spiegelt eine tief verwurzelte menschliche Tendenz wider: Wir streben nach Sicherheit und Beständigkeit, während wir gleichzeitig die Notwendigkeit von Anpassung und Erneuerung erkennen. Diese Spannung zwischen Bewahrung und Erneuerung manifestiert sich besonders deutlich im Bereich der Politik, wo Veränderungen oft weitreichende Konsequenzen für die gesamte Gesellschaft haben.

Politikerinnen und Politiker stehen hier oft vor einer überwältigenden Anzahl von Aufgaben und Fragen, die sie gleichzeitig bewältigen müssen. Dies erfordert nicht nur eine enorme Menge an Zeit, sondern auch eine unermüdliche Einsatzbereitschaft. Für ihr Engagement hätten sie eigentlich die Wertschätzung der Gesellschaft verdient. Doch oft wird diese Wertschätzung nicht gezeigt. Stattdessen gibt es viele Menschen, die glauben, genau zu wissen, was politisch nicht funktioniert. Wenn man sie jedoch fragt, wie es besser gemacht werden könnte, antworten sie oft mit einem Schulterzucken.

Um die Kluft zwischen Bürgern und politischen Entscheidungsträgern zu überbrücken und das Vertrauen in die politischen Institutionen zu stärken, bedarf es einer Reihe von Anpassungen und Reformen. In diesem Kapitel werden wir die notwendigen Änderungen beleuchten, die dazu beitragen können, die Akzeptanz und Wertschätzung der Politik in der Bevölkerung zu erhöhen. Dabei geht es nicht nur um oberflächliche Korrekturen, sondern um grundlegende Transformationen, die das Potenzial haben, unser demokratisches System zu revitalisieren und die Beziehung zwischen Staat und Bürgern neu zu definieren.

1. **Transparenz und klare Kommunikation:** Politik und Verwaltung sollten ihre Entscheidungen und Prozesse nachvollziehbar und verständlich kommunizieren. Die Verwendung einer bürgerfreundlichen und verständ-

lichen Sprache in der politischen Kommunikation kann die Distanz zwischen Politik und Bürgern verringern (Silberberg 2023).
2. **Bürgerbeteiligung stärken:** Die aktive Einbeziehung der Bürger in politische Entscheidungsprozesse kann das Vertrauen in die Demokratie stärken. Formate wie Bürgerräte, Volksabstimmungen, öffentliche Konsultationen oder Bürgerforen ermöglichen einen direkteren Dialog zwischen Bürgern und Entscheidungsträgern. Dies erhöht die Akzeptanz von Entscheidungen und stärkt das Gemeinschaftsgefühl (Paust 2019).
3. **Politische Bildung fördern:** Eine Stärkung der politischen Bildung kann Bürger befähigen, sich ein eigenes Urteil zu bilden und selbstbestimmt Entscheidungen zu treffen. Sie fördert das Verständnis für demokratische Werte, politische Institutionen und Prozesse.
4. **Digitale Partizipationsmöglichkeiten ausbauen:** Die Nutzung digitaler Plattformen kann zusätzliche **Beteiligungsmöglichkeiten schaffen und die Zugänglichkeit von Informationen erhöhen.**
5. **Rechenschaftspflicht und Integrität stärken:** Politiker und Beamte sollten regelmäßig Rechenschaft über ihre Entscheidungen und Handlungen ablegen. Transparenz bei Lobbyismus und politischen Entscheidungsprozessen kann das Vertrauen in das System stärken.
6. **Frühzeitige Einbeziehung:** Bürger sollten möglichst früh in Projekte und politische Entscheidungsprozesse einbezogen werden, um ihre Perspektiven und Ideen zu berücksichtigen.
7. **Empathie und Einfühlungsvermögen zeigen:** Politiker sollten Verständnis und Toleranz für unterschiedliche Meinungen und Lebensentwürfe zeigen.

Durch die Umsetzung dieser Maßnahmen kann die Politik das Vertrauen der Bürger zurückgewinnen und eine stärkere Akzeptanz und Wertschätzung erfahren. Es ist ein kontinuierlicher Prozess, der Engagement und Offenheit von beiden Seiten – Politik und Bürger – erfordert.

8.8.4 Konstruktive und freundliche Debattenkultur

Die politische Arena ist oft ein Ort intensiver Auseinandersetzungen, wo leidenschaftlich um die besten Lösungen für das Gemeinwohl gerungen wird. Dabei kann der Ton mitunter scharf und die Atmosphäre angespannt werden. Doch wie in allen Bereichen des Lebens gibt es auch in der Politik eine Vielfalt an Persönlichkeiten und Verhaltensweisen. Politiker lassen sich nicht in einfache Kategorien wie „gut" oder „böse" einordnen. Vielmehr finden wir in allen Parteien sowohl integre und prinzipientreue Volksvertreter als auch solche, die noch an ihrer Integrität arbeiten müssen. Vor diesem Hintergrund stellt sich die Frage:

Wie könnte aus einer hitzigen und unfreundlichen Debatten-Kultur in den Parlamenten – wie im Kap. 3 anschaulich geschildert – eine konstruktivere freundlichere Debattenkultur werden?

Die folgenden Maßnahmen könnten hilfreich sein:

1. **Einführung und Durchsetzung von Verhaltensregeln:** Implementierung klarer Gesprächsregeln für Debattenkultur in Parlamenten und politischen Gremien. Diese sollten Respekt, Sachlichkeit und die Möglichkeit für jeden, seine Meinung zu äußern, betonen.

Ich kann mir vorstellen, dass jede Beratung – vor allem, wenn mit kontroversen Meinungen zu rechnen ist – mit einer Meditation begonnen wird. Dadurch kann sich der Raum für noch nicht gedachte Ideen und Lösungen öffnen.

Ein weiterer für mich sehr wichtiger Aspekt ist das Prinzip der Einfachheit. Es sollte bei aller scheinbar immer weiter um sich greifenden Komplexität an erster Stelle stehen.

2. **Schulungen für Politiker:** Angebot von Trainings für Abgeordnete zur Verbesserung ihrer Kommunikationsfähigkeiten, insbesondere im Hinblick auf die Verwendung klarer, verständlicher Sprache in der politischen Kommunikation. Eine Förderung von Streitkompetenz würde Politiker dazu befähigen, eigene Meinungen zu formulieren und sich konstruktiv mit abweichenden Ansichten auseinanderzusetzen. Methoden wie die Amerikanische Debatte oder das Tribunal können helfen, diese Kompetenzen zu entwickeln.

3. **Förderung des Dialogs:** Einrichtung von Dialogforen, die eine direkte und konstruktive Kommunikation zwischen Abgeordneten verschiedener Fraktionen ermöglichen. Dies könnte helfen, Vorurteile abzubauen und gegenseitiges Verständnis zu fördern sowie das Bewusstsein für unterschiedliche Perspektiven zu schärfen. Die Anerkennung, dass es in einer Gesellschaft verschiedene Wertefundamente und Sichtweisen gibt, ist wichtig für einen konstruktiven Dialog.

   Diskussionen sollten nicht bei der Problembeschreibung stehen bleiben, sondern aktiv nach möglichen Lösungsansätzen suchen.

   Eine gute Moderation steuert die Diskussion, sorgt für die Einhaltung der Regeln und behält sowohl inhaltliche Streitpunkte als auch die Beziehungen zwischen den Teilnehmenden im Blick.

4. **Förderung einer Kultur der Selbstreflexion:** Ermutigung der Abgeordneten, ihre eigenen Verhaltensweisen kritisch zu hinterfragen und an einer Verbesserung der Debattenkultur mitzuwirken.

5. **Einführung einer Fehlerkultur:** In der modernen Arbeitswelt gewinnt die Etablierung einer positiven Fehlerkultur zunehmend an Bedeutung. Sie ermöglicht es, aus Fehlern zu lernen und sie als Chancen für Innovation und persönliches Wachstum zu begreifen, anstatt sie zu tabuisieren oder zu bestrafen. Daher sollte die Fehlerkultur unbedingt auch in der Politik Einzug halten.

   René Borbonus betont in seinem Buch „Über die Kunst, ein freundlicher Mensch zu sein" die Wichtigkeit eines offenen Umgangs mit Fehlern: „Ein souveräner Umgang mit Fehlern verdient keine Strafe, sondern Respekt" (Borbonus 2024, S. 64). Diese Haltung schafft ein Arbeitsumfeld, in dem die Beteiligten ermutigt werden, offen über Schwierigkeiten und Missgeschicke zu sprechen, was die Bereitschaft für kreatives Arbeiten und das Ausprobieren neuer Ideen erhöht.
6. **Einführung von „Abkühlungsphasen":** Bei besonders emotionalen Themen könnten kurze Pausen eingelegt werden, um die Gemüter zu beruhigen und eine sachlichere Diskussion zu ermöglichen.
7. **Stärkung der überparteilichen Zusammenarbeit:** Förderung von fraktionsübergreifenden Arbeitsgruppen und Projekten, um den respektvollen Umgang miteinander auch außerhalb der Plenarsitzungen zu üben. Erste Ansätze existieren bereits, w. z. B. bei bioethischen Themen. Dabei arbeiten Abgeordnete über Fraktionsgrenzen hinweg an gemeinsamen Gesetzesentwürfen, basierend auf geteilten Auffassungen. Dieses Verfahren ermöglicht es, bei ethisch sensiblen Fragen jenseits der Parteilinien zu agieren und nach persönlichem Gewissen zu entscheiden.
8. **Vorbildfunktion der Führungskräfte:** Parlamentspräsidenten und Fraktionsführer sollten mit gutem Beispiel vorangehen und einen respektvollen Umgangston

pflegen. Dabei sind ein angemessener Tonfall, das Ausredenlassen und die Trennung von Person und Meinung entscheidend.
9. **Regelmäßige Evaluation der Debattenkultur:** Durchführung von Analysen und Feedbackrunden zur Qualität der parlamentarischen Debatten, um kontinuierliche Verbesserungen zu ermöglichen.

Durch die Umsetzung dieser Maßnahmen könnte schrittweise eine konstruktivere und freundlichere Debattenkultur in den Parlamenten entstehen, die nicht nur die Qualität der politischen Diskussion verbessert, sondern auch das Vertrauen der Bürger in die demokratischen Institutionen stärkt.

Bei allen oben genannten Maßnahmen ist es jedoch hilfreich, auf eventuelle Gegensätze zu achten und Gemeinsamkeiten zu entdecken. Dazu mehr im nächsten Abschnitt.

8.8.5 Unterschiede respektieren, Verbindendes entdecken

In der heutigen Zeit steht Deutschland vor der großen Herausforderung, gesellschaftliche Gegensätze zu überbrücken und ein harmonisches Zusammenleben zu fördern. Die Akzeptanz von Gegensätzen ist eine der wichtigsten gesellschaftlichen Aufgaben, die wir gemeinsam angehen müssen.

Um jedoch mit Gegensätzen konstruktiv umgehen zu können, ist es erforderlich, bei Entscheidungsprozessen Kompromisse zwischen den verschiedenen Interessengruppen zu finden und auszuhandeln.

Unsere Gesellschaft ist von vielfältigen Meinungen und Haltungen geprägt, sei es in Fragen der Gesundheitspolitik, der Energiepolitik, der Migrationsfrage oder des

Klimaschutzes. Um diese Gegensätze zu akzeptieren, ist es entscheidend, eine neue Kultur des respektvollen Dialogs und der konstruktiven Kommunikation zu etablieren. Doch unterscheiden sich die wirklichen grundlegenden Ziele voneinander? Die weitaus wichtigeren Fragen, die sich alle stellen sollten, lauten meines Erachtens: Was vereint alle Menschen? Gibt es Ziele, die für alle gleich sind? Oder wie es Hannah Arendt so treffend formulierte: „Wahrheit gibt es nur zu zweien" (Arendt zit. n. Kross 2013).

Ein bedeutender Ansatzpunkt ist dabei die Förderung eines sinnvollen Dialogs, der von Neugier und Verletzlichkeit geprägt ist. Neugier ermöglicht es, über oberflächliche Unterschiede hinauszugehen und die tieferen Beweggründe und Perspektiven anderer zu erkunden. Dies kann durch Fragen geschehen, die nicht nur auf Fakten abzielen, sondern auf das Verständnis der Interessen und Motivationen hinter den Ansichten einer Person.

Verletzlichkeit spielt ebenfalls eine wichtige Rolle im Dialog. Sie erfordert den Mut, eigene Unsicherheiten und Herausforderungen offen zu teilen, was andere dazu ermutigen kann, ebenfalls offen zu sein. Dies schafft eine Atmosphäre des kollektiven Wachstums und der gemeinsamen Menschlichkeit.

Ein weiterer wichtiger Aspekt ist die Kunst der Meinungsverschiedenheit. Anstatt in Debatten auf Konfrontation zu setzen, sollte das Ziel sein, die Perspektive des anderen zu verstehen. Dies verwandelt potenziell konfliktgeladene Diskussionen in Brücken des Verständnisses. Dabei müssen wir die grundlegende Verbundenheit aller Menschen anerkennen und gleichzeitig die Vielfalt der Formen, Ideen, Denkmuster, Verhaltensweisen, spirituellen Prägungen und Glaubenssätze berücksichtigen. Jeder Mensch bringt seine eigenen Erfahrungen, Überzeugungen und Perspektiven mit, die es zu respektieren gilt.

Ein vielversprechender Ansatz wäre ein von der Regierung gefördertes kulturelles Austausch-Programm. Dieses Programm könnte Menschen aus verschiedenen politischen Lagern und Regionen zusammenbringen, um die Besonderheiten, andere Denkweisen und Überzeugungen sowie Kulturen hautnah kennenzulernen. Durch persönliche Begegnungen und Erfahrungen können Vorurteile abgebaut und gegenseitiges Verständnis gefördert werden.

Solch ein Programm könnte verschiedene Formate umfassen, wie Diskussionsrunden, gemeinsame Projekte oder Kulturveranstaltungen. Ziel wäre es, dass die Teilnehmer lernen, die Perspektiven anderer zu verstehen, wertzuschätzen und vielleicht sogar zu lieben. Dies könnte dazu beitragen, die oft verhärteten Fronten aufzuweichen und einen konstruktiven gesellschaftlichen Dialog zu fördern.

Dabei kann durchaus eine Bewegung zwischen Nähe und Distanz, Übereinstimmung und Nicht-Übereinstimmung entstehen. Auch das Ergebnis „we agree to disagree" ist förderlich und kann als Wegmarke in einem fortdauernden Prozess der Kommunikation angesehen werden.

Den Dialog ausschließlich mit dem Ziel einer Gefahrenabwehr zu führen ist wenig hilfreich, da Gemeinsamkeiten und geteilte Ziele aus diesem Blickwinkel häufig verborgen bleiben.

Letztendlich geht es darum, trotz unterschiedlicher Meinungen und Überzeugungen Gemeinsamkeiten zu entdecken und auf dieser Basis eine inklusive und tolerante Gesellschaft zu gestalten. Wir sollten nie darauf verzichten, nach dem Schönen und Freudigen zu streben, um eine lebensfrohe Welt zu schaffen.

Nur wenn wir lernen, Gegensätze zu achten und gleichzeitig nach Verbindendem zu suchen, können wir die Herausforderungen unserer Zeit gemeinsam bewältigen und ein friedliches Zusammenleben in Deutschland sicherstellen.

8.9 Ausgrenzung und Stigmatisierung auflösen

Wie bereits in Abschn. 3.13 beschrieben, sind Ausgrenzung und Stigmatisierung für eine demokratische Gesellschaft kontraproduktiv. Im Folgenden möchte ich daher Wege aufzeigen, wie diese schädlichen Phänomene überwunden werden und eine inklusivere Gesellschaft geschaffen werden kann.

8.9.1 Corona-Impf-Kritiker

Die Ausgrenzung von Impfkritikern erweist sich im Nachhinein als sensibles Thema, das weiterhin einer sorgfältigen und kritischen Diskussion bedarf. Diese Entwicklungen verdeutlichen die Herausforderungen, vor denen eine Gesellschaft in Krisenzeiten steht. Sie zeigen, wie wichtig es ist, auch unter Druck differenzierte Sichtweisen zu bewahren und die langfristigen Folgen von Ausgrenzung und Stigmatisierung zu bedenken. Eine ausgewogene und faktenbasierte Kommunikation sowie der respektvolle Umgang mit unterschiedlichen Meinungen und Entscheidungen bleiben zentrale Aufgaben für Politik, Medien und Gesellschaft.

Um zukünftig eine Ausgrenzung oder Stigmatisierung von Menschen mit abweichenden Ansichten, wie beispielsweise den Corona-Impfgegnern zu vermeiden, sind verschiedene Maßnahmen denkbar:

Aus den Erfahrungen der Pandemie sollten Lerneffekte gezogen werden. Eine wichtige Erkenntnis ist, dass Denunziation und Spaltung der Gesellschaft vermieden werden müssen. Stattdessen sollte ein respektvoller Dialog gefördert werden, der verschiedene Perspektiven berücksichtigt.

Die Medien könnten zu einer differenzierteren Berichterstattung beitragen, indem sie komplexe Sachverhalte ausgewogen darstellen und verschiedene wissenschaftliche Standpunkte zu Wort kommen lassen. Dabei ist es wichtig zu verdeutlichen, dass es „die Wissenschaft" als monolithischen Block nicht gibt, sondern wissenschaftlicher Fortschritt durch These und Antithese vorangetrieben wird.

Bei der Entwicklung von Maßnahmen und Kommunikationsstrategien sollten alle relevanten Berufsgruppen einbezogen werden, um verschiedene Perspektiven und Expertisen zu berücksichtigen. Dies könnte zu ausgewogeneren und praxisnäheren Lösungen führen.

Ein offener und respektvoller Umgang mit Andersdenkenden, der auf Verständnis und Dialog setzt, anstatt auf Ausgrenzung, kann dazu beitragen, gesellschaftliche Gräben zu überwinden. Dabei sollten berechtigte Sorgen und Ängste ernst genommen werden, ohne Fehlinformationen zu verstärken.

Es war zu beobachten, dass sich aus Anlass der Konflikte, die sich durch die Corona-Epidemie ergeben hatten, ein Riss durch die Gesellschaft zog. Im Nachhinein fanden sich Menschen unterschiedlicher Ansichten zusammen, um eine Dialogform einzuüben, die es für Gegenwart und Zukunft möglich macht, über Meinungsunterschiede hinweg einen konstruktiven Dialog zu führen.

Insgesamt ist ein ausgewogener Ansatz gefragt, der die Gesundheit der Bevölkerung schützt, gleichzeitig aber die Grundrechte und die Meinungsvielfalt in einer demokratischen Gesellschaft respektiert.

8.9.2 Querdenker

Der Begriff bezeichnete ursprünglich Personen, die eigenständig und originell denken und deren Ideen oft nicht verstanden oder akzeptiert werden bzw. ihrer Zeit voraus waren. Der Begriff galt als positiv besetzt und stand für kreative, unkonventionelle Denker, die festgefahrene Denkmuster verlassen und neue Perspektiven einbringen. In diesem Sinne können folgende berühmte Persönlichkeiten als Querdenker bezeichnet werden:

1. Albert Einstein – Sein unkonventionelles Denken revolutionierte die Physik.
2. Steve Jobs – Sein innovativer Ansatz veränderte die Technologiebranche.
3. Marie Curie – Ihre bahnbrechende Forschung zur Radioaktivität war ihrer Zeit weit voraus.
4. Leonardo da Vinci – Ein Universalgelehrter, der in vielen Bereichen neue Wege ging.
5. Galileo Galilei – Seine wissenschaftlichen Erkenntnisse stellten das damalige Weltbild in Frage.
6. Nikola Tesla – Seine visionären Ideen in der Elektrotechnik wurden oft missverstanden.
7. Friedrich Nietzsche – Seine philosophischen Ansätze brachen mit vielen Konventionen.
8. Ada Lovelace – Gilt als erste Programmiererin und hatte eine ungewöhnliche Sichtweise auf Computertechnologie.
9. Pablo Picasso – Seine künstlerischen Innovationen veränderten die Kunstwelt.
10. Charles Darwin – Seine Evolutionstheorie stellte traditionelle Vorstellungen auf den Kopf.

Menschen mit abweichenden Meinungen wie beispielsweise Querdenker sind häufig auch Menschen mit anderen Sichtweisen. Diese können auch konstruktive Elemente in sich tragen.

Nur weil sie anders auf die Welt schauen als die Mehrheit der Menschen um sie herum, müssen ihre Sichtweisen nicht falsch sein, sondern sie sind nur anders. Sie können im Gesamtkonzert auch interessante Aspekte für Entwicklungen in die Zukunft hinein beinhalten. Die folgenden Maßnahmen können hilfreich sein, Menschen mit abweichenden Meinungen, wie beispielsweise die Querdenker, nicht auszugrenzen.

Ein Schlüsselelement ist auch hier die Förderung eines respektvollen Dialogs, der sowohl auf gegenseitigem Zuhören als auch auf dem Versuch basiert, die Perspektive des anderen zu verstehen, auch wenn man nicht zustimmt, meint Katrin Schmelz, Psychologin und Verhaltensökonomin am Exzellenzcluster „Politik von Ungleichheit" an der Universität Konstanz und am Thurgauer Wirtschaftsinstitut (Schmelz 2021).

Medien spielen eine wichtige Rolle bei der Gestaltung öffentlicher Meinung. Eine differenzierte Berichterstattung, die verschiedene Standpunkte ausgewogen darstellt, kann dazu beitragen, Polarisierung zu vermeiden und ein nuancierteres Bild zu vermitteln.

Parallel dazu ist es wichtig, faktenbasierte Diskussionen zu fördern, bei denen sachliche Informationen und wissenschaftliche Erkenntnisse in den Vordergrund gestellt werden, ohne dabei belehrend zu wirken.

Ein weiterer wichtiger Aspekt ist die Stärkung der Medienkompetenz in der Gesellschaft. Die Fähigkeit, Informationen kritisch zu hinterfragen und einzuordnen, ist in der heutigen Informationsflut unerlässlich.

Die Schaffung von Räumen für Austausch, wie Bürgerdialoge oder moderierte Diskussionsrunden, kann helfen, verschiedene Perspektiven zusammenzubringen. Dabei sollte der Fokus darauf liegen, gemeinsame Werte zu betonen und übergeordnete Ziele zu identifizieren, die trotz unterschiedlicher Ansichten in Einzelfragen existieren können. Gleichzeitig sollte eine Kultur der Empathie und des

Verständnisses gefördert werden, die anerkennt, dass hinter abweichenden Meinungen oft Ängste oder persönliche Erfahrungen stehen (Schmelz 2021).

In der öffentlichen Kommunikation ist es wichtig, stigmatisierende Sprache zu vermeiden und auf pauschale Zuschreibungen oder abwertende Begriffe zu verzichten. Stattdessen sollte der Fokus darauf liegen, gemeinsame Lösungsansätze zu suchen und konstruktiv an gesellschaftlichen Herausforderungen zu arbeiten.

Durch die Umsetzung dieser Ansätze kann eine inklusivere Diskussionskultur geschaffen werden, die dazu beiträgt, gesellschaftliche Spaltungen zu überwinden und ein respektvolleres Miteinander zu fördern.

8.10 Achtsame und freundliche Kultur des Miteinanders

In der heutigen Zeit, die von Hektik, Konflikten, Vereinzelung und oft mangelndem Respekt geprägt ist, wird es zunehmend wichtiger, eine achtsame Kultur des Miteinanders zu etablieren. Dieser Ansatz zielt darauf ab, sowohl im privaten als auch im beruflichen Umfeld ein harmonischeres und produktiveres Zusammenleben zu ermöglichen. Er umfasst verschiedene Aspekte, die ineinandergreifen und sich gegenseitig verstärken.

In den folgenden Abschnitten werden wir uns mit drei wesentlichen Elementen dieser achtsamen Kultur befassen: Zunächst betrachten wir die Bedeutung der Entschleunigung in unserem Alltag und wie sie uns helfen kann, bewusster und präsenter zu leben.

Danach untersuchen wir die Konzepte von Würde und Respekt, wie sie vom Neurobiologen Gerald Hüther dargelegt werden.

Anschließend widmen wir uns den verschiedenen Möglichkeiten, Betroffenheit zu transformieren. Am Ende dieses Kapitels geht es um freundliche politische Systeme, die den Menschen dienen sollten und nicht umgekehrt.

8.10.1 Entschleunigung

Der Ruf nach Entschleunigung wird in einer Welt, in der sich scheinbar alles immer schneller verändert, zunehmend lauter. Es geht darum, einen Gang zurückzuschalten, um wieder klar denken zu können und aus dem Kreislauf ständiger Schuldzuweisungen auszubrechen. Wie Gerhard Matzig in der Süddeutschen Zeitung treffend bemerkt: „Die digitalen Helferlein fressen sich wie Brandbeschleuniger durch das zuvor analoge Dasein." Doch er stellt auch die berechtigte Frage: „Muss man wirklich noch herausfinden, dass es On/Off-Schalter für alles gibt? Dass man Gas geben, aber auch bremsen kann? In eigener Verantwortung?"

Die Herausforderung liegt oft nicht in der Technologie selbst, sondern in unserem Umgang damit. Matzig bringt es auf den Punkt: „Alles ist immer zu schnell – und alles geht immer zu langsam. Entdecke den Fehler. Der Fehler ist nicht der Antagonismus ‚schnell/langsam' – es ist das megalomanische ‚alles'." (Matzig 2023). Diese Widersprüchlichkeit zu akzeptieren und damit umzugehen, ist eine zentrale Aufgabe der Entschleunigung.

Albert Einstein erklärte die Relativität der Zeit mit einem anschaulichen Beispiel: „Wenn man zwei Stunden lang mit einem Mädchen zusammensitzt, meint man, es wäre eine Minute. Sitzt man jedoch eine Minute auf einem heißen Ofen, meint man, es wären zwei Stunden. Das ist Relativität" (Einstein zit. n. Matzig 2023). Diese subjektive Wahrnehmung von Zeit spielt auch in unserem Alltag eine wichtige Rolle und beeinflusst unser Bedürfnis nach Entschleunigung.

In Zeiten, in denen viele über die Zustände in der Gesellschaft klagen, ist es wichtig, Perspektive zu bewahren. Joachim Käppner erinnert in der Süddeutschen Zeitung daran: „Es gibt Länder, die froh wären, hätten sie nur diese Probleme, über die hier gejammert wird." Er mahnt: „Beruhigt euch" (Käppner 2024). Diese Aufforderung kann als Aufruf zur Entschleunigung verstanden werden, als Einladung, einen Schritt zurückzutreten und die Dinge in einem größeren Kontext zu betrachten.

Entschleunigung bedeutet nicht, alle Fortschritte abzulehnen oder in eine romantisierte Vergangenheit zurückzukehren. Vielmehr geht es darum, bewusst mit Zeit und Technologie umzugehen, Pausen einzulegen und die eigenen Prioritäten zu überdenken. Es ist ein Weg, der „unablässigen Katastrophisierung" zu entkommen, die laut Käppner: „[…] zur DNA der Extremisten von rechts und links […]" gehört, und stattdessen einen ausgewogeneren, ruhigeren Blick auf die Welt zu entwickeln (Käppner 2024).

Erst durch die Kontemplation finde ich die nötige Geborgenheit, aus der dann wieder sinnvolle Aktionen entstehen können.

8.10.2 Würde und Respekt

Würde und Respekt sind fundamentale Werte, die das menschliche Zusammenleben prägen und beeinflussen. Die Wahrnehmung und Achtung der eigenen Würde sowie der Würde anderer sind entscheidend für ein harmonisches Miteinander und tragen dazu bei, gesellschaftliche Spaltungen zu überwinden. Indem wir uns unserer Würde bewusstwerden und respektvoll miteinander umgehen, schaffen wir die Grundlage für eine gerechtere und empathischere Gesellschaft.

In seinem Werk „Würde" beleuchtet der Neurobiologe Gerald Hüther die fundamentale Bedeutung von Würde und Respekt für das menschliche Miteinander. Hüther argumentiert überzeugend, dass Würde weit mehr ist als ein abstraktes ethisch-philosophisches Konzept; sie hat eine tiefe neurobiologische Verankerung in unserem Sein.

Hüther beschreibt Würde als einen „inneren Kompass", der uns hilft, uns in der komplexen Welt zu orientieren und unser volles Potenzial zu entfalten. Diese Perspektive eröffnet neue Wege, um gesellschaftliche Herausforderungen wie Verrohung und Polarisierung anzugehen. Wie Hüther auf der Webseite Würdekompass.org betont: „Wir brauchen Menschen, die sich ihrer eigenen Würde bewusst werden: die eine Vorstellung davon entwickeln, wer sie sein und wofür sie leben wollen" (Hüther 2024).

Ein zentraler Aspekt von Hüthers Theorie ist die Erkenntnis, dass die Wahrnehmung der eigenen Würde entscheidend für ein erfülltes Leben ist. Menschen, die sich ihrer Würde bewusst sind, sind weniger anfällig für Manipulation und Verführung. Sie entwickeln eine innere Stärke, die es ihnen ermöglicht, auch in schwierigen Situationen integer zu bleiben.

Gleichzeitig betont Hüther die soziale Dimension der Würde. Er erklärt: „Als zutiefst soziale Wesen können wir diese Orientierung bietende und sinnstiftende Vorstellung der eigenen Würde nicht allein herausbilden. Wir brauchen dazu Gemeinschaften, in denen wir uns in dieser Welt gespiegelt sehen und die Verbindung zu uns selbst sowie zu anderen aufbauen können." Diese Erkenntnis unterstreicht die Bedeutung von respektvollen Beziehungen und einer Kultur der gegenseitigen Achtung.

Hüther warnt auch vor den Gefahren der Würdeverletzung, sei es durch Entwürdigung in der digitalen Welt oder durch würdeloses Verhalten im Alltag. Er argumentiert jedoch, dass letztlich nur die eigene Würde verletzt werden kann – eine Einsicht, die zu mehr Selbstverantwortung und Achtsamkeit im Umgang mit anderen führen kann.

Die praktische Anwendung dieser Erkenntnisse fasst Hüther treffend zusammen: „Wenn wir eine Vorstellung unserer eigenen Würde herausbilden, wissen wir, was wir tun müssen und wie wir uns in schwierigen Situationen verhalten, damit wir unsere eigene Würde nicht verletzen. So kann ein liebevoller Umgang mit uns selbst und ein menschlicheres Miteinander entstehen" (Hüther 2024).

8.10.3 Freundliche politische Systeme im Dienst des Menschen

Zum Abschluss dieses Kapitels möchte ich noch auf ein grundlegendes und das Leben bestimmendes Thema eingehen, und zwar das der Systeme. In einer Welt voller komplexer Systeme und Strukturen stellt sich zunehmend die Frage: Dienen diese Systeme noch dem Menschen oder haben wir uns unbewusst in ihre Diener verwandelt?

Im Unternehmenskontext gibt es den weisen Ratschlag: „Benutze keine Menschen, um ein Geschäft aufzubauen, sondern benutze ein Geschäft, um Menschen aufzubauen."

Dieser Gedanke unterstreicht die Notwendigkeit, den Menschen in den Mittelpunkt zu stellen, anstatt ihn als bloßes Werkzeug zu betrachten. Es ist an der Zeit, unsere Systeme kritisch zu hinterfragen. Sind sie noch lebensdienlich? Fördern sie menschliches Wachstum und Wohlbefinden oder dienen sie lediglich ihrer eigenen Perpetuierung?

Eine regelmäßige Überprüfung ist unerlässlich. Wir müssen wachsam bleiben und sicherstellen, dass unsere Systeme freundlich und menschenzentriert bleiben. Nur so können wir verhindern, dass sie uns schaden oder ausnutzen.

Die Herausforderung besteht darin, Systeme zu schaffen und zu erhalten, die den Menschen wirklich dienen, anstatt sie zu beherrschen. Dies erfordert kontinuierliche Reflexion, Anpassung und den Mut, ineffektive oder schädliche Strukturen zu reformieren oder abzuschaffen.

Literatur

Arendt H zit. n. Kross Kross M (2013) Webseite FAZ. https://www.faz.net/aktuell/feuilleton/buecher/rezensionen/sachbuch/hannah-arendt-wahrheit-gibt-es-nur-zu-zweien-collagiertes-lebensbild-12718867.html. Zugegriffen am 04.01.2025

Banse D (2025) Webradio RPI-World. https://www.rpiworld.com. Zugegriffen am 08.01.2025

Barrie JM zit. n. Forschelen (2017) Kompendium der Zitate für Unternehmer und Führungskräfte. Springer Gabler, Wiesbaden, S 247

Booktok (2025) Webseite Tiktok, Booktok. https://www.tiktok.com/tag/BookTok. Zugegriffen am 02.02.2025

Borbonus R (2024) Über die Kunst, ein freundlicher Mensch zu sein. ECON, Berlin, S 64

Bretz V (2024) Webseite Yoga-Vidya. https://wiki.yoga-vidya.de/Betroffenheit. Zugegriffen am 08.01.2025

Butzmann E (2022) Webseite ErzieherIn.de. https://www.erzieherin.de/bericht-von-der-21-internationalen-bindungskonferenz-gestoerte-bindungen-in-digitalen-zeiten.html. Zugegriffen am 30.12.2024

Einstein A zit. n. Matzig G (2023) „Außer Atem". Süddeutsche Zeitung, 25.08.2023. https://www.sueddeutsche.de/projekte/artikel/gesellschaft/entschleunigung-zeit-push-nachrichten-hektik-e865476/?reduced=true. Zugegriffen am 30.08.2024

Fendel F (2024) Webseite Newsletter Wohlwollen: ein Modus, der Nähe, Distanz, Grenzen und Freiheit braucht. https://www.kunst-des-zusammenarbeitens.de/newsletter-2020/wohlwollen/. Zugegriffen am 25.10.2024

Ferrucci P (2006a) Nur die Freundlichen überleben. Ullstein Taschenbuch, Berlin, S 102

Ferrucci P (2006b) Nur die Freundlichen überleben. Ullstein Taschenbuch, Berlin, S 98

Freni A (2022) Webseite openup. https://openup.com/de/selbstgesteuertes-lernen/blog/freundlichkeit-hat-vorteile/. Zugegriffen am 07.01.2025

Fryburg DA (2020) Webseite: Kindness Media. https://www.frontiersin.org/journals/psychology/articles/10.3389/fpsyg.2020.591942/full. Zugegriffen am 30.12.2024

Gebert R (2023) Vereint mit Potenzial. Springer. https://link.springer.com/book/10.1007/978-3-658-40590-8. Zugegriffen am 04.01.2025

Gorlas D (2023) Webseite Goformore. https://www.goformore.eu/2023/06/30/umgang-mit-egoistischen-menschen-herausforderungen-und-loesungsansaetze/. Zugegriffen am 08.01.2025

Griesbeck J (2015) Benimm-ABC – Knigge für junge Leute. Kindle-Buch Pos. 702. Don Bosco Medien, München

Guski C zit. n. Jüdische Allgemeine (2018) (22. November). https://www.juedische-allgemeine.de/religion/wer-die-quelle-kennt/. Zugegriffen am 14.12.2022

Healthy Screens (2025) The largest global study on smartphone addiction. https://www.healthyscreens.com/strategies. Zugegriffen am 08.01.2025

Hepke K (2025) Webseite Papillo. https://www.papilio.de/ueber-papilio.html. Zugegriffen am 08.01.2025

Holze J (2024) Webseite. https://www.deutsche-stiftung-engagement-und-ehrenamt.de/foerderung/initiativ/. Zugegriffen am 30.10.2024

Hüther G (2024) Webseite Würdekompass. https://www.wuerdekompass.org. Zugegriffen am 30.10.2024

Käppner J (2024) Politische Hysterie ist inzwischen weit in der gesellschaftlichen Mitte zu finden. Beruhigt euch! https://www.sueddeutsche.de/meinung/staatsversagen-friedrich-merz-kommentar-hysterie-gesellschaft-lux.Ng8sCEiBAmEaCufVwdK2md. Zugegriffen am 30.10.2024

Kauschke M (2024) Webseite Netzwerk Ethik heute. https://ethik-heute.org/freundlichkeit-schafft-verbindung/. Zugegriffen am 08.01.2025

Kautenburger T (2012) Hörbuch: Festplatte Unterbewusstsein. Kap. 29, Der Konflikt. 00.01–16-00.02.00. Acatos. https://www.audible.de/pd/Festplatte-Unterbewusstsein-Hoerbuch/B0074KHHBE?qid=1692348422&sr=1-1&ref=a_search_c3_lPro-duct_1_1&pf_rd_p=e54013e2-074a-460e-861f-7feac676b789&pf_rd_r=PVRCA2MJR8A72B401FM3&page-LoadId=ELCPnjEF5fWMitRc&creativeId=41e85e98-10b8-40e2-907d-6b663f04a42d. Zugegriffen am 04.01.2025

Kidd DC, Castano E (2013) Reading Literary Fiction Improves Theory of Mind. https://www.science.org/doi/abs/10.1126/science.1239918. Zugegriffen am 30.12.2024

Kirchner S, Winkler A (2024a) Podcast Soul Talk #36 – Medienmanipulation – Wie geht man damit um. 1.00.38–1.00.50. https://podcasts.apple.com/de/podcast/die-kunst-zu-leben-dein-podcast-f%C3%BCr-lebensgl%C3%BCck-moderne/id1189158517?i=1000675561759. Zugegriffen am 10.11.2024

Kirchner S, Winkler A (2024b) Podcast Soul Talk #36 – Medienmanipulation – Wie geht man damit um. 00.47.21–00.47.28. https://podcasts.apple.com/de/podcast/die-kunst-zu-leben-dein-podcast-f%C3%BCr-lebensgl%C3%BCck-moderne/id1189158517?i=1000675561759. Zugegriffen am 10.11.2024

Kirchner S, Winkler A (2024c) Podcast Soul Talk #36 – Medienmanipulation – Wie geht man damit um. 00.49.27–00.49.40. https://podcasts.apple.com/de/podcast/die-kunst-zu-leben-dein-podcast-f%C3%BCr-lebensgl%C3%BCck-moderne/id1189158517?i=1000675561759. Zugegriffen am 10.11.2024

Mai J (2024) Rücksichtnahme: Beispiele warum sie so wichtig ist. https://karrierebibel.de/ruecksichtnahme/. Zugegriffen am 27.12.2024

Matzig G (2023) „Außer Atem". Süddeutsche Zeitung, 25.08.2023. https://www.sueddeutsche.de/projekte/artikel/gesellschaft/entschleunigung-zeit-push-nachrichten-hektik-e865476/?reduced=true. Zugegriffen am 30.08.2024

Mau S zit. in Frehler T (2023) Transformation: „Teile der Gesellschaft sind veränderungserschöpft", 01.09.2023. https://www.sueddeutsche.de/politik/steffen-mau-interview-ampel-klima-reformen-1.6183681. Zugegriffen am 30.10.2024

Melas H (2023) Webseite Welt, 08.11.2023. https://www.welt.de/kultur/medien/article248406102/In-eigener-Sache-So-moderieren-wir-Ihre-Leserkommentare.html. Zugegriffen am 09.01.2025

Mental Health Foundation (2024). https://www.mentalhealth.org.uk/explore-mental-health/articles/what-are-health-benefits-altruism. Zugegriffen am 06.01.2025

Neumann K (2025) Webseite: „SCHAU HIN! Was Dein Kind mit Medien macht". https://www.schau-hin.info/grundlagen/diese-chancen-bieten-soziale-medien. Zugegriffen am 08.01.2025

Paust A (2019) Webseite: Bürgerbeteiligung steigert Vertrauen in lokale Politik. https://partizipendium.de/buergerbeteiligung-steigert-vertrauen-in-lokale-politik/. Zugegriffen am 04.01.2025

Pörksen B, Schulz von Thun F (2020a) Die Kunst des Miteinander-Redens Über den Dialog in Gesellschaft und Politik. Carl Hanser, S 203

Pörksen B, Schulz von Thun F (2020b) Die Kunst des Miteinander-Redens. Carl Hanser, München, S 171

Pörksen B, Schulz von Thun F (2020c) Die Kunst des Miteinander-Redens. Carl Hanser, München, S 187

Precht RD, Welzer H (2024a) Die vierte Gewalt. Goldmann, München, S 249

Precht RD, Welzer H (2024b) Die vierte Gewalt. Goldmann, München, S 252

Precht RD, Welzer H (2024c) Die vierte Gewalt. Goldmann, München, S 259

Prihandito B (2024) Blogg: Die Macht der Freundlichkeit in alltäglichen Unterhaltungen. https://lifearchitekture.com/de/blogs/beziehungen/die-macht-der-freundlichkeit-in-alltaglichen-unterhaltungen. Zugegriffen am 30.12.2024

Quiring O (2023) Webseite. https://medienvertrauen.uni-mainz.de/files/2024/04/Mainzer_Langzeitstudie_Medienvertrauen_2023.pdf. Zugegriffen am 09.01.2025

Rathgeb T (2020) Webseite Medienpädagogischer Forschungsverbund Südwest (mpfs). https://mpfs.de/studie/kim-studie-2020/. Zugegriffen am 09.01.2025

Rieder L (2024) Pfadfinder der Maximilian Kolbe Gemeinde. https://maxkolbe.de/wir/pfadfinder/. Zugegriffen am 06.01.2025

Scharf R (2024) Webseite DAK. https://www.dak.de/presse/bundesthemen/kinder-jugendgesundheit/dak-suchtstudie-nach-der-pandemie-nutzt-jedes-vierte-kind-soziale-medien-riskant_58680. Zugegriffen am 09.01.2025

Schmelz K (2021) BR.de. https://www.br.de/nachrichten/deutschland-welt/corona-impfung-wie-spreche-ich-mit-impfskeptikern-faktenfuchs,Sr0hcSN. Zugegriffen am 30.10.2024

Silberberg R (2023) Webseite: So stärkt Bürgerbeteiligung eine lebendige Demokratie. https://www.bosch-stiftung.de/de/storys/buergerbeteiligung. Zugegriffen am 04.01.2025

Simon B (2018) Webseite Toleranzräume. https://www.toleranzraeume.org/vermitteln/toleranz/. Zugegriffen am 08.01.2025

Skambraks O (2024) Webseite meinungsvielfalt.jetzt. https://meinungsvielfalt.jetzt/impressum.html. Zugegriffen am 30.10.2024

TeamEcho GmbH (2025) Webseite. https://www.teamecho.com/resources/blog/warum-ist-feedback-wichtig/. Zugegriffen am 09.01.2025

Trutnau G (2025) Webseite Anneliese Brost Stiftung. https://anneliese-brost-stiftung.de/schock-deine-eltern-lies-ein-buch/. Zugegriffen am 09.01.2025

UNESCO (1995) Generalkonferenz der UNEXCO in Paris (25. Oktober bis 16. November 1995). https://www.oas.org/dil/1995%20Declaration%20of%20Principles%20on%20Tolerance%20UNESCO.pdf. Zugegriffen am 08.01.2025

Vorländer H (2017) Webseite. https://www.bpb.de/shop/zeitschriften/izpb/demokratie-332/248544/grundzuege-der-athenischen-demokratie/. Zugegriffen am 04.01.2025

Weingartmair M (2022) Macht Demokratie Länder „glücklich"? https://eplus.uni-salzburg.at/download/pdf/7914087.pdf. Zugegriffen am 04.01.2025

9

Vision für eine freundlichere Welt

„Most of the important things in the world have been accomplished by people who have kept on trying when there seemed to be no hope at all." (Carnegie zit. nach Forschelen 2017, S. 216)

Deutsche Übersetzung:

„Die meisten wichtigen Dinge auf der Welt wurden von Menschen erreicht, die weitergemacht haben, als es scheinbar keine Hoffnung mehr gab." (Carnegie zit. nach Forschelen 2017, S. 216)

Das vorstehende Zitat vermittelt eine starke Botschaft der Zuversicht. Denn, wenn es so wie oben beschrieben ist, erfüllt mich diese Erkenntnis mit großem Optimismus.

Nachdem wir uns in den vorhergehenden Kapiteln u. a. mit dem Ist-Zustand, der Geschichte und den möglichen Lösungsansätzen von Freundlichkeit beschäftigt haben, widmen wir uns in diesem abschließenden Kapitel einer zentralen Frage:

- Welche visionären Vorstellungen können wir entwickeln, damit wir einander zukünftig mit mehr Freundlichkeit begegnen?

Dieses Kapitel ist eine Einladung, unsere tiefe Verbundenheit neu zu entdecken und zu würdigen. Denn, ob wir es wahrhaben wollen oder nicht, wir sind alle miteinander verbunden – durch die Luft, die wir atmen, das Wasser, das wir trinken, und das Leben selbst, das wir miteinander teilen.

In schwierigen Zeiten suchen wir Wege, um mehr Zuversicht für uns und unsere Mitmenschen zu gewinnen und erkunden konkrete Möglichkeiten, uns und anderen Gutes zu tun. Dabei lauschen wir unbewusst auch dem Ruf der Zukunft – wie könnte eine Welt aussehen, in der Freundlichkeit und gegenseitige Unterstützung den Alltag bestimmen.

Dieses Kapitel soll mehr als ein Abschluss sein; es ist ein Aufruf zum Handeln, eine Einladung, aktiv an der Gestaltung einer freundlicheren Welt mitzuwirken. Es stellt Fragen, die uns anregen, unser Verhalten zu überdenken und neue Wege des Miteinanders zu beschreiten. Gemeinsam erkunden wir, wie wir die Brücken der Freundlichkeit bauen können, die uns alle verbinden.

9.1 Die Kraft der Fragen: Wegweiser zu einer freundlicheren Zukunft

Fragen zu stellen ist ein fundamentaler Akt des menschlichen Denkens und der Philosophie. Es ist mehr als bloße Neugier; es ist der Beginn eines Veränderungsprozesses. Wenn wir Fragen stellen, öffnen wir Türen zu neuen Perspektiven und Möglichkeiten.

9 Vision für eine freundlichere Welt

Die folgenden Fragen sind Einladungen zum Nachdenken und Handeln. Sie beleuchten verschiedene Aspekte unseres Zusammenlebens und bieten Denkanstöße für eine freundlichere Zukunft. Jede Antwort ist ein Schritt in Richtung einer mitfühlenderen und verständnisvolleren Gesellschaft.

Ich lade Sie ein, liebe Leser, Antworten auf die Fragen zu verfassen. Gerne können Sie diese auch für weitere Publikationen zum Thema Freundlichkeit per Mail an mich senden. Vielleicht sind neue oder andere Sichtweisen darunter, die in diesem Buch nicht berücksichtigt wurden. Ich würde mich jedenfalls über Ihre Nachricht sehr freuen. Im Voraus vielen Dank!

Indem wir gemeinsam nach Antworten suchen und diese in unserem Alltag umsetzen, gestalten wir aktiv die Zukunft unseres Zusammenlebens.

1. Wie können wir ein gesellschaftliches Klima schaffen, in dem Freundlichkeit und Mitgefühl als Stärke und nicht als Schwäche wahrgenommen werden?
2. Welche Möglichkeiten gibt es, um generationsverbindende Begegnungen zu fördern und gegenseitiges Verständnis zwischen Jung und Alt zu stärken?
3. Wie können wir unsere Kommunikationsgewohnheiten verändern, um konstruktiver und wertschätzender miteinander zu interagieren?
4. Wie können wir in unserem Bildungssystem von klein auf Empathie und soziale Kompetenzen stärker fördern?
5. Wie lässt sich eine Arbeitskultur gestalten, die Kooperation und gegenseitige Unterstützung belohnt statt Konkurrenzverhalten?
6. Wie können wir in unseren Städten und Gemeinden Begegnungsräume schaffen, die den zwischenmenschlichen Austausch und das gegenseitige Verständnis fördern?

Aufgabenstellung und Herausforderung

Während unser Geist nun schon unterbewusst mit der Beantwortung der oben gestellten Fragen begonnen hat, stehen wir in diesem Abschnitt doch noch vor einigen Herausforderungen. Apropos Herausforderung – „Heraus-Forderung" bedeutet ja im wahrsten Wortsinn: Sie müssen heraus aus ihren alten Denkweisen.

Beginnen wir damit, wie wir Freundlichkeit in unserem Geist „produzieren" können.

9.2 Freundlichkeit erdenken: eine tägliche Praxis

Unsere mentale Einstellung hat einen enormen Einfluss auf unser persönliches Wohlbefinden und auf die Art, wie wir mit anderen interagieren. Würden wir uns der Kraft unserer Gedanken bewusst, könnten wir nicht nur unser eigenes Leben, sondern auch das Zusammenleben in der Gesellschaft erheblich verbessern.

Ein einfacher, aber wirkungsvoller Ansatz besteht darin, jeden Morgen bewusst positive Gedanken zu kultivieren. Statt uns negativen Überzeugungen wie „Das hat ja eh keinen Sinn" oder „Alles wird immer schlimmer" hinzugeben, können wir uns entscheiden, unseren Tag mit dem Gedanken an „LIEBE" zu beginnen.

Diese bewusste Entscheidung für Positivität und Freundlichkeit kann wie das Beschreiben einer frischen Tafel des Lebens sein. Indem wir uns täglich für eine freundliche Geisteshaltung entscheiden, schaffen wir die Grundlage für einen freundlicheren und mitfühlenderen Umgang miteinander.

Dazu fällt mir eine kleine Geschichte ein, die ich im Sommer letzten Jahres erlebt habe.

In der belebten Fußgängerzone, wo das Treiben des Alltags seinen gewohnten Gang nahm, saß er – eine Gestalt, die mir durch ihre tiefe Gelassenheit auffiel. Tag für Tag zog er meine Aufmerksamkeit auf sich, dieser alte Mann auf der Bank, dessen Augen von einer bemerkenswerten inneren Ruhe zeugten.

Die Frage nach der Quelle seiner Zufriedenheit ließ meine Neugier nicht zur Ruhe kommen. Als ich endlich den Mut fand, ihn anzusprechen, offenbarte er mir einen Einblick in seine Lebensphilosophie. Er sprach von seinen Reisen durch die Welt und seinen Studien der großen Weisheitslehren. Doch die entscheidende Erkenntnis, so betonte er, sei überraschend einfach und bedürfe keiner jahrelangen akademischen Ausbildung.

Mit gespannter Erwartung lauschte ich seinen Worten. „Es ist die Praxis des bedingungslosen Gebens von Liebe", erklärte er mit ruhiger Stimme. Diese Aussage ließ mich innehalten und über die tiefere Bedeutung nachdenken.

Neugierig fragte ich nach, wie er dieses Prinzip hier, auf seiner einsamen Bank, in die Tat umsetze. Seine Antwort war ebenso schlicht wie tiefgründig: Er legte seine Hand aufs Herz und erläuterte sein tägliches Ritual. Für jeden Passanten, der an ihm vorüberzog, sandte er den stillen Wunsch aus: „Ich möchte, dass Du glücklich bist."

In diesem Moment wurde mir die universelle Kraft dieser Praxis bewusst. Es war eine Form der Meditation, die das Potenzial hatte, nicht nur das eigene Wohlbefinden zu steigern, sondern auch positive Schwingungen in die Welt zu senden.

Der alte Mann hatte mir eine zeitlose Weisheit vermittelt – eine, die in ihrer Einfachheit brillant und in ihrer Anwendung revolutionär war.

9.3 Meine Reise zur inneren Freude

In meinem Leben habe ich eine erstaunliche Entdeckung gemacht: Wenn ich in einer frohen Stimmung war, wurde alles um mich herum leichter. Es war, als ob das gesamte Universum unmittelbar darauf reagierte – plötzlich begegneten mir Menschen, die meine Freude erwiderten und verstärkten.

Ich lernte, mich bewusst auf positive Eigenschaften wie Schönheit, Harmonie und Frieden zu konzentrieren. Diese Fokussierung wurde zur Grundlage eines freudvollen Lebens und öffnete mein Herz für mehr Freundlichkeit.

Mit der Zeit erkannte ich, dass Freude eigentlich unser natürlicher Zustand ist. Zwar versucht unser Ego manchmal, uns davon abzulenken, aber tief in uns liegt ein Kern unerschütterlicher Freude.

Wie Piero Ferrucci so treffend beschreibt, ist unser wahres Wesen ein freies, unabhängiges Bewusstseinszentrum, das tiefer reicht als all unsere Sorgen und Ängste (Ferrucci 2006, S. 127).

Als ich begann, dieses innere Zentrum zu erforschen, spürte ich jene tiefe, anhaltende Freude. Ich verstand, dass dies unser eigentlicher Seinszustand ist – die Art, wie wir wirklich sein sollten und können.

Diese Erkenntnis hat mein Leben verändert und mir gezeigt, dass wahre Freude und Freundlichkeit von innen kommen und unser natürliches Erbe sind.

9.4 Die Kunst der Zufriedenheit

In unserer schnelllebigen Gesellschaft neigen wir oft dazu, ständig nach dem nächsten Ziel zu streben, ohne innezuhalten und das Erreichte zu würdigen. Doch wahre

9 Vision für eine freundlichere Welt

Zufriedenheit entsteht nicht durch das rastlose Jagen nach immer neuen Erfolgen, sondern durch die bewusste Wertschätzung des gegenwärtigen Moments.

Die Kunst der Zufriedenheit liegt darin, den Tag in seiner Gesamtheit wahrzunehmen und zu genießen. Es geht darum, die Menschen um uns herum zu schätzen, unsere Arbeitsergebnisse anzuerkennen und vor allem mit uns selbst im Reinen zu sein. Dieses Gefühl der inneren Ruhe und Ausgeglichenheit ist ein kostbares Gut in einer Welt, die oft von Hektik und Leistungsdruck geprägt ist.

Ein wesentlicher Aspekt dieser Zufriedenheit ist die Art und Weise, wie wir mit anderen interagieren. René Borbonus bringt es in seinem Buch auf den Punkt:

> „Freundlichkeit ist keine Einbahnstraße: Wer sie anderen vorlebt, wird sie in der Regel auch zurückbekommen." (Borbonus 2024, S. 217)

Diese Weisheit unterstreicht, dass unsere eigene Haltung und unser Verhalten maßgeblich dazu beitragen, wie zufrieden wir mit uns und der Welt sind. Indem wir Freundlichkeit und Wertschätzung ausstrahlen, schaffen wir eine positive Atmosphäre um uns herum, die wiederum auf uns zurückwirkt.

Zufriedenheit ist somit nicht nur ein persönlicher Zustand, sondern auch das Ergebnis unserer Interaktionen mit der Umwelt. Sie entsteht aus dem Bewusstsein für die kleinen Freuden des Alltags, der Anerkennung unserer Leistungen und der Pflege positiver zwischenmenschlicher Beziehungen. In diesem Sinne ist Zufriedenheit eine Lebenseinstellung, die wir aktiv kultivieren können – zum Wohle unserer selbst und unserer Mitmenschen.

Das Wort „Zufriedenheit" birgt in sich den Begriff „Frieden". Diese sprachliche Verbindung offenbart eine tiefere

Bedeutung: Wahre Zufriedenheit geht Hand in Hand mit innerem und äußerem Frieden.

Der Dalai Lama, geistliches Oberhaupt der Tibeter, betont: „Ich kenne keine Feinde. Es gibt nur Menschen, die ich noch nicht kennengelernt habe." Mit dieser Haltung des inneren Friedens lässt er die Stimme des Konfliktes verstummen. In der Abwesenheit des Konfliktes kann sich der Frieden entfalten. Der Dalai Lama glaubt, dass Mitgefühl erlernbar ist, ähnlich wie Radfahren oder Schwimmen. In seiner Weltanschauung nimmt Ethik einen höheren Stellenwert ein als Religion und gilt ihm als Wegbereiter für eine friedliche Weltgemeinschaft (Lama 2018, S. 14).

9.5 Eine Perspektive der Dankbarkeit

In meiner Vision für eine freundlichere Welt möchte ich lernen, dankbar für das scheinbar Selbstverständliche zu sein.

Als Menschheit drehen wir uns oft in einem Angst-Karussell, das uns glauben lässt, die Welt um uns herum sei finster und hoffnungslos. Doch wenn wir einen Moment innehalten und unsere Situation objektiv betrachten, erkennen wir, dass wir trotz alltäglicher Herausforderungen ein privilegiertes Leben führen.

Gewiss, wir sehen uns mit Energiepreis-Erhöhungen und politischen Streitereien konfrontiert. Dennoch genießen wir in Deutschland einen Lebensstandard, von dem viele Menschen weltweit nur träumen können. Wir haben Zugang zu sauberem Trinkwasser direkt aus dem Wasserhahn und eine zuverlässige Stromversorgung ohne ständige Unterbrechungen.

Unser Gesundheitssystem, trotz manch berechtigter Kritik, bietet uns eine umfassende Versorgung. Wir können frei reisen, unsere Meinung äußern und werden nicht aufgrund unserer religiösen oder weltanschaulichen Überzeugungen verfolgt.

Indem wir uns auf das Positive konzentrieren, können wir aus dem Kreislauf der ständigen Besorgnis ausbrechen. Dies bedeutet nicht, dass wir Probleme ignorieren sollen. Vielmehr geht es darum, sie in einem größeren Kontext zu betrachten und mit Zuversicht anzugehen.

Letztendlich leben wir in Deutschland auf einem hohen Niveau, das uns erlaubt, Herausforderungen mit Resilienz und Optimismus zu begegnen. Ich möchte diese Perspektive nutzen, um gemeinsam mit anderen an einer noch besseren Zukunft zu arbeiten, anstatt in Schwarzmalerei zu verfallen.

9.6 Vision der Freundlichkeit: Ein Weg zu einer besseren Welt

Astrid Lindgren, die berühmte Kinderbuchautorin, erinnert uns:

„Alles, was an Großem in der Welt geschah, vollzog sich zuerst in der Fantasie eines Menschen." (Lindgren 2024)

Diese Worte ermutigen uns, an die Kraft unserer Träume und Visionen zu glauben.

Eine Vision, vom lateinischen „visio" für „Anblick" oder „Erscheinung", ist wie ein Leitstern, der uns zu einem höheren Ziel führt. Sie inspiriert und begeistert Menschen, sich für eine bessere Zukunft einzusetzen. Walt Disney erkannte dies und sagte: „Wenn du es träumen kannst, dann kannst du es auch tun" (Disney zit. n. Forschelen 2017, S. 140).

Ich betrachte manchmal unsere Welt und bin oft erstaunt über unser menschliches Verhalten. Es verwirrt mich, wie wir als Spezies, die denselben Planeten teilen, so viel Energie in die Zerstörung unseres eigenen Lebensraums und in gegenseitige Konflikte investieren.

Doch es gibt Hoffnung!

Stellen Sie sich eine Welt vor, in der Freundlichkeit nicht nur eine persönliche Wahl, sondern ein gesellschaftliches Fundament ist. In dieser Vision werden beispielsweise Städte und Wohnräume neu gedacht. Wie FOCUS-Redakteur Bernhard Borgeest es ausdrückt:

> „Wir könnten uns in Städten bewegen, die nicht für Autos, sondern für Menschen geplant sind, und in Wohnhäusern leben, die Raum für Gemeinschaft lassen." (Borgeest 2013)

In dieser freundlichen Welt fördern Schulen neben individuellen Fähigkeiten auch den Gemeinsinn. Behörden verstehen sich als hilfreiche Servicestellen. Unsere Freundlichkeit erstreckt sich auf die Umwelt, schützt bedrohte Arten und pflegt unseren Planeten.

Jede Geste der Güte wird zum Samenkorn einer mitfühlenden Gesellschaft. So erschaffen wir gemeinsam eine Welt, in der Freundlichkeit und Mitgefühl selbstverständlich sind – ein Ort, an dem jeder Tag neue Chancen bietet, Freude zu teilen und Verbundenheit zu erleben.

Eine freundlichere Welt entsteht auch durch den offenen Austausch von Kulturen und Ideen, der Vorurteile abbaut und Verständnis fördert. Indem wir uns aktiv mit den Sitten und Gewohnheiten anderer Menschen auseinandersetzen, schaffen wir eine Gesellschaft, in der Empathie und Toleranz die Grundlage für friedliches Zusammenleben bilden.

Welche vielfältigen Gesten und praktischen Verhaltensweisen es für eine freundlichere Welt gibt, zeige ich im nächsten Abschnitt auf.

9.7 Die vielen Gesichter der Freundlichkeit: Kleine Gesten mit großer Wirkung

In unserem Alltag begegnen wir zahlreichen Momenten der Freundlichkeit und Unterstützung, die unser Leben bereichern und erleichtern. Diese Gesten reichen vom aufmunternden Scherz eines Freundes bis hin zur selbstlosen Hilfe bei der Kinderbetreuung oder im Haushalt. Sie umfassen die professionelle Hilfe eines Arztes oder einer Therapeutin ebenso wie das verständnisvolle Zuhören eines Vertrauten.

Manchmal sind es Mentoren oder Lehrer, die verborgene Talente in uns entdecken und fördern. Andere Male öffnet ein Buch neue Horizonte oder eine Musikaufführung berührt uns tief und verändert unsere Perspektive. Diese Beispiele verdeutlichen, dass es unzählige Möglichkeiten gibt, das Leben anderer positiv zu beeinflussen – sei es durch kleine Gesten oder bedeutende Unterstützung, kurzfristig oder langanhaltend. Jede dieser Handlungen hat das Potenzial, Erleichterung, Freude, Hoffnung oder Wohlbefinden zu schenken und die persönliche Entwicklung zu fördern.

Diese freundlichen Akte zeigen, dass jeder von uns täglich die Chance hat, das Leben anderer zu verbessern und damit einen Beitrag zu einer mitfühlenderen Gesellschaft zu leisten.

Lassen Sie uns also, liebe Leser, von einer Welt träumen, in der Freundlichkeit und Verständnis vorherrschen. Denn wenn wir es uns vorstellen können, können wir es auch verwirklichen.

Literatur

Borbonus R (2024) Über die Kunst, ein freundlicher Mensch zu sein. ECON, Berlin, S 217

Borgeest B (2013) Focus Magazin Nr. 14: Die Magie der Freundlichkeit. https://www.focus.de/magazin/archiv/titel-die-magie-der-freundlichkeit_id_189828685.html. Zugegriffen am 27.01.2025

Carnegie D zit. nach Forschelen B (2017) Kompendium der Zitate für Unternehmer und Führungskräfte. Springer Gabler, Berlin, S 216

Disney W zit. n. Forschelen B (2017) Kompendium der Zitate für Unternehmer und Führungskräfte. Springer Gabler, Berlin, S 140

Ferrucci P (2006) Nur die Freundlichen überleben. Ullstein Taschenbuch, Berlin, S 127

Lama D (2018) Der neue Appell des Dalai Lama an die Welt. Seid Rebellen des Friedens. Benevento, Österreich, S 14

Lindgren A (2024) Webseite. AstridLindgren.com, https://www.astridlindgren.com/de/zitate. Zugegriffen am 18.12.2024

GPSR Compliance
The European Union's (EU) General Product Safety Regulation (GPSR) is a set of rules that requires consumer products to be safe and our obligations to ensure this.

If you have any concerns about our products, you can contact us on

ProductSafety@springernature.com

In case Publisher is established outside the EU, the EU authorized representative is:

Springer Nature Customer Service Center GmbH
Europaplatz 3
69115 Heidelberg, Germany

www.ingramcontent.com/pod-product-compliance
Lightning Source LLC
LaVergne TN
LVHW012034070526
838202LV00056B/5493